岩波現代文庫／学術 385

沖縄の戦後思想を考える

鹿野政直

JN165818

岩波書店

きりすと教思想における
神秘の論理

湯浅吟市

目　次

はじめに

沖縄のいまから

こんにちは。夏まえ(二〇一〇年)のことだったと思いますが、法政大学沖縄文化研究所の屋嘉《やか》宗彦所長から、研究所の「沖縄を考える」という総合講座(授業の一環として毎年行われ、学外者にも公開)で何か話すように、というお話がありました。

わたくしは、この研究所には、三十数年まえ沖縄の勉強を始めたころ手ほどきを受け、そののちも数々のお教えに浴してきました。また、客員所員にしていただいてもおります。そんなわけで、これは辞退するわけにはゆかない、ではわたくしとしては何を話せばいいか、あるいは話すべきかを考え、「沖縄の戦後思想を考える(試論)」というテーマを立てました。

そのように決意したのは、沖縄の基地の問題、とくに普天間基地の撤去の問題が、心に鉛のように沈み込んでいたからです。そんな想いを、(二〇一〇年)五月二四日の『朝日新聞』朝刊に、「沖縄の呻吟《しんぎん》　本土が呼応を」という短い文章でのべました。本書5—7頁に載せたのがそれです。

当時は、鳩山(由紀夫)内閣末期の迷走を象徴する政治的ないし政局的な主題として、ほとんど政治部記者たちによって報道され論評されていましたが、それらを追いつつ噴きあがってきたのは、現今の沖縄の呻吟は、昨日今日始まったものではない、少なくとも(というのは、さらに遡れば一九世紀後半の琉球処分にも至るとの意味ですが)一九四五年の沖縄戦以来、ずっと蓄積されてきたという歴史的な根をもっている、それを無視してのいかなる対処もありえないという、苛立ちに急きたてられての確信でした。それで、そこでは、歴史を踏まえた思想的課題としてという視点を主張したつもりです。それだけに、このたび機会を与えられて浮びあがったのは、その沖縄の呻吟を、思想的な足跡として、わたくしなりに探ろうという欲求、あるいは敢えていえば、そうせねばならぬという義務感・職責感で、今回のテーマは、その所産ということになります。二回分の時間を頂戴しました。

ただ、こういうテーマを立てますと、いろいろなためらいが出てきます。一つは、わたくしがもはや退隠した人間で、近年の研究動向には疎いということです。二つ目は、わたくしの視野で、「沖縄の戦後思想を考える」というような包括的な話ができるか、多くの大事な問題を落すのではないかということです。そうして三つ目は、本土の人間ないし非沖縄人として、ある意味で勝手に、沖縄の人びとの思想的な肖像を描いていいのだろうかということです。

それらのためらいにたいして、きちんとした答えを出せているわけではありません。しかし今回はそんなためらいを押し切って、この主題について考えることとします。その場合に、そもそも「思想」とは何か、について一言しておきたいと思います。

導きとするのは、先年亡くなった文学者であり思想家でもあった岡本恵徳《けいとく》さんの、「思想というものが、わたしたちに外からあたえられるのでなく、いわば、わたしたちが状況にかかわる中で、状況にどのようにたちむかうかという、主体的な営為の機軸となるものであり」という言葉です。復帰前夜というべき時期に、みずからも背負う沖縄とは何かに思索の探針を下ろしていった雄編「水平軸の発想――沖縄の「共同体意識」について」(谷川健一編『叢書 わが沖縄』六巻「沖縄の思想」木耳社、一九七〇年)の、冒頭部分に記された一節です。繰りかえしますと、ここで主題とするのは、論理の体系といったものでなく、ないしそうであるよりは、「状況にかかわる中で、状況にどのようにたちむかうか」という営為として、かたちづくられていった思念の塊たちです。

しかしこの作業も、わたくしには、一種の戸惑いをもたらさずにはいません。なぜなら作業は、状況への緊張感を漲《みなぎ》らせて燃えさかっている心奥の情念を、いまの時点から整序するという手続きとならざるをえませんが、その過程で、動態は静態化し内面は外面化して、本来その思想を脈打たせていた生命力を干からびさせるのではないかとの矛盾を、微力の致すところとして、避けがたく思われるからです。この点も押し切ることにします。

ということで、やっと主題に到着しました。

Ⅰ「「占領」という檻《おり》のなかで」、Ⅱ「「日本」という枠のなかで」という構成を立てました。Ⅰでは、一九四五年から七二年五月一五日の沖縄の日本復帰までの時期を、「「占領」という檻のなかで」として、沖縄の人びとが何を課題とし、どんな思想を育んでいったかを考えることとします。ただ「占領」という言葉を、講和条約のあとも使っていいのかどうかについては、政治学がご専門の人びとにいくらか異論もあるようですが(宮城悦二郎編著『復帰20周年記念シンポジウム　沖縄占領――未来へ向けて』ひるぎ社、一九九三年、に収められた天川晃「占領と自治――本土と沖縄」)、通常使われているうえ、米軍の絶対意思が人びとの眼前ないし体内にずっと立ちはだかっていましたので、この言葉を使うことにしました。それが今日の話です。来週は、Ⅱで、七二年から現在までの復帰後の思想を考えたいと思います。

いずれの場合も、沖縄の人びとが何にこだわってきたか、またこだわらざるをえなかったか、そのこだわりをどう発出させたかを、わたくしなりに追い求めてゆこう、というのが眼目です。

沖縄の呻吟　本土が呼応を

普天間問題　安保の惰性痛撃

米国に正対する時

普天間問題で、日米両政府は大筋合意に達した。現行案に限りなく近い反面、事態がわずかに動く兆しもみてとれる。昨年の政権交代は、沖縄の人びとを、宿命論との訣別へとはずませ、否応なく問題を〝全国区〟化してきた。前世紀末の辺野古《へのこ》での抗議に端を発する基地拒否の運動は、すでに不可逆の質を湛《たた》えている。

本土人の一人として、沖縄のそういう動きに揺さぶられつつ、それがじつにさまざまの考えるべき火種＝思想的課題を作り出してきたと感じる。なぜ沖縄だけがという、やりきれなさを伴っての憤りが、鬱然《うつぜん》と湧いてきて、「差別」「裂け目」という表現の多用化をもたらした。そういう視線を感じつつ、さらに眼をこらすと、少なくとも二つの大きな問いが、わたくしたちに投げかけられているのをみることができる。

一つは、沖縄の人びとの主張の核心が、基地の「移転」「移設」でなく、その「撤去」「閉鎖」であるということだ。それは政治思想としては、米海兵隊の駐留を不必要とする判断、移設に名を借りた基地の強化を許さないという見解、さらに、もはや「苦渋の選択」や「次善の策」は取らないという決意として発現している。ともにその思想は、基地を抱えるがゆえに、同様の苦しみを移設されようとしている地域の人びとに、もたらしたくないという、いわば「共苦」から「共生」に至ろうとする意識によっても支えられている。負の連鎖を断ち切ろうとするこうした思念は、徳之島だけを念頭に置くのではなく、グアム・テニアンについても、国家の壁を超えて、その地の人びとの自己決定権の無視に想到する域に達している。

いま一つは、「基地の島六十五年」という歴史意識が、圧倒的に共有されつつあることだ。復帰の年としての一九七二年は、人びとの意識のうえで、画期としての意味を急速に失いつつある。ひめゆり学徒隊の引率教師として知られる仲宗根政善《なかそねせいぜん》は、復帰が決定したころに、「本土復帰と叫びつづけて二十四年、こうして果たしたのは、第一歩から基地縮小の運動を私どもはくりかえさなければならないということであった」との呻《うめ》きを洩らしたが、沖縄は、その予感通りの歴史を担わされてきたことになる。

そういう地位は、沖縄がまだ真の戦後を作り出しえていないという悲憤を醸成した。沖縄戦に当たって日本政府は沖縄を「捨て石」とした。占領した米軍は「要石《キーストーン》」と位置づけた。いま日本政府が、その地にあらたな基地を作り提供するとなれば、それは沖縄を「捨て石＋要石」の位置に置くことにほかならないだろう。そのうえ、有事に対する抑止力という名目で押しつけられてきた基地の〝過剰〟は、それを異常視する感覚を、不断に麻痺へと押しやる力を生んできた。その意味では基地の拒否は、そのような慣れからみずからを引き剥《は》がそうとする決意の表明にほかならない。

これらは、基地の重圧と対峙するなかで培われてきた思想的達成であった。それだけに本土に突きつけられた問いをなすとともに、では本土は有事を意識してきたのかとの、別の問いにも直面させずには措《お》かず、安保のうえに眠る惰性を痛撃する。

とすれば、沖縄の側から提起されてきた課題に、どのように応答してゆけばよいのだろうか。この事態に当たって日本政府のなすべきは、問題を国内次元に収斂《しゅうれん》させることではなく、米国政府・軍に正対することではないだろうか。

今年は日米安保条約改定五十年に当たる。沖縄の運動は、政治的課題としては、日米安保はこのままでいいのだろうかという問いを突き出した。安保解消は遠い目標としても、少なくとも地位協定の改定、いわゆる「思いやり予算」の廃止、普天間基地の閉鎖という三項目をパッケージで提起すべきではないだろうか。そうあって初めて、安保再点検の開始の年となる。そういう声を挙げることが、沖縄の呻吟にせめて呼応する道と思っている。

（『朝日新聞』二〇一〇年五月二四日朝刊）

I　「占領」という檻のなかで——一九四五—一九七二年

一　戦争と占領を衝く

1　沖縄戦の凝視から

戦禍のなかの沖縄

沖縄戦がいかに凄惨な戦争であったかについては、いまさら申しあげるまでもありません。よく五〇万トンの砲弾が撃ちこまれたといわれます。考えてみると、二三万人の米軍が襲ってきて、そこに一〇万人の日本軍と四十数万人の住民がいた、一〇万と四十数万を足すと五十数万人で、そこに五〇万トンの砲弾が撃ちこまれたということは、一人当り──平均すればですが──一トンの砲弾が撃ちこまれたことになります。

いまでも沖縄の新聞には、家を建てるさいとか、道路工事のさいに、不発弾が発見されたという記事が、しょっちゅう出てきます。不発弾がまだ二二〇〇トンくらい埋まっている、これを掘り出すのに三〇年計画が立てられているという記事もありました。

沖縄の勉強を始めたころ、沖縄戦後史研究を先頭に立って切り拓いておられた大田昌秀さんのもとへ、教えを受けに伺ったことがあります。そのとき大田さんから、カンプーのクエヌクサーという言葉を知っているか、と尋ねられました。わたくしは知らなかった。それにたいし大田さんが、カンプーというのは艦砲射撃で、クエヌクサーというのは食い残しだ、生き残った沖縄人はそれなのだ、と強い口調でおっしゃったことを思い起します。

図1は、その大田さんの編著『総史沖縄戦』(岩波書店、一九八二年)に掲載されている一九四五年八月現在の「沖縄の人口の年齢構成比」で、青年層から壮年層にかけての男性の部分が大きく抉られていることが、一目瞭然です。沖縄戦の実相をよく示していると思います。

その結果、沖縄の戦後は何もないところから始まりました。

それについてはしばしば、収容所生活から始まったといわれます。じっさい、ことに戦火で焼き尽くされ地形まで変容した沖縄島(通常、沖縄本島と呼ばれる)では、ほとんどのひとは、一年から数年間にわたって、収容所で暮すほかなかった。それだけに、収容所から始まったという見方は、違和感なく受け入れられます。わたくしも、そう思ってきた一人です。

そんなところへこの夏(二〇一〇年)、一九六〇年代生れの研究者である森宣雄《よしお》さんの著書『地《つち》のなかの革命——沖縄戦後史における存在の解放』(現代企画室、二〇一〇年)が出ました。この本は直接には沖縄非合法共産党に焦点を当てた研究ですが、カバーにガマ（沖縄に多い洞穴、住民の避難場所として利用された）の写真を採用してあります（著者の説明文によると、「ひめゆり学徒隊が最後に配置された壕のひとつ、糸満市《いとまんし》伊原の第一外科壕に射しこむ陽光。平良孝七撮影（沖縄県名護市所蔵）」と）。

それで森さんに、どうしてこういう写真をカバーにしたのか伺いましたら、沖縄の戦後はガマから始まった、というイメージをもっているからだ、とのお答えでした。自分

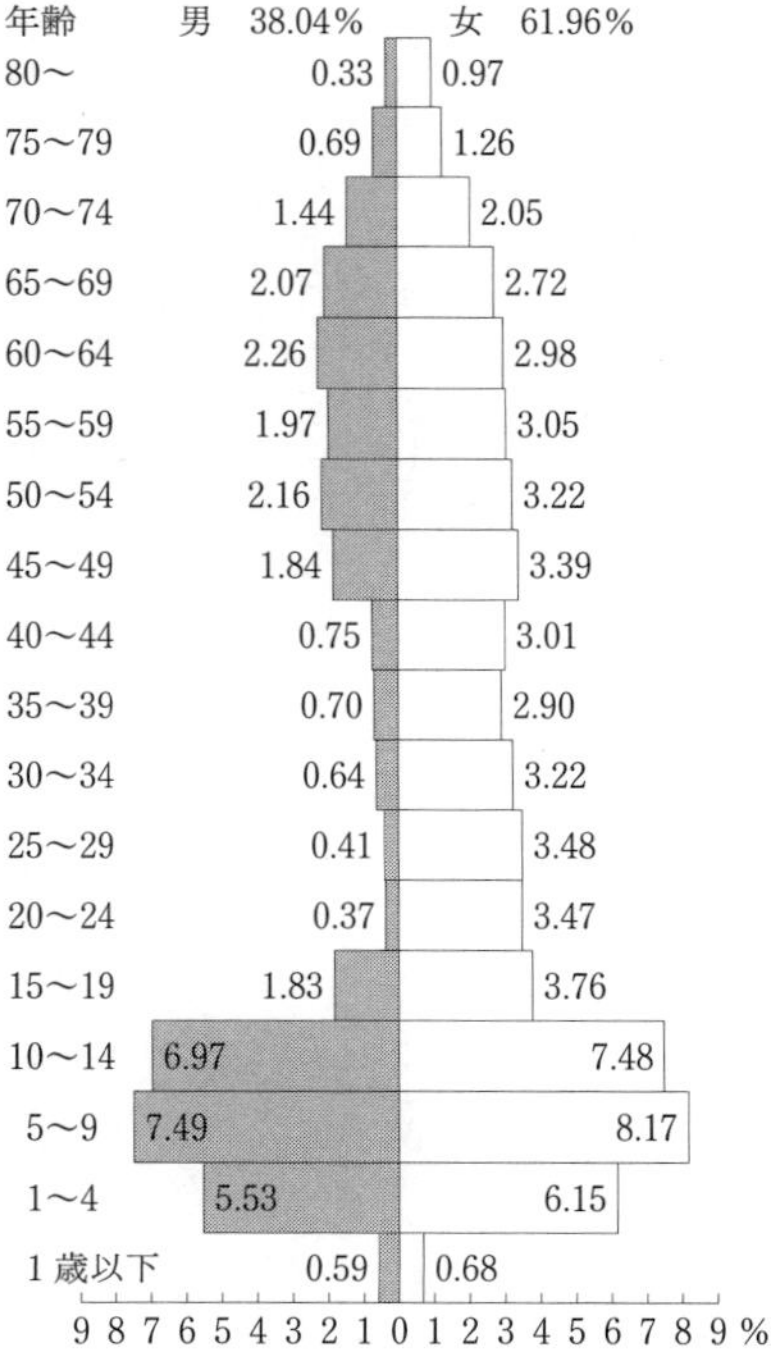

図 1　1945 年 8 月　沖縄の人口の年齢構成比（米海軍軍政府厚生部調べ．大田昌秀『総史沖縄戦』岩波書店，1982 年より）

の認識の甘さを衝かれたようでハッとして、なるほどと思いました。ガマから始まる戦後です。そのように戦争は戦後に直結しています。

それだけに沖縄の戦後は、沖縄戦を見つめるところから出発せざるをえませんでした。生き残った人間として、どういう想いに捉えられていったかの一端は、ぎますゝむ(儀間進)さんの詩に見ることができます。

まず「ぎきじ」という作品です(『琉大文学』七号、一九五四年一一月)。ぎきじは、ミカン科の常緑樹で、生垣などにも利用されている木です。

「ぎきじ」

葉つぱの色があんなに暗いのは
土と化した私達の祖先の肉を吸収したのだ
花があんなにも白く、小さいのは
私達の祖先の骨を吸収したからなのだ
　悲しみは匂となつて、私の真赤な血液にしみ通る
そして

その小さい実はますます赤くなつていく

この詩には、二つのイメージが重なりあっています。一つは、あんなにも多くの血を吸った戦争での死者への挽歌です。そうしていま一つは、そうした死者の「肉」や「骨」を「吸収」する「ぎきじ」の業《ごう》です。自分たちは死者を食っているのだ、それは、生き残った人びと誰の心にも、寄せては返す想いであったろう、そんなイメージをわたくしに突きつけます。

死者を食って生きる「ぎきじ」の運命のあとに来るのは、「すすき」の運命です(『琉大文学』八号、一九五五年二月)。

「すすき」

沃野から山野へと追いやられ、もうとつくの昔に
撰択と云う事が略奪されてしまつた　すゝき　は
こゝは砂地であるからと
こゝは岩石であるからと
ためらつては居れないのだ

どんなかたさの中にでもへばりついて根を生やす
茎は骨だけにやせそつ《ママ》てしまつて　わずかの風に
さえゆらゆらと揺れるのだが　茎と茎は寄り集つて
根つこはしつかり結びついて生きる
その葉は裂けちぎれていても　その姿は頼りなげにみえても
八月の颱風をくぐり抜けていつせいにびつしりと花をつける

選択の余地のない状況に押しつけられていながら、そんな状況を主体の側から捉えかえそうとする姿勢を、浮き彫りにしていると思います。これだけの心の葛藤を経て、ようやく未来を摑もうとするに至った、どんな試練にも根絶やしされず生きてゆくぞ、それしかないという決意が示されています。

ぎますゝむさんは、一九三一年生れです。わたくしと同年です。これらの作品を書いたのは、二三、四歳のころですが、それまでじいっと沖縄戦を、心中で反芻しつつ蓄えてきて吐き出した、その沈潜力凝集力に打たれるとともに、状況の苛烈さを思わずにはいられません。

それだけに沖縄の戦後思想の出発は、沖縄戦を凝視することなくしてはありえませんでした。沖縄タイムス社編著『鉄の暴風――現地人による沖縄戦記』（朝日新聞社、一九五〇年)、仲宗根政善『沖縄の悲劇――姫百合の塔をめぐる人々の手記』(華頂書房、一九五一年)、大田昌秀・外間《ほかま》守善編『沖縄健児隊』(日本出版協同、一九五三年)の三冊が、記念碑的な作品と思います。とともに、住民――その「住民」という概念は、「県民」また「国民」であったことと重なるのですが――にとって沖縄戦とは何であったか、またありつづけているかを問い、当時としては可能なかぎり〝ありのまま〟を探し求めて、ものされた著作だといえます。つまり沖縄の戦後思想史は、沖縄戦記として現れた、いや現れざるをえなかったというのが、わたくしの意見です。

『鉄の暴風』――沖縄戦の実相に迫る

まず『鉄の暴風』について申しますと、この書名は沖縄戦を象徴する言葉になるのですが(一例として、大田昌秀さんの英文の著書 *THE BATTLE OF OKINAWA* (Kume Publishing Co., 1984) は、*THE TYHOON OF STEEL AND BOMBS* と副題されています)、従来の戦記の姿を変えました。それまでは戦記といえば、作戦史か、将軍たちの戦記か、あるいは兵士たちの戦記というのが通常だったのですが、この本は、「まえがき」の言葉を借りると、「住民側から見た、沖縄戦の全般的な様相」を、「生存者の体験を通じて、可及的に正確な資料を蒐集し」て書下ろした「戦争記録」とあります。そうした角度によって作品は、住民にとって戦争とは何かを徹底して問うという、戦記の新しい型を造りだしました。

なぜそういう性格を帯びたのかといえば、沖縄タイムス社編著となっている『鉄の暴風』は、実際には豊平良顕さんを監修者、牧港篤三さんと伊佐（のち太田）良博さんを執筆者とする三人の共著ですが、そのうちの豊平さんと牧港さんには、前身の沖縄新報社社員として、戦時報道にたずさわったという自責の念がありました（伊佐さんは、召集されていてジャワで降伏を迎え、復員して入社）。そのことが、彼らに、ジャーナリストとして「つぶさに目撃体験した、苛烈な戦争の実相を、世の人々に報告すべき責務を痛感」させ、この著作へ駆り立てたと見ることができます。

豊平さんは、どこでとも知れず果てていった人びとのことが、頭を離れなかったのでしょう、亡くなったときご遺族に葬儀をさせず、お線香を上げたいというひとがいても、辞退させたといいます。また牧港さんは、自己を語った「一九九七年七月　検証・戦後沖縄文学と私」（『叙説』一五号、特集「検証・戦後沖縄文学」一九九七年八月）を読むと、戦争責任の問題を、いたたまれないほど考えつづけていたことがわかります。

またこの『鉄の暴風』には、早くも「集団自決」という言葉が見えます。造ったのは太田さんだということですが、その箇所を読むと、「自決命令」が出された結果として、血縁地縁に繋がる人びとの集団死が起きた事実を、一言で表現しようとして、この造語に至ったと理解できます。ただのちには、「自決」の二字が、「自分で勝手に死んだ」という印象を与える恐れを痛感するようになり、強制されたことに本質があるという本意を紛れのないものとするため、「無理心中」さらに「玉砕」と言い換えたりしています。近年「強制集団死」という言葉が造られてきましたが、その先駆となる認識と思います（なお「集団自決」については、IIでさらに触れます）。

太田さんは、戦後沖縄文学の出発を告げたと目されている作品「黒ダイヤ」（『月刊タイムス』一巻二号、一九四九年三月）で、作家としても出発したひとですが、近年刊行された『太田良博著作集』全五巻（ボーダーインク、二〇〇三―〇七年）、とくに三巻「戦争への反省」を読んで、「未発表原稿」とされている論考の多いのに驚き（成稿の時日を欠く）、このひとがいかに沖縄戦にこだわりつづけたかを、初めて知りました。

すこし先走りますが、そこで出されている論点のうち一つだけに触れますと、沖縄戦といえば南部地区を思い浮べるのが通常ですが、太田さんは、沖縄戦の主戦場は中部地区だったのであり、南部は、米軍からすれば一種の掃討戦に過ぎなかったといいます。それなのに、南部を最大の戦場とするイメージが、どうしてわたくしたちに植えつけられているかといえば、司令官と日本軍が、住民を「死の道連れ」にしたからにほかならない、と主張するのです。沖縄戦の実相に迫る指摘の一つです。

『沖縄の悲劇』――ひめゆりの「惨劇」

『沖縄の悲劇』は、いうまでもなくひめゆり学徒隊の「生き残った生徒の手記を集めて編纂した」本です。著者の仲宗根政善さんは、方言研究を専門とする言語学者でしたが、当時は沖縄師範学校女子部教授の職にあり、軍の要請により沖縄陸軍病院へ看護要員として動員された生徒たち＝ひめゆり学徒隊の引率教師として知られています。

戦闘の最終局面で、一二人の生徒を連れて喜屋武《きゃん》の断崖へ追いつめられますが、出現した米兵を見て、生徒たちが自決のための手榴弾の栓を抜こうとした瞬間、「抜くな」と叫んで、生徒たちを生きのびさせます。惨たらしい死に接したという体験をもち、また瀕死の生徒渡嘉敷《とかしき》良子さんを壕内に置き去りにしたという責めを負う仲宗根さんは、頸部に砲弾の破片を留めながら、戦後を死者の鎮魂に生きるのですが、これはその最初のまとまった作品でした。

陸軍病院といっても、沖縄島南部の壕が当てられ、そこで一〇代後半の生徒たちは四〇〇〇人に余る傷病兵の看護に努め、その多くは、みずからも傷つき、病み仆《たお》れました。決定版となっている角川書店刊の『ひめゆりの塔をめぐる人々の手記』（一九八〇年）で、「二一　陸軍病院」とされている箇所は、華頂書房刊の初版では、「二　壕生活」と題されていますが、そのほうが実態に近かったのです。

昼間を二交代で寝、夜間は起き出て飯上げ、水汲み、埋葬、新患者受入れ等と翌朝まで続いた。傷兵の傷は一向良くなって行く様子が見えないばかりか、治療不十分と不潔、栄養不良のため日々衰弱していく、衣服が膿ですっかりぬれてくさり、その上しらみが甘い砂糖にたかる蟻のように全身に湧いている。特に患部にはひどく蛆までも湧いた。とってもとっても減りはしない(傍点は原文。以下同じ)。

そんななかで、精神に異常をきたした患者や破傷風からガス壊疽《えそ》を起した患者が増え、死者が続出してゆきます。死体の埋葬が仕事となりました。

この本の記述はおおかた、こうした凄惨な場面の連続から成りますが、その凄惨さは、乙女のイメージのもつ清純さ、看護という課せられた任務のもつ女性役割性、彼女たちの愛国の真情と献身性との対比によって、いっそう迫真性を帯びるものとなり、それが逆照射して、彼女たちの悲劇性を高めます。仲宗根さんがこの本の執筆を志した一因には、それを「悲劇」とするだけに、彼女たちの行動を美化することに抗せずにはいられない気持がありました。

「まえがき」にこんなふうにのべています。「この悲劇が戦後、或は詩歌に詠まれ、或は小説に綴られ、演劇舞踊になって人々の涙をそゝっている、ところがその事実は次第に誤り伝えられ伝説化しようとしている」。しかし実情はといえば、「乙女らは沖縄最南端の喜屋武の断崖に追いつめられて、岩壁にピンで自分の最後を記していた」(引用は華頂書房版による)。美化されるときその行為は、人びとの鑑《かがみ》となります。が仲宗根さんは、このように書き綴ってきて、それとは対極の「再びあらしめてはならない」「厳粛な事実」としたのでした。

美化に抗する気持は、このひとの生涯を貫きました。仲宗根さんは、一九五三年、八周忌の慰霊祭を機として、「ひめゆりの塔の記」と題する日記体の記録を書きはじめるのですが、そのなかで、「やがて、乙女らの死が美化されて、戦いを肯定する風潮が生まれる」ことへの憂慮を記さずにはいられませんでした(一九六九年一〇月一五日)。わたくしは、この記録そのものでなく、それを抄録した刊本の『ひめゆりと生きて――仲宗根政善日記』(琉球新報社、二〇〇二年)を読んだに過ぎないのですが、「悲劇」とするとき美化の尻尾を残すことへの怖れからでしょうか、「惨劇」という表現を使うようになるとの印象をもちました。

『沖縄の悲劇』にはもう一つ、見逃せない局面があります。それは、戦争が人間を追いつめるとき、わたくしたちはどこまで〝堕ちる〟ものかが、見据えられている点です。渡嘉敷さんを残したまま他の生徒を率いて落ち延びたさいには、師弟関係から、「凡夫の身、一片の肉とし散らず、教え子を置きざりにして生きようとするのか」との、苦悩に苛《さいな》まれながらの脱出でしたが、一日のさすらいののちには、見捨てるという行為への感覚も摩滅していました。「もう誰もがかゝる運命を目前に控えているので、慰めの言葉をかけて見ても何の助けにもならぬことを知っていた。近よって介抱しようともしなかった」、「死直前の人間の冷酷がむき出しになっ」た。

そのような体験を踏まえて仲宗根さんは、戦場の実相に迫ります。「幾百の患者はこの一帯にこうして飢えてのたれ死にしようとして」いった、まさに「のたれ死に」以外の何ものでもないというのが、仲宗根さんが沖縄戦からえた教訓でした。

『沖縄健児隊』――あの死は何だったのか

『沖縄健児隊』は、当時、沖縄師範学校の生徒として「鉄血勤皇師範隊」に編成され、沖縄戦に投じられた大田昌秀さんらが、「身を以って体験した歴史的事実をいつわりなく記述」したという戦記です。「附表」として付けられた「沖縄師範学校男子部生徒状況調（昭和二八年三月）」によると、生徒総数四六一人のうち、生存者数一七三人、判明せる戦死者八一人、消息不明者二〇七人とあります。任務を遂行中に、いつどこでどのように仆れたかが、消息不明のままのひとが多いのに、胸を衝かれます（同じく附表として、教職員を加えた、戦死者・戦病死者・不明者全員の名が、「戦死者名簿」として載せられています）。野ざらしの屍体がいかに多かったかを、否応なく突きつけます。

編者の一人として大田さんの書いた「はしがき」によると、生き残った隊員たちは、敗戦一年後、ようやく行動の自由をえて、最後の戦闘地であった摩文仁《まぶに》を訪れ、教師や学友たちの骨を拾い、そのあと手記を募って、編集作業を進めてきたとあります。彼らは辛さを忍んでも、肉親を失った人びとに、「その愛する人々が、どのような状態において、どのようにして死んでいったかということ」を、「その片鱗だけでも、やはりお伝えしなくてはいけない」という想いと、「当時呼号されていた本土決戦というような最悪の事態から免れ得た日本本土の方々に、本土決戦の縮図としての沖縄の悲惨な犠牲を(中略)知っていたゞけたら」という想いを、この本に込めたのでした。

編集のとき大田さんは、ようやく日本への留学を果して、早稲田大学教育学部の学生でしたが、この仕事にいかに心血を注いだかは、本の構成に一目瞭然です。立案に当るとともに寄稿を呼びかけたばかりでなく、一六人の寄稿者中、飛びぬけて長大な稿「血であがなったもの」を書いています。そこで、みずからが皇国の必勝を信じる青年であった姿を随所にちりばめながら、しかし戦争がいかに人間を狂わせるか、皇軍がいかに住民を踏みつけたか、戦争がいかに住民を巻き添えにしたか等々を、体験と見聞にもとづいて復元したとの観があります。その中心テーマが、「どのようにして死んでいったか」でした。

大田さん自身は、日本の降伏を知らず、住民や兵士たちと壕に潜んでいたところを、元軍人の降伏勧告人の、「終戦の詔書」まで持参しての勧告に、ようやく九月一六日に降伏するのですが、米軍に出頭するまえ、たずさえていた手榴弾を、「二度と手にすまい」と池に投げ込む半面、軍役に在ったものとして、民間人に紛れ込むことを肯《がえ》んじないで、捕虜となってゆきます。そんな認識を、「血であがなったもの」としたのです。

後年の大田さんが、沖縄戦の研究者となっていったこと、平和・不戦の意志を貫いていったことなどの原点は、この沖縄戦の体験にありました。また、知事となってから作りあげた「平和の礎《いしじ》」の、戦没者の名前をすべて刻銘するという構想は、この『沖縄健児隊』の「戦死者名簿」に、すでに兆しているとも見えます。

強いられた死にどこまでもこだわった大田さんは、のち、「「慰霊の日」に心いらだつ」(『読売新聞』一九七一年六月二三日、『拒絶する沖縄――日本復帰と沖縄の心』サイマル出版会、一九七一年、所収)という論説で、「あの死は何だったのか」と問いかけ、こう書いています。

「東洋平和のため」「国益のため」といった空疎なスローガンと引き替えに、当時の総人口の三分の一に当たる一五万余の住民が死んだ。摩文仁海岸には、まるで薬物を浴びた虫けらのように、死体の山がどこまでも連なっていた。それを目撃しながらわたしがいだいた疑問は、これほどの犠牲を正当化できる「国益」とは一体何か、ということであった。

いくら考えてみても肯定的な答えは見いだせなかった。死者のほとんどが他律的に死を強制されたのにも等しかったからである。したがって「沖縄を防衛する」ための戦争だということも、ことば以上の意味は持ちえなかったし、少なくとも守られたのが沖縄住民でなかったことは明白だった。

わたくしの読みからすると、『鉄の暴風』『沖縄の悲劇』『沖縄健児隊』は、そんな作品です。いずれも沖縄戦を主題とし、しかも戦時下のみずからを省みて、戦争を十字架として背負わずにはいられない罪=業の意識が、編者・著者たちを押しだしていった結果としての作品でした。

沖縄の戦後思想は、そのように沖縄戦を主題とし、心の血を流しながら記録として結晶させるところから出発した、と位置づけたいと思います。住民にとって、あるいは国民としての沖縄県民にとって、戦争とは何であったかを考えるところからの出発でした。

2　占領を撃つ

「沖縄」から「琉球」へ

沖縄の戦後の出発を探りながら、米軍の動向には触れないできましたが、いうまでもなく沖縄は、沖縄戦の結果として、米軍の占領下に置かれました。始まった軍政のもとで、人びとの意識動向に直接に関わる政策として、まずいちばん目立ったのは、この地の名称を、「沖縄」から「琉球」へと変えたことです。

太平洋戦争の始まるまえから米国は、文献の調査やハワイ在住の沖縄系の人びとへのインタビューなどをつうじて、ことに心理面での、沖縄にたいする占領政策を準備してきました。中心となったのは、近代をつうじて本土の人びとからの差別観に曝《さら》されるかで、沖縄ないし沖縄出身の人びとに蓄積されてきたマイノリティ意識を利用して、心理的に日本から引きはなす、という方策です。その枠造りが、名称の変更でした。宣言というかたちをとったわけではありませんが、正式の切り替えは、一九四六年七月一日、統治の責任が海軍から陸軍へ移され、Okinawa Base Command(沖縄基地司令部)がRyukyu Command(琉球司令部)に変更された時点をもってであろうと、わたくしは推定しています。

一九世紀後半のいわゆる琉球処分によって、琉球国は、短期間の琉球藩の時期を経て沖縄県となりました。直前まで「琉球県」とあったのが、実際の布達で「沖縄県」とされたのは、培われてきた親清感情の払拭を狙っての政策で、中国年号によっていた光緒五年は、明治一二年(一八七九年)に変りました。それ以来、沖縄はその地を指す公式の名称とされ、その分だけ琉球は、さまざまなマイナス概念を載せる名称へと沈んでゆきました。と同時に、それだけにとくに暮しや文化の分野で、つまり私的な面で、いいようのない懐かしさを込められた名称ともなりました。米軍は、そのような陰影をもつ「琉球」を、いわば非日本化のシンボルとして、公式の名称としたことになります(ただここでは、おおむね「沖縄」と呼んでゆくこととします)。

いわゆるヤマト世《やまとーゆー》からアメリカ世《あめりかーゆー》への転換ですが、そのアメリカ世は、琉球という自己意識を押しつけられることで始まったといえます。が、その占領地をどうするかについて、米国は当初、必ずしも明確な方策をもっていませんでした。そのことが、占領行政を、場当り的な性格のものとしました。当時、米国のフランク・ギブニイ記者の書いた"*OKINAWA Forgotten Island*"(*Time*. Nov. 28, 1949)は、米国の軍政を痛烈に批判した記事として、大きな反響を呼びましたが、その通り沖縄は、「忘れられた島」でした。

「忘れられた島」からキーストーンへ

ところがそのころから、一九四八年の朝鮮半島での分断国家の成立、翌四九年の中華人民共和国の成立に伴う、極東での冷戦の激化を受けて、基地としての機能への注目が高まり、沖縄を復興させようとする動きが急速に起ってきます。それだけに、沖縄の「近代化」政策は、その「要塞化」政策と表裏一体の関係で進行することになります。

こうした情勢は、米国に日本との講和を急がせ、一九五一年の日本国との平和条約

(いわゆるサンフランシスコ講和条約)と日米安全保障条約を経て(翌五二年発効)、米国にとっての日本の地位の、「敵国」から「同盟国」への転換をもたらします。そのなかで沖縄はふたたび、住民の意思と無関係にその地位を変えられてしまいます。

ご存じのように沖縄は、独立を回復した日本国の主権から切り離されたままに止まりました。米国は、世界各国の眼を意識して、「潜在主権」という言葉を用いて、領土的野心のないことを表明しながら、沖縄と小笠原については、実際には講和条約第三条に、「合衆国は、領水を含むこれらの諸島の領域及び住民に対して、行政、立法及び司法上の権力の全部及び一部を行使する権利を有するものとする」という規定を盛りこみ、事実上の主権者となりました。

とともに、講和条約の発効に備え、統治制度を整備しました。それまでの米軍政府に替えての琉球列島米国民政府(USCAR《ユスカー》)の設立(一九五〇年)や、それに続く琉球列島全域にわたる最初の中央政府としての琉球政府の設立(一九五二年)などが、それです。もっとも琉球政府は、USCARの「代行機関」の色彩を強く帯びざるをえませんでした。のち米国側の制度変更によって、最高責任者として高等弁務官の制度が設けられ(一九五七年)、現役軍人がそれに当てられますが、高等弁務官は、行政主席の任命権を初め、立法・司法・行政のすべてに絶大な権限をもちました(この制度と歴代については、大田昌秀『沖縄の帝王 高等弁務官』久米書房、一九八四年、が詳しい)。

このような仕組みを整えたUSCARにとって、最大の課題は基地の拡大でした。当時、米国は中華人民共和国を承認しておらず(台湾へ逃れた中華民国と国交を保持。日本も同じ)、それだけに上海までジェット機で三〇分の距離にある沖縄は、最前線基地としての効用をもちました。そのうえ、日本本土での反基地闘争や反米感情の高まりへの対処として、日本から一切の地上戦闘部隊とりわけ海兵隊を撤退させると決定したことが、沖縄への移駐となって、沖縄の基地負担をいっそう強めました。

その場合、国籍をもたない土地つまり主権国家でないという点が、基地の自由使用にとって、掛け替えのない利点と意識されました。有能な軍政官との評価のあったウェッカリング准将は、まだ講和まえの一九四九年六月一七日付の「覚書——琉球列島に関する長期政策」で、「われわれはこの列島を戦略上の目標のため使用しているのであり、そのために合衆国による管轄は、無期限に行われるべきである」とのべていますが、「戦略上」の視点が目標とされるとき、住民は必然的に手段化されます。

こうして一九五〇年代初期には、Keystone of the Pacific という呼称が、米軍関係者のあいだで、演説に印刷物にしきりに使われるようになります。米軍車両のナンバープレートにも書かれていたといわれます(吉田健正「キーストーン」、思想の科学研究会編『共同研究日本占領研究事典』徳間書店、一九七八年)。一九六〇年にジョージタウン大学で、戦後沖縄の米軍統治を博士学位論文としたフレデリック・スタイアというひとの、論文のなかの表現を借りると、“Okinawa *is* a military base, rather than a base *on* Okinawa”(「沖縄に基地があるというよりも、沖縄そのものが基地なのだ」)ということになります。

本土に暮していた詩人の山之口貘《ばく》さんは、痛嘆をもって沖縄のそんな状態を衝きました。「不沈母艦沖縄」(一九五五年カ)と題する、よく知られるようになった作品です。

まもなく戦禍の惨劇から立ち上り
傷だらけの肉体を引きずって
どうやら沖縄が生きのびたところは
不沈母艦沖縄だ

(『山之口貘全集』一巻「全詩集」思潮社、一九七五年)

その沖縄で、最大の基地の町となったのが、沖縄島中部のコザです。それだけに多くの文学作品が題材を求めるところにもなっていて、東《ひがし》峰夫さんの「オキナワの少年」(一九七一年)、又吉栄喜さんの「ジョージが射殺した猪」(一九七八年)、吉田スエ子さんの「嘉間良《かまーら》心中」(一九八四年)などは、この街の生態を切りとって生み出されています。『けーし風《かじ》』(四〇号、二〇〇三年九月。この雑誌については本書251頁で記述)には、一九五〇年代のコザが、沖縄の人びとにとって、どんなに恥辱にまみれた地域、やりきれない場所であったかが、高校生としてその時期、その地で過した演出家の幸喜良秀《こうきりょうしゅう》さんと、歴史家の比屋根《ひやね》照夫さんへのインタビューとして語られていて(「一九五〇年代のコザ」、聞き手は屋嘉比《やかび》収《おさむ》さん)、すこぶる印象的でした。お二人の発言は、ほとんど呻《うめ》きです。

幸喜「ほんとうにねぇ、あの少年期に見た、僕たちの生活環境というのは、恥ずかしいですよ。許せないくらい恥ずかしいですよ」。

比屋根「一部の歴史家などが、コザは異国文化を吸収したバイタリティーを持った街と持ち上げるけれど、(中略)あの底流には、物凄い悲惨な性の売り買いの歴史が横たわっていて、同時にそれは、沖縄の人が島の女性を搾取するというか、借金で縛り付けて。それはベトナム戦争まで続くんですよ。それを見ないと」。(中略)

比屋根「我々が共通して体験した、コザのどうしようもない現実。もう言葉では言えない屈辱と、…何て言ったらいいんですかね、ああ言う状況というのは」。

幸喜「そう基地街。それはかつてない過酷な現実の「オキナワ」。アメリカが勝手にできる「オキナワ」さぁ。(中略)恐ろしいのは米兵だけじゃない。あるいは先生方の中や、同級生の中に米軍へ密告する者がいるかも知らんとね」。

そういう状況のなかでお二人は、抵抗としての文芸活動や生徒会活動に入っていったのでした。

「銃剣とブルドーザー」による土地接収

こうして一九五〇年代は、住民を排除し、土地を囲いこんでの軍用地拡大の最盛期となりました。そのためにつぎつぎに出された「土地収用令」(一九五三年)、「米合衆国土地収用令」(一九五七年)などは(講和条約までは、占領に必要な土地は無償使用であった)、必要と認定した土地を軍用地として、〝銃剣とブルドーザー〟による強制接収を可能とするものでした(新崎盛暉『沖縄現代史 新版』岩波新書、二〇〇五年)。

なかでも伊江村真謝《いえそんまじゃ》や宜野湾村《ぎのわんそん》(現、宜野湾市)伊佐浜で、武装兵を出動させ住民の抵抗を排除して行った土地取り上げは、そうした強制接収の典型と見なされます。また、嘉手納《かでな》基地の大拡張や辺野古《へのこ》基地の設定はこの期間に遂行され、嘉手納弾薬庫を初めとして核爆弾が大量に集積されるに至り、沖縄は巨大な核基地となりました。伊江村での土地取り上げも、そこを核攻撃機の訓練場とするため強行されたのでした。

大統領を初めとする米国の政権掌握者たちが、折あるごとに、沖縄の無期限保持を言明したのも、この時期のことでした。もちろんそれとともに、米軍は、基地のもつ経済的な効果をも強調しました。この議論はのちには、ワトソン第四代高等弁務官による、基地は琉球経済にとって第一の作物(No. 1 crop)とする基地作物論に至ります。

これにたいして沖縄では、いわゆる島ぐるみ闘争が勃発し、そのような政治的対決の気運のなかで住民は、USCARの圧迫下にあった沖縄人民党(日本復帰後、日本共産党に合流)の瀬長《せなが》亀次郎委員長を、那覇市長に当選させます(のち、布令によって追放)。瀬長は、一九五二年立法院議員に当選したさい、ただひとり米軍への宣誓を拒否するなど、抵抗のシンボル的な存在でした(立法院については、本書59頁に記述)。この島ぐるみ闘争は、米軍側が、軍用地料を大幅に引き上げることによって、一応収束しますが、人びとにとってさまざまな運動への自信の起点となった、と評価されています。その一方、それがなぜ急速に収束したかの解明も必要、との指摘がなされるようにもなりました。

そういう情勢のもと、期限の見えぬ軍事支配に日々曝されて、「占領を撃つ」思想が起きずにはいません。それを二つに絞って考えることにします。

『琉大文学』と「否《ノン》」の思想

一つは、『琉大文学』という雑誌です。これは、一九五三年から七八年にかけて、琉大文芸クラブ(のち琉球大学文芸部と改称)の学生たちによって刊行されていた、発行部数がせいぜい五〇〇部程度の雑誌です。* ほぼ二〇代前半の大学生たちのいわば同人雑誌が、沖縄の思想界を代表する表現の場であったというのは、奇妙に聞えるかもしれませんが、のしかかる占領者を撃ち返す切っ先の鋭さ、本質に食い込む洞察の深さにおいてきわだっていました（追記――同誌は、我部聖による「解説」を付して、二〇一四年、不二出版から復刻された）。

新川明《あらかわあきら》さん、川満《かわみつ》信一さん・岡本恵徳さん、さきほど作品を挙げた儀間進さん・伊礼《いれい》孝《たかし》さん、さきほどインタビューに登場していただいた幸喜良秀さんまた清田政信さんらが、その担い手です。この人びとは、そののち沖縄の思想界・文化界にそれぞれ深い足跡を刻みますが、すでに学生の時期に、占領という事態を衝くもっとも尖鋭な問題提起者として、姿を現していったのでした。

図2 『琉大文学』11号(2巻1号)表紙

わたくしは『琉大文学』を、五〇歳になるころようやく読んだのですが、こんなに自分と同じ世代の人びとが、鋭く深く考えていたのかとまったく驚きました。と同時に、わたくしも一〇代の後半に被占領期を過した人間ですが、自分の鈍さを棚に上げていえば、日本本土とはほとんど質を異にするほどの占領の密度の濃さを、感じずにはいられなかったことを思いだします。

まず、新川さんの長詩「「みなし児」の歌」(八号、一九五五年二月、筆名＝北谷《ちゃたん》太郎)を見ることにします。新川さんは、のち沖縄タイムス社記者(不遇期をへて社長)、という意味ではジャーナリストといえますが、同時に、沖縄切っての論客となります。作品はこう始まります。

何ヶ月か　こゝには破壊だけが生きていた。
正確に「死」を把える照準器
正確に「死」を刻む弾道
悉くの瞬間は「死」のためにのみあつた。
その呪しい季節が去つて十年
今日も亦爆音きこえる
そしてうつすらと硝煙が流れる。

詩は、こういう序詩に続いて、「若い男の独白」を軸として、「闇の声」「合唱」「女の声」がそれぞれに向いあうという、詩劇ふうの構成をもって展開するのですが、そのやりとりのうちに、「若い男」の胸底は、過去から現実へゆっくり向き直ってゆき、それとともに、「独白」は「力強い声」に、ついで「声」は「力強い叫び」となります。その結果として、結びの「合唱」が来るのですが、「低音で抑へ《ママ》つけたように」と注釈された「合唱」の基幹部分は、縛られた現実のなかで歩き続ける決意と、そうした現実を人間の名で拒否しぬく意志を示してあますところがありません。

俺達はただ　限られた空間をあてがわれ
俺達はただ　限られた時間をあたえられ
それ故歩きつづけねばならぬ
それ故厳粛な限定の中で　振り返えらねばならぬ
手を握り握りしめねばならぬ

否《ノン》　一切の圧迫に対する人びとの答え
否《ノン》　一切の権力に対する人類《ヒトビト》の拒否

ことごとくの地平より
人々の叫びを盛り上らせ
俺達の土地が消え去つてゆくことの
俺達の頭に嘘偽がつめこまれてゆくことの
これらの「？《なぜ》」について答えねばならぬ

更に　ことごとくの地平をおおい
盛り上がる人々の叫びに
俺達の歌を合わせねばならぬ
　爆音は今日も　きこえてくる。
　硝煙は今日も　流れてくる。
　空は重く　海は黒い。
　潮騒の音　夕霧の流れ。
（一九五四・九月）

占領体制に「否《ノン》」を突きつけた作品と思います。

その新川さんには、「「有色人種」抄」その一（一一号（二巻一号）、一九五六年三月）という詩もあります。白人兵から投げつけられる「イエロー」を逆手にとり、占領者内部の被差別者層をなす黒人兵に、同じく抑圧される存在との論理と感情を込めて、自覚と連帯を呼びかけています。「ぶよ　ぶよと　産毛の生えた白い人種は／このボクらの島にオネスト・ジョン（沖縄に持ち込まれた最初の戦術核ミサイル——引用者）を運び込み／ボクらの主人面をして　島をのし歩く」と状況を描き、「ボクらはイエローで　沢山だ」との自覚に立って、「故郷《クニ》の町の公園の　ベンチに腰かけることも《ママ》。／共に学校に出ることも許されない／長いしきたりの／皮膚が黒いという尊さについて／だが、キミたちよ。／考えたことはあるのか。この黄色いボクらの前で。」と詠われるこの作品は、デモクラシーを自任する国家の、もっとも弁明しにくい部分を直撃しました。それだけに筆禍を受け、「その二」はついに書かれることはありませんでした。

川満さんは、琉大の学生だったとき以来、新川さんの盟友というべき存在で、同じく沖縄タイムス社の記者として活躍する一方で、詩人・評論家としてのキャリアを重ねてゆくひとです。『琉大文学』には、詩も小説も寄せていますが、ここでは評論に焦点を当てることにします。

「沖縄文学の課題」(七号、一九五四年一一月、筆名＝川瀬信)と「この頃おもうこと」(八号、一九五五年二月、筆名＝川瀬伸)という二篇の評論で、川満さんは、みずからの位置をきりきりと掘り下げてゆきます。「私達は一つの網にすくわれた魚群のような状態にある」、しかも「生活の苦しさは、(中略)次第に住民の精神を腐蝕して全く奴隷的根性と慣習を強請してくる」。沖縄への想いの深さが、そういう状況への憤りと哀しみの深さと補いあっています。

川満さん自身は、伊佐浜闘争に参加して、米兵の銃尾板で打ちのめされるという経験の持主です。それでいながら、いやそれだからこそというべきかもしれませんが、中国敵視を軸とするキーストーン政策が、基地拡張というかたちをとって着々と進行することに、みずからも米国の加担者ではないかとの、自問に捉えられてゆくのでした。

生活することそれ自体がすでに戦争への直接、間接の協力にほかならない社会現情下で、如何にして私達は人間性のモラルを支えたら良いだろう。此の島の住民と同じく、長い圧迫の歴史をもっていた民族が、ようやく歴史の重荷をくつがえして新しい自分達の歴史をきり抜いて行こうとしているのだが、こうした民族の平和への欲求を裏切って、ふたたび彼等に屈辱と悲惨の歴史をくりかえさせるための計画に参加しなければならない自分達の立場の苦しさをどう解決すべきだろうか。

この論者の透視力は、被圧迫民族同士の連帯への強い志向をもちながら、基地の提供を食い止められないことによって、それを裏切る側に置かれざるをえない立場の凝視に達しています。歴史の負荷を過重に背負わされているがゆえに、湧き出てくる罪の意識といわざるをえません。みずからを突き刺しつつ、占領に刃を突き立てている姿が浮びあがります。

岡本恵徳さんは、二〇〇六年に亡くなりましたが、沖縄近現代文学研究を切り拓いていった代表的な存在の一人です。とともに、評論活動・市民運動でも、おのずからにして牽引車的な役割を果しました。亡くなったあと、氏を慕う若い世代が原動力となって、精選された遺稿集が編まれましたが、その表題『「沖縄」に生きる思想——岡本恵徳批評集』(未来社、二〇〇七年)は、岡本さんの関心の核心を言い当てていると思いました。

しかし『琉大文学』の時期には、むしろ創作活動がめだっています。その代表作と目されるのが、「空疎な回想」(七号、一九五四年一一月、筆名＝池沢聡、のち加筆して「ガード」と改題)です。占領下での沖縄人としての葛藤を、衝撃的に映しだした作品です。

この小説は、米軍基地のガードである研三を主人公にしています。そこにはまず、「どんな仕事でもあれ軍の作業に就けないことは暮しの道を絶たれることと同じ」という、当時の現実が反映しています。そのうえ職務が、住民の〝侵入〟にたいして基地を護ることにあり、いざというとき住民に銃を向けざるをえなくなる。それら二重の意味で、作者にはもっとも直視したくない存在です。そんな存在を作者は、あえて主人公として設定したことになります。

研三の心境は、こんなふうに描写されます。深夜、「彼を支えて居る唯一のものは、肩にかけてあるカービンだけなのだ」。まもなく交代と思ったとたんに響く銃声。発作的に、銃声のほうを振り向き、「俺だつたらどうする」。彼は、「南支那では、その手で何人もの人間を殺害した」兵士でしたが、「ついぞ感じたことのない恐怖」に襲われます。「彼の監視区域であつたなら、どうしても射殺しなければならなかつたであらうことを、彼自身良く知つて居る」。

ここで、〝侵入者〟を射殺したガードの行雄が登場します。作者の描写によると、「乱れた髪の毛が、脂汗で、蒼白な顔に、くつゝいて居る」という格好で。しばらく沈黙ののち、まるで「沈黙からのがれる様に」、迎える仲間から突如、「ヒヨウキンな声」が起きます。「イヨーッ凱旋将軍」、「殊勲甲ッ」。そんな光景を作り出したのち岡本さんは、そこには、「緊張をほぐそうとする善意だけではない何ものか」が含まれていた、と書き込みます。

しかし物語は、もとよりそこでは終らず、つぎの展開をみせます。「日が経つにつれて、行雄は、彼自身の行為を正当化し、そして、苦痛を思い出さぬ時が多くなつた」。と同時に、「周囲の空気も微妙に変化」し、「皆は、行雄の正当化を是認する様になつた」。「あれから頻繁になつた銃声がそれを裏付け」た。そこで研三は翻然と悟るのです。「あの晩の行雄の銃声は、行雄の生活を保証した軍の声だつたんだ」。そんな研三は、勤務中、襲われて撲殺されます。それを知った行雄は、「物の怪につかれた様に」叫びつづけます。「彼奴ア馬鹿だッ、大馬鹿野郎だッ」。

そういう作品ですが、この短篇には、島を閉じこめ島を手段化する占領体制のもとで、住民がどんな矛盾に曝されていたかが見つめられています。作者は、もっとも顔を背けたい局面を執拗《しつよう》に追いかけ、人間がどこまで堕ちるかどこで踏みとどまれるかの問題をも指摘しました。と同時にこの作品は、見つめるという行為をとおして、こうした状況が、惰性化するかたちで心身に食い入ることに、拒否の意志を表現していたのだと思います。

詩・評論・小説というかたちをとった『琉大文学』の思想を顧みるとき、総体としての生硬性は、否定できません。だが、そんな生硬性そのものが、占領という「網にすくわれた魚群」同然の状態へのやりきれなさ＝鬱屈の表出であった、ということもできます。だから同人たちは、自分をちょっと脇に置いてというかたちでは、書くことができなかった。みずからを突き刺しつつ、占領に刃を突き立ててゆき、それゆえに占領および占領者の実体を、もっともよく透視することができたのでした。

それとともにあらためて思われるのは、沖縄の思想における文学の比重の重さです。これはしかし、戦後に限られたことではなく、近代をつうじてその趣きをもってきました。自分の好みに偏るのを承知でいえば、文学がそのまま思想史になるというのでないにしても、文学なくして思想史は成り立たないというほどの比重をもってきたと思います。

もっともそれは、沖縄のみに特有の現象でなく、多くの被圧迫民族あるいは少数民族に通有の現象ではないかと思います。なぜならそこでは、思想は呻きの迸《ほとばし》りとして突き出されざるをえず、必然的に身体性を帯びることになったからです。比較的になまの身体性から遠いとされる社会科学にあっても、沖縄では、あるいは沖縄を出自とするひとが沖縄を主題とする場合、概念の独り歩きの気配が少なく、〝情念〟が滲み出ていたり、身体性に寄り添ってきたような印象を受けます(逆に、「帝国」をバックグラウンドとするひとは、よかれあしかれ、人類とか世界とかをこともなげに単位とする構想に、親和性をもつ)。

阿波根昌鴻と伊江島の闘い

ついつい『琉大文学』の話が長くなりましたが、占領を撃つ思想としていま一つ、阿《あ》波《は》根昌鴻《ごんしょうこう》さんと伊江島の闘いを挙げることにします。

伊江島は、沖縄島・本部《もとぶ》半島の北西に位置する島で、おおむね平坦な土地にタッチューといわれる突起状の丘がそそり立つという、特徴ある地形の島です。そこでの闘いは、一九五三年七月、米軍が爆撃演習用として、島の北西部にある真謝・西崎両区で、だまし討ち同然に、住民の退去と土地の明け渡しを要求してきたことに始まり、復帰後まで続きました。

闘いの骨格は、『沖縄大百科事典』(同刊行事務局編、沖縄タイムス社、一九八三年。以下『大百科』と略記)の記述を借りると(川満信一「伊江島土地闘争」)、「その間、米国大統領・米国民政府・琉球政府などへの訴願・陳情、接収地における武装米兵との実力闘争、長期間の座り込み(琉球政府構内)、沖縄全島におよぶ〈乞食行進〉、世論の喚起など種々の戦術で粘り強い闘争を展開、100人余の逮捕者を出す」、「〈島ぐるみ闘争〉への引金となった」と、総括されています。

土地を取られることは、耕作ができなくなることに直結し、テント住まいを強制されたことと相俟《あいま》って、生活の根底からの破壊をもたらします。しかし琉球政府は、米軍のまえにはまったく無力で、離島という条件も重なり、伊江島の人びとは、長く孤独の闘いを強いられました。さらにこの島では、戦争中、日本軍のため飛行場造りに動員されたばかりでなく(出来あがった飛行場は、使用されることなく、米軍の手に落ちることを恐れた日本軍によって破壊された)、その飛行場奪取のために上陸した米軍とのあいだに、沖縄戦の縮図といわれるほどの激戦が展開されたのですが、その戦闘のさなか、集団自決が行われたという体験から、戦争については、ほとんど誰も語ろうとしないほどの、心の傷をもっていました。

阿波根さんは、伊江島の住民として、その粘り強く多彩な闘いを引っぱっていったひとです。もっともご自身は、「代表」とかというリーダーめいた名称を徹底して避け、組織論としても、誰もがそれぞれの視点から知恵を出しあうという、運動のアメーバ的な組み方をめざしたように見えます。著書『米軍と農民――沖縄県伊江島』(岩波新書、一九七三年)は、この闘いの経過を、当時のノート類を活用するとともに、心のもちようを含め、細部にわたって復元した記録です(阿波根さんのノートと話を、牧瀬恒二さんがまとめました)。

身をカービン銃で脅され、家や土地をブルドーザーで引き倒され踏みにじられるという環境のなかで、住民たちが占領軍にどう立ち向っていったかの一端は、それまでの体験をもとに、阿波根さんがいいだして一九五四年一一月に作りあげた「陳情規定」に示されています。全文を挙げると、こうなります。

一、反米的にならないこと。
一、怒ったり悪口をいわないこと。
一、必要なこと以外はみだりに米軍にしゃべらないこと。正しい行動をとること。ウソ偽りは絶対語らないこと。
一、会議のときは必ず坐ること。
一、集合し米軍に応対するときは、モッコ、鎌、棒切れその他を手に持たないこと（軍人が職務上必要として銃を携行するならば、農民も職業上必要といって鎌を持とうという意見もあった――引用者）。
一、耳より上に手を上げないこと。（米軍はわれわれが手をあげると暴力をふるったといって写真をとる。）
一、大きな声を出さず、静かに話す。
一、人道、道徳、宗教の精神と態度で接衡《ママ》し、布令・布告など誤った法規にとらわれず、道理を通して訴えること。

一、軍を恐れてはならない。

一、人間性においては、生産者であるわれわれ農民の方が軍人に優っている自覚を堅持し、破壊者である軍人を教え導く心構えが大切であること。

一、このお願いを通すための規定を最後まで守ること。

これだけの規定を作って、「真謝、西崎全地主一同」が署名捺印し、米軍に向っていったわけです。米軍の挑発に乗らないように細心の工夫をこらすとともに、平常心を失うことを厳重に戒め、それ以上に、占領者にたいし、生産者として人間性において優位に立つとの自覚を貫こうとしていることがわかります。

それは同時に、丸腰のまま、平常心を失わず、したたかに、銃剣に立ち向おうとする戦術でもあったわけです。阿波根さんは、のち一九六二年、さらに「軍会談に当たっての態度と心構え」を作って、より具体的に、「目は相手を見つめ相手を良心的に圧倒する態度が大切」、「短気は禁物」などとのべています。そればかりでなく、「米軍のねばり強さ、執ようさ、親切らしさ、戦術的短気、政策的怒り、微笑などは逆にとり入れて利用」するなど、「会談に当たっては完全な芸人にならなければなりません」とまで、提言しています。そういう心のゆとりがあってこそ、「米国人以外の者の立入を禁ず」

という看板の横に、「地主以外の侵入を禁ず」との看板を掲げるという発想も、生れたのだと思います。またそれが、米軍との根気くらべに耐えさせる力になったと思います。

しかしその間に、住居を失い耕作地を失って、いよいよ暮してゆけなくなった人びとの考えついたのが、『大百科』にも記されている「乞食行進」です。「わしらは、それまで人から物をもらうのは恥だと思っておりました」。カンパをもらっても、「追いかけて行ってその人に返したものでした。それがとうとうせっぱつまって、「乞食行進」を始めたのであります」。こうして真謝の農民たちは、「乞食をするのは恥ずかしい。しかし、われわれの土地を取り上げ、われわれを乞食させる米軍はもっと恥ずかしい」と、木で支えたボール紙に書いて歩きだします。

琉球政府まえを出発して沖縄島全島にわたった行進は、「托鉢」もさることながら、訴えにおいて大きな効果を挙げました。結局この闘いは、米軍の当初の計画であった一五〇万坪を一二〇万坪に縮小させ、そのなかに「黙認耕作地」を認めさせるという決着に至ります。が、闘いの結果として、「わしらは自分の土地を米軍から黙認されて耕作させてもらっている「黙認耕作地」とは思っていません。逆に軍に「黙認使用」させている土地だと思」うという意識が生れました。

強制移住させられたテントや、政府まえの陳情小屋で、とくに「オバー」(お婆さん)たちを中心に、抑えきれない想いは、琉歌として、また陳情口説《くどち》として溢れました。阿波根さんは、それを二〇首以上も書き留めています。

黄金土地《くがに》奪《と》ぅらり　なまやくぬあわり　助きやいたぼり　衆人万人《しゅにんまんにん》
(黄金の土地を奪られて　いまはこの哀れ　助けて下さい　大勢の方がた)
雨降りば　むゆい　太陽《てぃだ》照りば　暑《あち》さ　水《みじ》や泥水《どろみじ》ゆ　飲《ぬ》むる　くちさ
(雨降れば漏り　陽が照れば暑い　水は泥水　それを飲むあわれさよ)
口や花咲かち　胸内《むにうち》やたくでぃ　悪魔アメリカや　情知《なさき》らん
(口は何とでも並べるけれど　胸の内は企んでいる　悪魔アメリカは　情けを知らない)

琉歌という沖縄の根から立ちのぼる発想の形式が、闘いのなかの思想を載せて、人びとを惹きつけてきているさまが窺えます。

伊江島の闘いをこのように導き、さらに反基地闘争の大波を起した阿波根さんの思想が、どのようにして培われたのかを顧みるとき、若い時期の移民体験(一九二五―三四年)に到達します。勉学の夢破れ、出稼ぎの募集に応じて、ハワイやカリフォルニアを経て、キューバとペルーで移民として過したという体験は、このひとの視野を大きく広げました(移民時代を含めての、波乱に満ちた前半生は、『米軍と農民』の冒頭に、主題の前史ふうに語られていて興味深いのですが、省略します)。

キューバ時代には、その国が、「独立国でありながら実権はアメリカがにぎり、アメリカの同調者だけが生活が安定していて、他の人びとは奴隷のような生活をして」いるさまを、つぶさに実見する一方、リンカーンを初めとするアメリカ民主主義をも、よく咀嚼《そしやく》していました。そういう体験に培われた人間としての厚みと幅、見識の広さと深さが、占領者たちを〝呑みこむ〟ようなゆとりとなって、闘いの自在さを作りあげる原動力になったと思わざるをえません。

それだから阿波根さんは、伊江島の闘いをとおして、自分たちには「実践」はあっても、「理論」が欠如していると気づくと、「順調に勉強して、国民をだますことには専門」の「戦争屋」に対抗するため、学習活動に力を入れねばならないと、思うようになります。募金して、東京の中央労働学院に青年を送りはじめ(堀真琴が校長で、一〇カ月間の夜間の学校)、とうとうみずからも、六〇歳を過ぎた身で入学し、乾いた大地が水を吸収するように、社会科学の理論を吸収してゆきました。そののち、伊江島反戦平和資料館「ヌチドゥタカラの家」を建設し、「平和の語り部」を務めますが、そんな阿波根さんにわたくしは、卓越する思想家を見る想いがします。

3　抵抗としての「祖国」意識

「みなし児」意識と本土への期待

「2　占領を撃つ」と見出しをつけて、ここでは二つの事例を挙げたに止まります。が、米軍の強権支配にたいする拒否感・抵抗感は、時の経過とともに否応なく強まり、その占領からの脱却への願望、意思も、高まってゆかずにはいません。そのとき日本が、脱却の帰属先として、人びとの脳裏で急速に膨らんでいったのは、自然の成り行きでした。

戦前の日本で、沖縄の人びとまた沖縄を出自とする人びとが、さまざまの差別に曝された記憶が失せたわけではありません。また米軍は、そうした亀裂を利用し、「琉球」意識へと人びとを馴致《じゅんち》する政策をも執りました。さらに日本は、講和条約で沖縄を事実上切り捨てました。にもかかわらず、異国の軍隊による先の見えぬ強権支配への耐え切れぬ想い、国籍をもたないという不安定な地位の払拭への願い、踏みにじられている境位からの人間回復の望みは、それらの葛藤に立ち優りました。

しかもその日本は、日本国憲法をもち、経済的にも、〝戦後〟を脱却する勢いで発展しはじめていました。そのもとへの復帰が、日本のある種の理想化をも伴って、大きな目標となってゆくこととなります。

復帰運動自体については、先に触れた新崎さんのご本(本書33頁)などを参照していただきたいと思いますし、またつぎの「二 焦点となった復帰」で、とくに思想史の視点からの諸問題を考えるつもりです。

が、それまでの復帰への意識の高まりの結集点として、一九六〇年四月二八日に沖縄県祖国復帰協議会(略称=復帰協)の結成されたことが、大きな画期となります。(五二年)四月二八日は講和条約の発効した日で、「よん・にはち」(4・28)が一つの合言葉になっていったことが、その日を「屈辱の日」と捉えたことと相俟って、日本への愛憎こもごもの強烈な念を示しています。また、正式名称の「沖縄県」は「琉球」への対峙を意味するとともに、「日本」の「祖国」への高まりをも印象づけずにはいません。

「2 占領を撃つ」で登場していただいた人びとについていえば、新川明さんは、のちに反復帰論の主導者となるひとですが、この時期には、本土への幻想から切れていませんでした。「「みなし児」の歌」という表題そのものが、沖縄が本土から捨てられたみなし児だという意味を込めていて、本土へ傾斜する心の在りようを窺わせます。

『琉大文学』は、全体として、占領という鉄の環にいかにして文学的思想的に立ち向うかという課題に、存在を懸けていて、「祖国」復帰運動とほとんど思想上の関わりをもたなかったのですが、それでも一九五〇年代後半は、それへの〝揺れ〟の目立つ唯一の時期をなしています。二巻一―八号(通号一一―一八号)(一九五六―五九年)の奥付が、米軍支配への抵抗としてでしょうか、元号で記されていたことが、その指標となります。

また、阿波根昌鴻さんについていえば、伊江島で、離島の闘いという孤立感を振り払ったのは、各地からの激励の数々でした。なかでも、この闘いが本土に知られた結果として始まった救援活動は、「すがりつく気持」で受けとめられたようです。

それまでも伊江島の子どもたちと文通していた東京都立荻窪高校定時制の黒田操子さんが、学生の組織から派遣されて来島したさいは、「女神か太陽があらわれた心持」で迎えられ、帰るときは、港は、「八〇本の日の丸の旗とノボリで賑い、お婆さんたちは三つの太鼓に合わせて」、黒田さんを送る歌を唄ったと、『米軍と農民』にあります。

北海道釧路市の太平洋炭鉱労働者から、「三輪車に一杯、土地問題始まって以来最大の量の尊い品々」が届いたさいには、「お婆さん、お爺さんたちは遠い北海道からの贈り物を拝みにまいりましたと杖をついて集」まったともあります。

これらは、強いて「本土」と括弧をつけるべきでなく、ひととひととの真情の交歓というべき出来事ですが、そういうなかで、日本国憲法のもとに入りたいとの欲求も強まります。一九六五年、当時の佐藤栄作首相が来沖したとき、真謝の地主代表は、「伊江島軍用地に関する陳情書」を首相宛てに提出しますが、そこでは、戦前の日本政府がわれわれを戦場に駆りだしたこと、それでいて戦後はわれわれを米国に売り渡したことを、きびしく指摘したのち、「米国の非道残忍な軍政下から、一日も早く日本国民として日本国憲法の下で、安心して生活ができるようにわれわれを引きとってもらいたい」との項目を、「要求事項」の第一に掲げています。復帰運動には、こういう要望が切実に込められていました。

「祖国」日本

とくに強行される軍用地接収は、その対極として、「祖国」から切り離されたという意識を刺激し、施政権返還、日本復帰への欲求を高めました。その意味で、軍用地化阻止の要求と日本復帰論はセットをなしていました。

そのことは、米国の側でも、よく認識されていました。一例を挙げると、一九五六年一二月二五日、さきにも触れた(34頁)沖縄人民党の瀬長亀次郎委員長が、那覇市長に当選したさい、米側の翌々日付の、「共産主義者、那覇市長当選」と題された諜報報告は、当選の要因として、「特に重要なのは、米国の軍用地政策への反対と日本復帰要求であった」と分析しています(琉球新報社編・刊『不屈　瀬長亀次郎日記　第2部那覇市長』二〇〇九年、所収「米国務省・陸軍省文書」仲本和彦訳)。復帰論は、統治権者としてのUSCARにとって、「太平洋のキーストーン」という基地としての効用を、根幹から脅かす要求であり運動でした。

新崎盛暉さんは、当時のUSCARの復帰運動観を、「米国民政府は、これ以後(一九五三年の奄美諸島の日本復帰を指す——引用者)、沖縄の復帰運動を、合法的国際秩序(対日講和条約の調印・発効)を乱し、国際共産主義運動を利するものとしてきびしく弾圧するようになった」と要約していますが(「復帰運動」『大百科』)、そのように復帰運動は、米軍支配を否定するものとしての性格をもっていました。人びとは、継続し強化されもする軍政への挑戦を、「復帰」の二字に込めたといえます。そうして、沖縄と日本との往来が、USCARの入域管理によって制約されている状況下で、手の届きかねるという渇望感が、日本のイメージを「祖国」へと〝浄化〟するのに、一定の役割を果したかもしれません。

二　焦点となった復帰

1　復帰へのうねり

米軍支配からの脱却を求めて

米軍の支配に苦しむなかで、沖縄の人びとには当然、その事態から脱却しようという意志が高まります。その結果、一九六〇年代をつうじて、ほとんど沖縄全域を蔽《おお》う復帰運動となり、七二年五月一五日の復帰に至ります。復帰は、六〇年代の沖縄の最大の政治的課題となりました。

その復帰運動については、本当にこれから検討してゆかなければならない問題が、たくさん含まれていると思います。理由は二つあります。

一つは、復帰運動が巨大な運動であったために、その渦中での文書類、新聞雑誌に辿られる日々の軌跡、当事者たちの回想など、おびただしい資料があり、それらがまだ、十分に整理や史的考察の対象になっていないということです。しかもその当時は若い当事者であった人びとも、確実に齢《よわい》を重ねてきておられます。それだけに、いまこそ、資料整理から始めての、復帰運動の総合的研究とでもいうべきプロジェクトを立ち上げる時期が来ていると思います。

二つ目は、復帰から四〇年近く経ったいまも、依然として変らない基地の重圧に、「復帰とは何だったのか」という問いが、否応なく急速に広がってきているということです。つまり四、五〇年前には情熱を傾けた復帰が、問い返されてきており、それは同時に、しかしあの時代の情熱を、そのまま流し去ってしまっていいものか、というもう一つの問いを誘発せずにはいないからです。

わたくし自身は、これまで復帰運動自体を掘り下げたことがなく、したがって資料にもごく僅《わず》かしか接していませんが、そんな理由から、いまこそ復帰運動の思想というものを、それに対抗する諸思想を誘発した点を含めて、検討してゆくべきではないかと思っています。その復帰運動は、一九五〇年代から起きていたのが、ことに「島ぐるみ」闘争を経て盛り上り、さきに申しましたように六〇年に沖縄県祖国復帰協議会の結成となり、以後この復帰協を中核として、沖縄全土をほとんど染め上げてゆきます。

そのなかでもっとも眼につきやすく、また共鳴をえやすかったのは、異民族支配からの脱却という目標であったと思います。それだけ、米軍支配の専横性への我慢ならなさが、心奥に燃えていたからにほかなりませんが、それは当然、「祖国」とか「日本民族」

とか「沖縄県民」とかの意識を高めます。そこから、日の丸掲揚運動とか方言禁止運動なども起ります。そうして、それらが、とくに公教育の場で励行されたところから、のちに教育界の、復帰後における日の丸反対運動との整合性、また戦前・戦中の皇民化教育の担い手であったことを不問に付してきたという体質などが、問われる原由ともなります。

しかし復帰運動は、もとより、民族主義的と一色化しうるものではありません。とともに、それを揺るがぬ基底としたことが、運動の広がりを保証しました。そのうえに、人びとそれぞれが突き出す(=こだわる)思想がかぶせられ、両者が融合することによって、運動が多彩になるとともにその枠が広がっていった、との感があります。そうして突き出された部分として、自治の思想、反戦の思想、人権の思想が目立ちます。いずれも、沖縄でもっとも脅かされてきて、したがって深く希求されてきたというべき、生きるうえでの基礎条件をなす思想です。

「復帰運動」の思想——自治・反戦・人権

まず自治の思想です。戦前から他府県人の統治に甘んじるほかなかった沖縄では、日本からの分離は、ある意味では、念願だった自治への好機をなしました。それだけに戦後沖縄の政治史は、復帰運動史である以上に、自治権拡大闘争史の観をも呈しています。

占領が開始されてほどなく沖縄は、軍政府の任命というかたちで、初めて沖縄人の知事をもちました。その知事は、軍政府の指令を実行したり住民に伝達するだけの存在とされましたが(governor の権限をもたないため、英訳する場合、chiji とし governor としないよう通告を受けています)、それ以来、自治権の拡大に向けてねばり強い運動が繰りひろげられます。

一九五二年四月に琉球政府が成立し、それに向きあう議会が創られますが、そのさいUSCARから、assembly でよいかとの問い合せがあり、それにたいして、当時、翻訳や通訳の任にあった城間盛善さんは、それでは議会と訳され、権限を、行政府が作成した法案の審議に限定される恐れがあると、legislature を主張しました。その結果、日本語訳として「立法院」が生れた、という経過をとっています。占領軍の直接統治を基調とした沖縄では、米軍の指令がそのまま法となり、また立法にはUSCARとの事前事後の調整が必要とされましたが、そういう状況のもとで、「民立法」と称される立法院による立法への途が拓かれました。

その立法院の大きな仕事としては、一九六二年二月一日の、いわゆる二・一決議の可決が挙げられます。これは、国際連合の「植民地解放宣言」を引用して、米軍の統治を「住民の意志に反した不当な支配」とし、施政権の返還を求めた決議です。また、琉球政府行政主席の公選は、制度発足当初から、自治権拡大闘争の中心課題でしたが、米軍による任命制から立法院による被指名者を高等弁務官が任命する制度へ、さらに立法院による選挙制へと、米軍を一歩一歩譲歩へ追いこんだ結果、六八年に実現をかちとり、復帰運動の中心人物であった沖縄教職員会会長屋良朝苗《やらちょうびょう》さんの行政主席当選に至ります(復帰後も、初代沖縄県知事をつとめた)。

沖縄側の立場は、一枚岩ではなかったとはいえ、そこには自治への滔滔《とうとう》たる流れを見ることができます。それだけに米軍の神経を逆なでし、一九六三年、キャラウェー高等弁務官の、「現在では自治政府は架空のものであり、実在しない」という、いわゆる自治神話論を飛び出させたりすることになります("*Speeches Given By Gen. Caraway To Golden Gate Club*", The Paul W. Caraway Papers)。

二つ目は反戦の思想です。それは、沖縄戦の経験、相つぐ基地拡張への抵抗によって培われてきましたが、ことに一九六〇年代、ベトナム戦争で出撃基地とされたことで、ひときわ切実さを増しました。米軍による、沖縄のベトナム戦争への巻き込み方の一端は、「63年11月、JCS(米国統合参謀本部――引用者)は在沖縄米軍にたいし正式のベトナム出動を下令。翌64年12月から爆撃戦闘機(嘉手納)の出撃がスケジュール化され、65年2月に、戦略爆撃機B52の嘉手納移駐とともに第3海兵師団(具志川《ぐしかわ》)、同年4月に第16海兵航空群(第7艦隊唯一の侵攻ヘリコプター部隊、普天間《ふてんま》)、同年6月には陸軍第173空挺旅団(当時太平洋に展開していた米軍唯一のレンジャーRanger, 瑞慶覧《ずけらん》)が出動した」と要約されています(国吉永啓「ベトナム戦争」『大百科』)。その分だけ、軍事政策は強権性を増し、沖縄の各地は、荒れた米兵で溢れました。

こうしたなかで、基地への抵抗感は——それは、ほしいままに振舞われていることへの屈辱感をバネとする嫌悪感・拒否感、それでいながら加担を余儀なくされているとの罪責感をまじえてのものだったと思われますが——、強まってゆきます。明田《あけた》川融《がわとおる》さんのお仕事『沖縄基地問題の歴史——非武の島、戦の島』(みすず書房、二〇〇八年)によりますと、それでも要求は、最初は遠慮がちに核基地撤廃、撤去であったのが、一九六八年に起きたＢ52の墜落炎上事件を決定的な転機として、基地問題への基本方針が、全面的な、一切の基地撤去へと盛り上ってゆくというかたちをとることになります。「ベトナム戦争に直接つながる〈黒い殺し屋〉として、抗議がくり返されていた」この戦略爆撃機の墜落・炎上は、撤去闘争を沖縄全体に拡大させ、「いのちを守る県民共闘」(本書259頁)の結成に至ります(福地曠昭「Ｂ52墜落事故」、玉城真幸「Ｂ52撤去闘争」『大百科』)。

三つ目は人権の思想です。もっと端的にいえば、いのちの思想です。主権を米軍に握られ、基地優先が貫徹する沖縄にあって、人権侵害＝いのちへの加害は日常に組み込まれていました。その一番の特徴は、幾つもの事件が消せない記憶として蓄えられているように、幼女・少女が、武装者によっていけにえとされたところにあります。相つぐ人権蹂躙のなかで、この思想は、時の経過とともに高まりつつ、見方によっては中心的な力ともなりました。一つの例で申しますと、復帰運動を引っぱった有力組織の沖縄教職員会高校部→沖縄県高等学校教職員組合(一九六七年に改称して発足)でも、「基地撤去・安保廃棄・反戦平和」とともに「主権回復、自治権確立、人権擁護」は、「完全復帰」に向けての闘いの柱をかたちづくりました(二十五周年運動史編集委員会編『沖縄県高教組二十五周年運動史』沖縄県高等学校障害児学校教職員組合、一九九六年。なお人権の思想については本書152頁以下でも記述)。

常態化した人権無視への怒りの爆発という点では、一九七〇年一二月二〇日未明のいわゆるコザ騒動は、象徴的な意味をもっています。「米憲兵の一方的な交通事故処理と、威嚇発砲に怒りを爆発させたコザ市(現、沖縄市)の群集が、MPカーをはじめ米軍車両に投石、焼き打ちした事件」です。その直前に、糸満市で主婦を轢き殺した米兵に軍事裁判が、無罪判決を出していたことが、住民の激昂を強め、この爆発となりました。カービン銃で武装したMP約三〇〇人と、約五〇〇〇人の人びととの睨《にら》みあいは、六時間に及んだといわれます(当山正喜「コザ騒動」『大百科』。なおこの事件についてはのち、コザ地区を抱える沖縄市が、米国国立公文書館で関係資料を収集し、多くの写真を入れ、英文・邦文対訳のかたちで、沖縄市企画部平和文化振興課編『米国が見たコザ暴動』沖縄市役所、一九九九年、を発行している)。

このコザ騒動についての、もと『琉大文学』のメンバーであった儀間進さんの一文は、事件の思想的な意味を的確に捉えていると思いました。こういう発言です。「(それは——引用者)軍政下の沖縄で二五年にわたる長い間、人権を奪われながら、しかもそれを取りもどす闘いが大きな壁にぶち当たって一歩も進展しない社会に生きてきた沖縄人が人間性の全的回復を一挙に爆発的にとりもどそうとした抑圧されている側からのコミュニケイションだということである。民主主義の通じない暗い部分からなされるところの不幸なコミュニケイションである」(「コミュニケーションとしてのコザ反米騒動」『琉球弧』(本書159頁参照)三号、一九七一年一月、『琉球弧——沖縄文化の模索』群出版、一九七九年、所収)。

状況を動かした祖国復帰論

これらの思想の成長の結果として、祖国復帰論はそうじて、日本国憲法のもとへの復帰論、即時無条件復帰論へと凝集されていったと思います。こうした動きは、米軍また日本政府に、一定の衝撃を与えずにはいなかった。つまり状況を動かしました。

一九六〇年代の前半に、沖縄で帝王ともいうべき地位を占めていたのは、さきほども触れた、第三代高等弁務官のキャラウェーというひとでしたが、このひとは、離日政策を強行しようとして、強い抵抗を招き、六四年に更迭されます。

そのあと赴任してきた第四代高等弁務官が、ワトソンというひとです。ワシントンで沖縄情勢について綿密にオリエンテーションを受け、東京でも、当時のライシャワー米国駐日大使と、こまかく打ち合せをしてやってきます。このひとは、沖縄戦に従軍していたこともあり、片言の日本語ができました。そうして、それを振りまわすことによって、沖縄の人びととの融和を図ろうとする姿勢を示さざるをえなくなります。日琉一体化政策と呼ばれる方策がそれで、ワトソン高等弁務官は、しきりにイッタイカという言葉を口にしました(もっとも宮城悦二郎さんの著書『占領者の眼――アメリカ人は〈沖縄〉をどう見たか』那覇出版社、一九八二年、によると、ワトソンさんが発音するとイタ―イカと聞えたそうです)。

そのつぎが、第五代のアンガー高等弁務官で、一九六六年に赴任してきました。就任のさい、沖縄の牧師が、祝福のためでしょう、祈禱するのが慣例となっていたのですが、その役に当った平良修牧師は、「新高等弁務官がさいごの高等弁務官になり、沖縄が本来の正常な状態に戻ることを」、「天なる父よ、(中略)新高等弁務官をして、これら市民の人権の尊厳の前に深く頭を垂れさせたまえ」との、祈りの言葉をのべるようになりました(実際は、第六代のとき日本復帰となる)。

そのような対抗関係のなかで一九六五年には、佐藤栄作首相による、「沖縄が戻らない限り、日本の戦後は終らない」という言葉が発せられます。米国は、泥沼化していたベトナム戦争の重荷もあり、基地の安定的運用のためにも沖縄の施政権の返還を選択する方向へ歩みだします。その結果、日米両政府間の返還交渉が繰りひろげられ、基本的には基地は無期限に米国が保持することを前提に、決着に至ります。そうして七二年五月一五日の沖縄の日本復帰となります。

　その過程の詳細については、比較的に近年でも、河野《こうの》康子さんの『沖縄返還をめぐる政治と外交――日米関係史の文脈』(東京大学出版会、一九九四年)、三木健さんの『ドキュメント沖縄返還交渉』(日本経済評論社、二〇〇〇年)、我部《がべ》政明さんの『沖縄返還とは何だったのか――日米戦後交渉史の中で』(日本放送出版協会、二〇〇〇年)、琉球新報社・地位協定取材班『検証[地位協定]　日米不平等の源流』(高文研、二〇〇四年)や、明田川さんの『日米行政協定の政治史――日米地位協定研究序説』(法政大学出版局、一九九九年)また『沖縄基地問題の歴史』(61頁)などを初めとする、多くの労作があって、究明が進められてきました。返還をめぐる密約の問題も明らかにされてきました。

　それらを拝読してきた結果として、日本側は、沖縄を米軍の基地として差し出して返還をかちえたし、しかもそれは、一〇〇パーセント米国に迫られてやむなくというよりは、日本の、(沖縄を除く)安全のために、沖縄をいけにえとしたという面が強いという想いを強めました。当時この問題に関わった東郷文彦外務省アメリカ局長の書き留めた、佐藤首相の、「返還の結果基地が弱くなると云う考えは採らざるところである、日本自身の安全と云う考え方を徹底する要あり」との基本方針が(『日米外交三十年　安保・沖縄とその後』世界の動き社、一九八二年、ここでは中公文庫版による。明田川『沖縄基地問題の歴史』に指摘あり)、そのことを明白に語っています。

自己決定の「倒立」した追求

穴だらけであることを自覚しつつも、いまのところのわたくしの復帰運動観は、大体、以上のようなものです。それは、「祖国」イメージの胸内への点火に発しながらも、自治の思想、反戦の思想、人権の思想を引きだしつつ、米軍支配への対抗の論理を鍛えていったと思います。とすれば、復帰運動のもつ思想的な意味はなんだろうか。こういう問いのまえに自分を立たせたさい、これまでそれを、「自己決定の追求」にあったとのべてきました。つまり沖縄のそれまでの歴史に照し合せるとき、そのようにいえるのではないかということです。

たしかに「祖国」幻想は、復帰運動のなかで最大限にまで肥大しました。しかし同時に沖縄の人びとは、占領を撥ね返したという経験、(結果として)「日本」から離れて(あるいは、離されて)いたという経験を積みました。さらに「日本」への影響という点では、一九六〇年代以降のマイノリティ問題の意識化に、強い刺戟をもたらしました。

ただその場合、自己決定の自己とは何かが問われる必要があります。こういう問いの立て方は、精神的にきついのですが、あえてその問いをまえに、こんな構図を描きたいと思います。主語を沖縄人(沖縄の人びと)とし、「国民」という言葉に照らすとき、琉球処分に始まる時期は、「沖縄の人びとが「国民」へと連行されていった時代」、それにたいして占領を基底条件とする戦後は、「沖縄の人びとがみずから「国民」であることを求めていった時代」とする構図です。それは、一つの落し穴へのめりこんでいった思想といえるかもしれません。とともに、そこに発揮された主体性・能動性ゆえに、自立への芽を内在させていたということができます。つまり倒立した自立思想とでもいうべきものでした。

復帰運動は、先にも申しましたように、実現が見通された段階で、日米両国の政治的な思惑と駆け引きによって翻弄されます。が、そこで味わわなければならなかった挫折の痛苦が、復帰後の思想展開に当っての養分となりました。「国民」であることの落し穴に落ちたという痛恨を抱えたために、「国民」であることを対象化する思想を打ちだそうとしはじめる、と目されます。先の表現の延長線上でいえば、「「国民」であることを対象化しはじめた時代」を創りだしつつある、と思います。

復帰をめぐる思想的葛藤——中屋幸吉の軌跡

一応そのように位置づけるとしても、復帰運動とその思想は、「復帰」を軸に置いたがゆえの、あるいはそれを優先させたがゆえの思想的葛藤を、その内部から喚び起しました。日本ないし本土への、「祖国」意識を肥大させてののめりこみが、根としての沖縄喪失に連なるのではないかという葛藤が、それです。琉球大学の学生であった中屋幸吉の軌跡は、そうした葛藤の苦痛を体現しています。わたくしは、沖縄の勉強を始めたころ、比屋根照夫さんからその存在を教えられ、沖縄に向うさいの覚悟を問われたとの感に沈みました。

中屋は、一九三九年生れですが、子どもとして、「敵兵の襲来に怯え、食料涸渇で栄養失調し」（「懐古」一九六〇年）つつ、沖縄戦を生きのびて、五九年に琉球大学に入学します（文理学部史学科）。が、その直後に起きた石川市（現、うるま市）立宮森小学校への米軍ジェット機墜落事件で、姪を失い、ショックで一時休学、やがて復学して、その事件を「思想の転機」として、学生運動に入ってゆきます。「沖縄の現実の姿について考えた。そこに民族の問題が暗いとばりをおろしており、帝国権力が、根深くとぐろを巻いて居坐っていることを、肌身に感じた」（「姪の死」執筆年不明）。彼は、異民族支配からの脱却の途を民族意識に求め、復帰運動に身を投じます。祖国復帰県民大会に参加し、「かあちゃん――／とおちゃん！／沖縄の孤児は／祖国の親の愛を求めて／訴え／叫びます」（日誌一九六一年四月二八日）という詩を書いたりします。

そのような活動が認められてのことでしょう、中屋は、琉大学生会代表として出京し、本土の全学連と共闘の四〇日間を送ります。日本の中心としての東京への憧れが、どんなに強かったかは、沖縄からの旅の途中、京都で書いたこんな文章が切実に示しています。「早く東京へ行きたい。そこには、生きたダイナミックな現実がある」、「かかる中に、ボクの求めているものがあるのだ」(日誌一九六二年八月三日)。

しかしその東京で、中屋はあっという間に、「東京という資本主義の集中された場所から、疎外としてはじきだされ」た感に襲われます(日誌一九六二年八月一二日)。任務を終えての帰郷にさいして、鹿児島からの船中で自問します。「日本人というには、あまりにオキナワ的なボク」、「現実的に私の精神的表現であるオキナワ、私の故郷オキナワ。私がオキナワでなくなったとき、私は、何になるか。／日本人か、国籍不明(正体不明)か」、「私からオキナワがなくなる時があるか。／私は、世界人であるべきであり、オキナワ人であっては、いけないか。世界をオキナワからみてはいけないか。世界の内部にオキナワがあるとして……」(日誌一九六二年九月一〇日)。そうして別の途を探りはじめます。が、その途を見いだせなかった中屋は、未遂を繰り返したあげく、六六年に自死を遂げるに至ります。

本土体験を経て中屋は、なぜあれほどまでに日本にのめりこむのかという、復帰運動に現れた沖縄人のコムプレックスを見るようになっていました。運動の盛り上りに、沖縄人の強さをでなく、弱さを見る視点です。「沖縄人。これがコンプレックスの別名にまでなった。沖縄の人々は、このコンプレックスに朝な夕なに悩まされ、呪縛されたあまり、ついに沖縄人放棄＝日本復帰＝日本人宣言にたちあがったのである。／この非沖縄人＝日本人宣言が運動にまで高まって、今日の祖国復帰運動を現象せしめているのだ」（「東京オリンピック聖火の沖縄入りに現象した沖縄人の復帰意識について」一九六四年）。

残された友人たちは、その死の意味を広く共有しようと遺稿集を編み、『名前よ立って歩け　中屋幸吉遺稿集　沖縄戦後世代の軌跡』（三一書房、一九七二年）と名づけました。以上の引用は、この本に拠っています。復帰運動を考えるとき、わたくしは、中屋幸吉の名前のまえで、立ち止まらずにはいられません。

2　日本を問い返す

復帰運動の中から生れた批判意識

政治運動にあっては、それが高揚に向うとき、理念としての〝千年王国〟的な幻想が加速度的に拡大し、それとともに参加者層も雪だるま式に膨張するのが、通例です。その場合、運動は、団結のためにある種の排他性を備えるようになり、またそうなることによって初めて、権力の座を揺るがせ、あるいは突き破ることができます。政治に求められるのが、結果責任である以上、それは避けられない動態です。復帰運動も、その例外ではありえず、運動として高まるとともに、わだかまりをもちつつも、本土志向へと人心を一色化するほどの勢いをもちました。

実際、一九五〇年代から六〇年代前半にかけての時期、日本復帰のスローガンに込められた人びとの怒り・口惜しさ・悲しみの総量がもつ社会的風圧は、政治力学のうえで抑えきれぬ力を発揮し、民衆心理のうえに働き、米国支配との結託を自認するひとを別にすれば、復帰に異論を挟みにくい雰囲気が生れたように見えます。

が、そのなかで、日本へののめりこみという大勢ゆえに嵌《はま》りこんでゆくであろう陥穽《かんせい》を、指摘する思想的営為が現れます。復帰運動あってこそ生れた〝鬼っ子〟です。趨勢のなかで、あえて杭であろうとする思想ともいえます。そういう思想として、三つの塊を挙げたいと思います。

一つは、「日本を問い返す」という思想です。二つ目は、「反復帰の思想」です。そうして三つ目は、仮に「根としての沖縄の意識化」と、熟さない言葉で記しますが、日本への強まる傾斜とは逆方向に、沖縄とは何かを探ろうとする動きの顕著化です。今回、研究所の屋嘉所長の要請をお受けしたときには、「日本を問い返す」という思想と、「反復帰の思想」の二つしか考えつかなかったのですが、準備を進めるなかで、先の二つのように明確に復帰思想への留保ないし対峙を意識しているわけではないにせよ、沖縄とは何かを掘ってゆこうとする志向が、急速に活発化するのに眼を見張りました。

これらの思想は、広がりという点では、復帰運動という大勢のなかの孤塁の趣きもあります。しかし半世紀近くのちのいまを衝く論点を、それぞれ切っ先鋭く突き出しており、それらが提起した問いのまえにわが身を立たせるとき、答えきれない重さを感じずにはいられません。

ということを前置きとして、「日本を問い返す」に入りますと、これは、こんなに手ばなしで日本にのめりこんでいっていいのだろうかと、考え直すことを迫る思想です。いままで日本は、あるいはヤマトは、あるいは本土は、あるいは東京は、沖縄のために、あるいは沖縄に向って、何をしてきたか、そのことを一度考えなおさなければならないのではないだろうか、少なくとも復帰が実現するまえに、ということを基調とする思想です。そういう思想の代表的な展開者として、作家の大城立裕《おおしろたつひろ》さんと、人文・社会科学者の大田昌秀さんを挙げることができます。

大城立裕にみるヤマトへの距離感

大城立裕さんは、作品「カクテル・パーティー」(一九六七年)による、沖縄での最初の芥川賞作家として知られていますが、作家生活六〇年を超える息の長い、またきわめて多作のひとで、おびただしい小説・戯曲・評論を書き続けて、今日に至っています。お仕事の基幹部分は、いまでは、『大城立裕全集』全一三巻(大城立裕全集編集委員会編、勉誠出版、二〇〇二年)にまとめられています。

その大城さんの活動の中心的な課題は、沖縄とは何か、日本とは何か、戦争とは何か、(米国の)占領とは何か、を、それらの関係性において、また歴史の文脈を遡りつつ、問うてゆくこと、つまりこだわりぬくことでした。作品はいずれも、そのように一筋縄ではゆかない連立方程式を、沖縄の自立という答えを求めて解こうとする営みであったとの観を呈しています。

復帰を挟んで、日本へのこだわりを渾身の力をこめて作品化したのが、『小説琉球処分』(講談社、一九六八年)、『恩讐《おんしゅう》の日本』(講談社、一九七二年)、『まぼろしの祖国』(講談社、一九七八年)という、「沖縄の命運」三部作です。いずれも上下二段にびっしり組んで六〇〇頁を超える大作です。そこで大城さんは、琉球藩の設置から復帰までの時間幅をもって、沖縄にとって日本とは何であったかを、歴史の歯車を一コマ一コマ回すような手法で描ききりました。作者自身の位置づけによると、この三部作は、「日本の前の沖縄」、「日本のなかの沖縄」、「日本のそとの沖縄」となります。小説として読めば、やや退屈するといわれますが、沖縄の人間としての本土へのこだわりの深さが、全面に表れている作品と思います。

『小説琉球処分』が単行本になったのは一九六八年ですが、『琉球新報』に連載されたのは五九年から六〇年にかけてです。折から復帰運動が盛り上るなかで、また、「廃藩置県」という語が常用されるなかで、わざわざ、明治政府によって強権的に遂行されたとの意味合いをもつ「琉球処分」の語をもちだしたところに、この過程を見る作者の眼の位置が示されています(この語は、処分官松田道之の編纂した編年体の史料集『琉球処分』全三冊、一八七九年、に由来する)。日本復帰に夢をかけていた時期に、「琉球処分」とは穏やかでないと、顰蹙《ひんしゅく》されたりもする名づけでした。

題名に浮き出ているように、「処分」を迫る日本政府にたいし、沖縄の側、琉球の側が、あの手この手でいかに〝抵抗〟したか、逆にいえば、日本政府が、琉球の側の、意識的抵抗というよりは、その優柔不断性・面従腹背性によってすら、いかに手こずらされたかが、細かく書き込まれます。しかし作者の態度は、琉球の側の〝抵抗〟に快哉《かいさい》を叫ぶところからは遠いものでした。それどころか、「暫時延期」の連発に終始するという、〝抵抗〟の仕方そのものがもつ社会の恥部も、容赦なく抉りだされます。史実としての「琉球処分」の、大城さんにとっての重苦しさは、そこにありました。日本への〝抵抗〟をつうじて、琉球はどんな未来を拓くことができるかの見通しを、作者はもてませんでした。

『恩讐の日本』は、日本の一県となった沖縄を追いつつ、沖縄にとってヤマトとは何かを、執拗に問うた大作です。題名自体に、近代日本に向けた作者の、複雑にして容易には割り切りがたい感情と評価が示されています。その作品を大城さんは、一九七二年五月一五日、復帰の日にぶっつけて刊行します。その日に、「恩讐」を投げつけたことになり、これだけのことは言っておきたいという想いの結晶です。

それだけにこの小説の主人公は、歴史そのものだというほかありませんが、具体的には、近代沖縄の歩みを象徴する人物として、仲村渠仁王《なかんだかりにおう》を創りだします。とともに、彼の伴侶となる人物として、鹿児島出身の那覇の寄留商人の娘で看護婦をしていた川俣志摩子をもってきます。二人の関係は結局、破綻するのですが、作品には人物から事件にわたっての近代沖縄のおびただしい事実が、相互に関連づけられつつ書きこまれており、詳しく追うにはお読みいただくほかありませんが、山原《やんばる》(沖縄島北部、国頭郡《くにがみぐん》の俗称)の小作の次男とされる仁王つまり農村の平均的な若者のヤマト化体験と、そこでの一見滑稽とも見えるだけに深刻な文化摩擦が、軸となっていると読みとれます。

一足飛びに結論だけ申しますと、作者は、仁王の体験をつうじて、ヤマト化が沖縄にとって、どんなに強いられた矯正であり、その意味で苛酷なものであったかを示そうとします。また志摩子との結婚と離婚は、ヤマトが憧れであるとともに、ついに一体化できない存在であることをも物語ります。と同時に、仁王が文字を覚え視野を広げ度胸をつけていったのも、ヤマト化が沖縄社会に惹き起した衝撃ゆえであったことも浮びあがらせます。大城さんはそのように、復帰前夜という時点で、そうした体験の総体を書きこむことによって、沖縄人と本土人の双方に、歴史への記憶を新たにするように呼びかけたのだ、とわたくしは受けとめました。

『まぼろしの祖国』は、一九四五年から七二年にわたる米軍統治下の〝第二次琉球時代〟を、とくに日本との関係において総括した〝全体〟小説で、大城さんの戦後沖縄史決算報告書の観を呈する作品です。作者は、みずからの複合的な戦後沖縄観・復帰観を、主要な人物として設定した伊礼《いれい》善明・荻堂《おぎどう》ナツと、ナツの息子荻堂善市（ナツによれば父は善明）という三人に、それぞれ語らせています。

善明は、戦時下の師範学校生で、戦後、日本留学を経て高校教師になるものの、米軍に復帰派と見なされて、職を取り消され、沖縄教職員会で復帰運動家としての体験を重ねてきた人物です。その彼の結論はこういうものでした。「僕たちが心がけたことは、たしかに沖縄人自身の存在をとりもどすことだった。ただ、それがアメリカ人の束縛、圧制から解放されようとするあまり、日本に頼ろうとしたのだった」、日本へのそんな信頼感と、他方でくすぶる違和感とを、「ひとつにつなげて考える想像力が欠如していた」と。

善市は、琉球大学国文科に入学し、学内の政治活動に入り、本土の学生活動家との連携を求めて渡航しますが、まともに相手にされず、「ヤマトンチュにウセーラス（馬鹿にすること――引用者）」されたとの感に襲われ、「沖縄人は日本人であるのか」との疑問を膨らませ、反戦派活動家として尖鋭化する一方、古典芸能や文化財に、「沖縄民族文化のエネルギー」を見いだすようになります。が、善明の、「ヘルメットも覆面もヤマトの真似をして、なにが反日だ！」との一言に打ちのめされ、敗北を自覚して、復帰の日、それを拒否し「まぼろしのシマ」をめざして、南部戦跡のどこかに、みずからを埋めようとするに至ります。

ずっとじゅり(遊女・娼妓のこと。漢字ではおおむね「尾類」と書く)だったナツは、コザで初めは貸間業、のちには小料理屋を開業して、戦後をたくましく生きてゆきます。その彼女の独白が、エピローグとなっています。「沖縄人は、なんのかのといっても、やっぱり日本人ということかも知れないさねえ。だけど、ヤマトも嫌なこともあるし、だから、ほんとは独立したほうがいいという人もいるわけさあ。だのに沖縄人は独立しきれなかった」、「やればできるって、元気をださないといけないねえ、沖縄人も」。

こういう叙述に接するとき、沖縄はなんと難しい問題を抱えこんできたことか、また抱えこまされてきたことか、とあらためて思わざるをえません。大城さんはこの三部作で、みずから「複眼」の視点というのに相応しく、日本化が沖縄社会にもたらした歪みと覚醒の双方に目くばりしつつ、受難と解放、抵抗と同化の全位相を捉えようとしたのでした。

そんな大城さんは、復帰が迫るにつれ、沖縄はもとより本土からも、もっとも多く発言を求められる存在となりました。小説・戯曲を初めとして時評類を主とする発表された作品は、一九六七年後半から七二年末にかけて、わたくしの知る範囲で二三〇点に達しています。それらを通して、「沖縄にとってヤマトとは何か」を検討したあげく引き出してくる結論は、当然、単色のものではありませんでした。むしろ相反する感情のあいだでの綱引きという性格をもっていました。初出は略しますが、こうして、矛盾する言葉を二つ並べるという日本観を、さまざまな表現を用いて繰りかえすことになります。

「〈同質性〉ではどうしても割りきれない〈異質性〉」、「日本とのあいだのこの同質感と異質感」、「日本なしで生きたい」という願望と、／「日本なしに生きられるか」という疑問とが共存、「沖縄と本土とのつ、き、と、は、な、れ」、「沖縄文化は日本文化と一面同族であり一面異族」、「沖縄の人は、本土の人間が大好きなんです。でも、大嫌い」。

複雑な気持をどういう言葉で表現しても、十分には言い表せないというもどかしさを抱えて、沖縄人には復帰へののめりこみの陥穽を、本土人には、沖縄を理解しているつもりでいることの本質的な無理解性を、それぞれ指摘していると思います。復帰の時期に合せて刊行した、その名も『内なる沖縄――その心と文化』（読売新聞社）、『同化と異化のはざまで』（潮出版社）という二冊の評論集には、それらの言葉を含む日本への屈曲する意識・踏みとどまろうとする思考が繰りひろげられています。

これまで引いてきた言葉にも示されているように、復帰問題に踏みこむにつれ、大城さんは、本土を指すのにヤマトという表現を多用するようになります。本土の側からどう呼ばれるかに、深くこだわらざるをえなかったのに連動するように、沖縄からのいわゆる本土の呼び方にも、人びとのみずからへの位置づけの意識が投影されていました。「内地」という呼び方は、みずからを「外地」と置く位置づけに(他称に始まったという)、「他府県」という呼び方は他府県並みにならねばとの意識に、それぞれ支えられていました。「本土」の呼称は、戦後に一般化したそうですが、その地をメインランドとする意識を反映しています。それらにたいしてヤマトという片かな書きの表記は、政治から一応独立した文化次元の(それのもつ〝政治性〟は免れないものの)、また上下関係を一応払拭した呼称、しかもヤマトー・ウチナーと対応させる呼称との響きをもち、なによりも沖縄発といいうる呼称です。それを多用するに至ったのは、沖縄が「本土」に吸収されきってしまわない関係を、脳裏に描いての所産であったといえます(反復帰論の新川明さんも「ヤマトゥ」を使用する。91頁)。

大田昌秀にみる本土への不信

復帰運動の高揚期に、日本を問い返したいま一人は、大田昌秀さんです。大田さんについてはすでに、『沖縄健児隊』の編者の一人としてのべましたが、早稲田大学を卒業したのち、米国のシラキュース大学大学院でジャーナリズム修士を取得、沖縄に戻って琉球大学文理学部社会学科に、講師・助教授・教授として勤務するという経歴をもちます。その間、一九六三年からの一年間と、六八年からの二年間、東京大学新聞研究所へ長期研修に赴き、戦禍で失われてしまった戦前期の沖縄の新聞を読みぬき、それを駆使して、沖縄の近代史研究に未到の分野を切り拓きました。

沖縄戦の体験を抱えて、沖縄近代史研究に入っていった大田さんは、復帰問題が動きだし、現実化してゆく一九六〇年代後半から、蓄えた成果を集中的にかたちにするようになります。単著に限って申しますと、年月順に以下の五冊です。

ア『沖縄の民衆意識』弘文堂新社、一九六七年(再版**ア′**＝新泉社、一九七六年)

イ『醜い日本人　日本の沖縄意識』サイマル出版会、一九六九年(新版＝岩波現代文庫、二〇〇〇年)

ウ『拒絶する沖縄　日本復帰と沖縄の心』サイマル出版会、一九七一年

エ『沖縄のこころ　沖縄戦と私』岩波新書、一九七二年

オ『近代沖縄の政治構造』勁草書房、一九七二年

最初の**ア**は、新聞を読みふけった成果で、未開拓の分野を切り拓いた画期的な作品です。**オ**は、大部の学術書ですが、**ア**の成果を援用するとともに、それとは異なって県政の軌跡を解明しています。**ウ**は、諸紙誌への寄稿を、「拒絶する沖縄」と「沖縄の問

題・日本の問題」の二部構成にまとめています。**イ**と**エ**は、それぞれ書下ろしで、**イ**は、「醜い日本人」「沖縄戦と核基地」「沖縄のアメリカ人」「沖縄・自由への道」の四部構成、**エ**は、沖縄戦の再検討を通して、「沖縄戦にまつわるすべてが、いかに沖縄の人びとに回復不能な傷痕を残しているかを、よく理解することなしには、「沖縄」はとうてい理解しようがない」と訴えた本です。いかにたぎる想いがあったかが窺えます。人文・社会科学者の登場です。

アが出てから九年経ち、入手難となっていたこの本が、**ア**として新しく刊行されたとき、著者は、初版のモチーフを回想して、こう記しました。「そうした(復帰実現に向けて具体的に一歩踏みだしたときを指す――引用者)状況下で、わたしは沖縄が復帰しようとする「〝日本〟とは何か」ということを、あらためて問わざるをえない内的衝迫につき動かされ、沖縄・沖縄人の歩みを近・現代にわたって日本政府の対沖縄政策とのかかわりでとらえてみたのが本書である」。大田さんにとって、復帰を考えるとは日本を考えることでした。

そんな問いへの当時の大田さんの答えが、木下順二の、復帰を人間回復のための本土・沖縄双方での営みとすべきとする言葉に、触発されたかたちで、**ア**の「まえがき」に示されています。「沖縄は、沖縄がこれまで一度も自立しえなかったことに対する責任を負うこと。本土は、本土が沖縄に対して犯した罪の責任を背負うこと。――双方の自己変革の結果としての自立がなければ、結びつきは生れ得ないこと。それこそが、沖縄の祖国復帰の最も本質的な根本的な問題なのだ」。

そこでは問題は、本土と沖縄との相互的なものとされていました。しかし**イ**、**ウ**と進むにつれ、表題にみられるように、大田さんの主張は、本土ないし日本ないし日本人に焦点を定め、痛烈に批判するようになります。もとよりそれは、情勢が、沖縄の意に反して、(一)基地を残すための復帰へ展開してゆくことにたいする怒りに発していました。とともに東京に居住していて、(二)沖縄と本土との落差を、身をもって感じたからでもありました。(一)の点は、**イ**の巻頭に置かれた「日本の運命を決める沖縄――まえがきによせて」に、凝縮して吐露され、(二)の点は、同じく**イ**の、本文冒頭に据えられた「日本にとって沖縄とは何か」に、差別の実態を挙げて指摘されています。

(二)については、大田さんの突きつける文言の幾つかを、注釈なしで読みあげることしかできません。

「日本人は醜い――沖縄に関して、私はこう断言することができる」、「問題は、沖縄戦の実態を知らないことでも、その意味を理解していないということでもない。沖縄戦における犠牲の意味をあいまいにし、戦争の処理さえも終わっていないまま、沖縄をして、ふたたび国土防衛の拠点たらしめようとの発想が、現実化しつつあるという事実である」、「沖縄県民は、もはや「日本の防衛のため」とか「極東の平和のため」に一方的に犠牲を強いられることを、真向から拒絶している」、「戦後の沖縄で起こってきた数々の民主化運動をはじめ、将来も起こるであろう政治運動、もしくは民衆運動は、沖縄の日本人がもつ「沖縄戦の体験と核基地に住んでいる現実」との認識を抜きにしては、とうてい把握できない」、「さらに沖縄の屈辱的事態の原点は、単に沖縄戦にあるにとどまらず、はるか遠くからの深い歴史的根拠をもっているのである」、「要するにその根底には、日本の一億の国民を生かすために、沖縄の一〇〇万足らずの日本人は、犠牲になるのもやむをえないという考えがある」、「だが、十年、二十年前ならいざ知らず、現在の沖縄の日本人は、決してそうした考え方を受けつけないだろう」、「沖縄が日本の運命を左右するというのは、単なる予測ではなくて、実体をもった大いにありうることなのである」。

(二)で大田さんが、とくに衝撃的な事例として出しているのは、本土に来てまもなく、佐世保に入港中の米国の原子力潜水艦が放射能漏れ事故を起し、つづいて米軍板付基地のF4Cファントム機が、九州大学内に墜落するという、米軍関係の事件が、立て続けに起きたさい、政府の対応や国民の反応が、「本土内で起こった場合と沖縄で起こった場合とでは、きわだってちがっている」ことでした。いち早く板付基地の移転を米側に了承させるなど「事件を処理する政府の手際は、信じられないほど機敏で」、それにつけても、「B52の常駐問題で、県民代表が政府首脳に会い、沖縄の危険な実情を陳述し、ついでに抗議したら、「出てゆけ」呼ばわりされた事実」が、思いだされるのでした。

なかでも、「九大の水野学長が、教授・職員や学生とともに地域住民の先頭に立って抗議デモに参加したこと」は、「強烈な印象」を与えずにはいませんでした。教職にあった琉球大学では、日本復帰と平和問題を内容とする雑誌を許可なく発行したこと、米軍の灯火管制演習への協力を拒否し点灯して試験勉強をしたことなどの理由により、学生を退学処分にしたという過去をもっていたからです(のち第二次処分事件も起きた)。

こうして大田さんは、「身内の恥をさらすよう」だが、と琉大の歴史を語ります。琉球大学は、一九五〇年に米軍の布令によって設立された大学で予算もほとんど米国の支出に頼っており、また戦前、高等専門教育機関が設置されなかった唯一の県である沖縄にとって、初めての大学でした。それだけに大学当局は、学生処分か廃学かと迫られると、「処分を代償に大学の存続をはかった」、その意味で、「学内外のいかなる非難をも甘受せざるをえない」立場にある、それらのことを連想せずにはいられなかったのです。「発足したばかりの琉大にたいし、日本政府の責任において財政援助がなされていたなら、少なくとも前述したような形での不幸な事態は、避けられたのではないか」というのが、この事件に接しての大田さんの歎き・怒りでした。

そういう差別の事例を繰りだしながら大田さんはいいます。「日本政府は、いまだかつて沖縄県民にたいし、差別の存在を公然と認めて謝罪したことはないのである。「日本と極東の安全のために辛抱してくれ」と百年一日のごとくくり返すだけである」。それからも事態は一向に変っていません。

とすれば大田昌秀にとって、復帰はどうあるべきだったか。一言でいえば、「平和憲法」のもとへ、というのがそれでした。ウに収めた諸論考でいいます。自分は、「「平和憲法」といえば一笑に付されかねない状況にさえなっている」ことに、気づいていないわけではない、しかし、「当初から上から与えられたイデオロギーとして出発し」た本土の場合と異なり、沖縄の場合この憲法感覚は、「幾多の試行錯誤を経て身をもってつかみ取った貴重な結論だ」。ご自身、収容所から出て、食うや食わずの暮しを余儀なくされていたとき、四七年の夏ごろ、本土から密航船でもたらされた新憲法の写しを、生き残った師友とともに争って一字一句ノートに写し取ったという、憲法経験をもつひとでした。大田さんにとって復帰は、「自己目的でも自己完結的なものでもな」く、憲法の「実体化」をつうじて、「新たな展望をもった国づくりを始め」るための、「足場」となるものでした。

それだけに大田さんは、本土の責任を追及する一方で、沖縄の思想的自立のために、沖縄人みずからの責任を俎上に載せずにはいられませんでした。「政治構造」を主題とするオの、第一部「近代沖縄の県政」の、ことに三章「大政翼賛体制の確立と南進政策の展開」と四章「沖縄戦と破局への道」で、地元の指導者層がいかに、翼賛体制・戦時体制の確立や戦意の高揚に努めたかを、その鼓舞を担った新聞の役割ともども、逐一跡づけています。そこには、自立のためには、そうした思考と行動の様式を克服しなければならぬという願いと、沖縄ではついに、戦争指導者たちの責任を自力で問うことはなかったという無念とが、込められているとわたくしは憶測します。

3　反復帰の思想

反復帰論の衝撃力

復帰の現実化への進行とともに、復帰へと雪崩《なだ》れた思想的体質を、強烈に批判する思想が生れます。反復帰論と総称される思想です。新川明さんや川満信一さんたち旧『琉大文学』の人びと、なかでも新川さんが、そのもっとも尖鋭な主張者となりました。反復帰という言葉が、衝撃力をもって、あるいは拒否感をもって、認知されるようになったのは、季刊誌『新沖縄文学』(同誌については112頁で記述)が、一八号(一九七〇年一二月)に「反復帰論」、一九号(一九七一年三月)に「続・反復帰論」と、立て続けに特集を組んで以来のことと思われます。同誌は、実質的に新川さん・川満さんによって編集されていましたから、その点から見ても、このお二人が反復帰論の主唱者であったことが窺われます。

一八号の編集者は、特集を組む意図を、こんなふうにのべています。

「かつて『新沖縄文学』の編集上の主要テーマとして「私の内なる日本」を特集した。戦後アメリカの占領下で、いくたの紆余曲折を経て、いよいよ復帰の時点が設定される気配を身近に覚えて、わたくしたちに自ら問いかけた質問であった」、「ここで再び、その問い直しをすると仮定すれば、いきおい、困難な日本と沖縄の因縁並に位置について問いなおさなければならない」、「一九七二年という復帰は、日・米両政府の権力者たちによって設けられた。この既定の上を否が応でも走らねばならぬ。不条理なレール、それも多分に幻影と仮説に満ちた架空のレールを前にして、わたくしたちは再び仮構を叩いて模索をする」。

沖縄返還を目前にしての反復帰論は、琉球独立論と同一視ないし類似視されたり、あるいは、ようやく実現しようとする復帰(＝米軍支配からの脱却)に異議を突きつけるのかとの視点からの論難を生みました。が、この意図に照し合せるとき、それは、状況に即効性を求める政治論としてよりは、みずからへの問いかけとして、また、沖縄の思想的な自立をいかに鍛えるべきかを、差し迫った問題として突きださずにいられなかった論議だといわざるをえません。

新川明と「異族」の意識

その反復帰論の骨格は、新川さんの著書『反国家の兇区』(現代評論社、一九七一年。補遺を加えての新版は、社会評論社、一九九六年)に示されています。氏が、一九七〇―七一年にものした諸論説をまとめた本です。

そのなかで著者は、一九六〇年代後半の県民のもろもろの闘争が、体制と反体制との緊迫した関係を作りだしたにもかかわらず、復帰が既定化した段階で、「安定性を根底的に揺さぶられつつあった「沖縄基地」は、いまその安定性を回復し、自信に満ちた相貌をとり戻しつつある」といいます。そこには同時に、返還にともなう基地の再編が、アジア諸国への脅威を増大するとの視点もありました。その基地の安定的使用のために、七〇年には国政参加選挙を行い(衆議院五人、参議院二人)、沖縄の民意をも反映させるというかたちまで拵えて、返還の実現に至らせようとしている、そうした両国政府の〝狡智〟にしてやられてしまったという、骨の髄からの口惜しさの漲《みなぎ》る議論です。

ではなぜそうなったのかを問い、新川さんは、復帰運動は、当初、「現実のアメリカ占領軍事支配者の苛政に反発し、その現実の向こうによりよい社会の存在を渇仰する民衆の願望を集束することによって」、「その存在を内側から脅かす」「一定の力＝戦闘性をもち得」たが、「あくまで「異民族支配からの脱却」「同一民族として本来の姿に立ちかえる」という発想によって唱導されたナショナリズムの運動であった」ため、究極には「民族的悲願」の達成という方向へ掬《すく》い取られてしまった、とするのでした。「(そのような結果に至った——引用者)必然性は、ナショナリズム運動としての「復帰」運動それ自体が、その胎内に不可避的に内在させてきたものであることはいうまでもない」。

ではなぜそれほどまでに、日本＝「祖国」にのめりこむのか。そのことを新川さんは、みずからの「内部における沖縄と日本」の軌跡を腑分けしながら記してゆきます。それは、氏ももっていた「「母なる祖国」の心情主義」の克服過程をなすのですが、新川さんの場合、勤務先である沖縄タイムス社の記者として派遣された大阪支社時代と八重山支局時代が、それぞれ大きな転機となったことが窺えます。

前者は、新川さんの本土体験をかたちづくりますが、そこで氏は、「「復帰」のたたかい(すなわち沖縄問題)を、欠落させてたたかわれつつあった六〇年安保の日本の状況を前にして」、「日本と日本人に対する不信感と拒絶感」を大きく育てます。本土体験が、ユートピアとしての日本の剝落《はくらく》を招いたとすると(より正確にいえば、剝落は日本に足を踏みいれたさいから始まっていましたが)、後者での八重山体験は、組合活動が祟《たた》っての〝島流し〟との感懐もあった新川さんにとって、さながら原郷発見の趣きがあります。一九六四年八月から翌六五年九月まで、島々を巡り歩いてものした連載記事「新南島風土記」(単行本化は、大和書房、一九七八年。のち岩波現代文庫、二〇〇五年)は、その果実でした。

単行本にするさいの「あとがき」に、「あえてこの本の特色を言うとすれば、島の人びとの生きざまと、それを育てた歴史的土壌に真摯に向き合うことで、みずからの存在を本源のところでたしかめたいとねがうひとりの人間の、島から発したメッセージとでも言うことができようか」とのべています。そこには、所詮「旅びとの仕事では」という負い目を自覚しつつも、あるいは自覚するだけにいっそう、摑んだ手ごたえの確かさが示されています。その経験が、新川さんの思索の拠点となりました。

それは、この著者にとって、一種の〝発見〟でした。同じく「あとがき」でこうのべています。「いささか肩肘はった言い方をすれば(ここに、著者の含羞が見えますが――引用者)、日本の政治や文化を東京だけを中心に考えることが馬鹿気ているように、沖縄の政治や文化も那覇や首里だけを中心に考えることは無意味である。八重山のそれを石垣島だけを中心に考えることのあやまりも、やはり自明のことと言わなければならない」。そういう思念に到達しただけに、『新南島風土記』は、与那国《よなぐに》島・波照間《はてるま》島と始まり、八重山を代表すると目される石垣島をしんがりに置くかたちで、構成されています。

〝根拠地〟の発見は、新川さんを、本土志向から絶縁させる決め手になったと思います。本土幻想からみずからを解き放った氏は、復帰への滔滔たる流れに、沖縄の解放をでなく、逆に日本による再統合へのなだれこみを見ることになり、それへの非妥協的な拒否を打ちだします。それが反復帰論でした。それを、「いかなる名辞をもっていようとも、日本志向の「復帰」思想をもってしては、沖縄における思想的の自立はあり得ないという「自覚」」と呼んでいます。

その意味で反復帰論は、二つの拒否を柱とする論議でした。

一つは、いうまでもなく「日本」の拒否です。新川さんは、沖縄が、ヤマトゥ(日本国)の成立のはるか前から、独自の文化圏を形成して近代に至ったと主張し、そうした条件に根づくヤマトゥとの異質性(感)を強調してやみません。そうして、そこに発する「日本(人)に対して根強く持ちつづける「差意識」」こそが、日本志向を根底から打ち砕きうる「強靱な思想的可能性を秘めた豊饒な土壌」とします。日本(人)にたいしてみずからを「異族」とする論点の提出です。

しかし新川さんは同時に、みずからがそうであったように、沖縄の人びとが、日本志向にがんじがらめになっていることをも、認識せずにはいられません。「そこで私たちに要請されるのは、そのような沖縄人の情念の内実に鋭く切り込んで、民衆個々の意識のありよう――〈国家としての日本〉にみずから積極的にのめり込んで疑わない精神志向――を、思想的に断ち切っていくというまことに困難きわまりない思想的作業である」。それを断ち切ってしまわないかぎり、沖縄(人)の思想的自立はありえない、そう考えるだけに氏は、沖縄近代史の再検証という作業に乗り出し、沖縄民権の先駆者とされてきた謝花昇《じゃはなのぼる》や、沖縄学の樹立者である伊波普猷《いはふゆう》への批判に典型的に示されるように、そこにまつわりつく同化志向を洗いだしてゆきます。

しかし反復帰論は、「日本」の拒否で終らない思想でした。いま一つは、「日本」の拒否のかなたに「国家」そのものの拒否を見通していたことです。もし「日本」の拒否のあとにもう一つの「国家」をめざすなら、それは逆に、「日本ナショナリズムの裏返しとしての、しかもそれを沖縄ナショナリズムに矮小化したところの、琉球独立論」となるでしょう。反復帰論がめざしたのは、それを超えて、この場合は「日本」という実体を備えている「国家」そのものを俎上に載せることでした。新川さんが、執拗といえるほど、「国家としての日本」という表現を繰りかえしているのは、そのことを示しています。

「〈国家〉、〈国家としての日本〉を破砕するのに、わたしたちはまず〈国家〉それ自体を、みずからの射程の中で明確な映像を結ぶ一つの具体として引き据えることを迫られる」、「日本との決定的な異質性＝「異族」性を無限に沖縄から突き出してゆくとき、〈国家〉という実体的な抑圧機構であると同時に、人間の存在全体を規定する正体不明の魔性の怪物は、相対化された具体として、はじめてわたしたちの意識の中で映像を結びはじめるのである」。

新川さんが、「日本」という国家に替えるにいま一つの国家をでなく、国家そのものの否定、少なくともその直視を射程に置いていることが、窺える論旨です。だから、「『内なる国家』との不断の対決」を叫ばずにはいられません。しかし現実には、だれもがその国家に包摂されており、とくに沖縄では、復帰・返還という名で日本への再統合が、既定の事実となりつつありました。とするとき、どんな途をとるべきだろうか。こういう問いをみずからに突きつけます。

わたくしの見るところ、新川さんは、二様の答えを提出しています。

一つは、島尾敏雄さんによって創られ、谷川健一さんによって敷衍された「ヤポネシア」の観念を軸とする態度＝生き方です。谷川さんの、「ヤポネシアは「日本」の中にあって「日本」を相対化する」という言葉を引きつつ、「ヤポネシアとしての「日本」把握(認識)は、多系列で異質不均等の歴史空間として日本列島国家社会をとらえかえすことで、単系列で同質均等の時間として組み立てられ、存在せしめられてきた「日本」を相対化する足場を、わたしたちに提供する」とのべているのが、それです。

いま一つは、国家の「壊疽」になろうとする主張です。この主張を新川さんは、「あたかも壊疽のように、〈国家としての日本〉を内側から腐蝕し」とも、「国家としての日本に対する決定的な「毒」としての沖縄の存在を思想化する」とも表現しています。同化の対極に立とうとする思想というべく、ここに至って反復帰論は、「反国家としての兇区」として完結します。

反復帰論は、論理として純化されていただけに、新川さんも自認するように、政治上には「異端」としての位置しか占めなかった反面、思想上には、広くはなくとも深い衝撃力をもちました。復帰に合せて『中央公論』一九七二年六月号(五月発売)が、新川明・岡本恵徳・川満信一を編者として「現地編集　特集　沖縄の思想と文化」を組み、「5月15日――いま、なぜ沖縄を思想として問うのか。日本の「国家」に対して、沖縄は何を語りかけるのか」と、読者に向けて調子の高い問いかけを行ったのは、その一端を表していました。

復帰の前後、もと『琉大文学』の同人たちは、「国家」をひたと見据えつつ、その「国家」をいかに超えるかに、悪戦苦闘する思索を繰りひろげています。

> 「思えば、戦後沖縄は、国境外から安保体制のかなめとして、アジア反革命の主軸として収斂されていく日本のすがたを視ることができた。(中略)同時に米国の軍事支配を止揚する方向として、帝国主義的完成を急ぐ日本国家を一つの否定的媒介として通過せざるを得ないという屈折した位相をも知覚した。近代国民国家を選び、

求めざるを得ない苦渋である。これは国境内に封じ込められ、日本国民という存在形態を強要されてきた沖縄以外の日本国民にはない戦後経験である。いわばこの複眼の思想こそ戦後沖縄の所産といわなければならない」(いれい　たかし「「日本国民」になる」、『沖縄タイムス』一九七二年五月一九―二〇日。ここでは、いれい　たかし『執着と苦渋　沖縄・レリクトの発想』沖縄タイムス社、一九九四年、による)。

「祖国復帰運動の根幹に横たわっているのは、ぼくたちは日本人だから日本に帰るんだ、ということであった。(中略)その代わり、当然の結果として、なぜぼくらは帰るのか、という問いをぎりぎりの線まで問いつめることをしなかった。「日本人」なんだからという答えにぶつかると、それまでであった。肯定的な認識を一度でも否定のバネでもってはじき返すことをしなかった。ぼくたちは本当に日本人なんだろうか、日本とはいったいなんなのか、ということを問うことをしなかったというよりも、無意識のうちに考えることを避けてきたように思えてならない」、「これまでの沖縄は、日本にとって足裏に刺さった一本の釘であった。ふだんは意識にのぼらない土踏まずに鋭く刺さった釘なのである。形の上では七二年返還によって釘は抜きとられるかもしれない」、「しかし、復帰運動を思想としてぼくたちが問題にするとき、返還後もなお一本の釘として突き刺さりうるかどうかにかかっているといえよう。釘になるということは、辺境にあって沖縄が沖縄として自立できるかどうかということだろうと考えている」(儀間進「断章――革新ということ」、『琉球弧』一号、一九七〇年九月、ここでは、儀間進『琉球弧』群出版、一九七九年、による)。

わたくしにはそれらがいずれも、反復帰論に繋がる思想、少なくともそれに深く触発された思想と見えます。

川満信一の「共和社会」構想

反復帰論に根ざす「反国家」の思想を、未来に向けた社会構想として結晶させたのが、川満信一さんです。

川満さんの思想の特色に、捉えうるかぎりで触れておきますと、同じく反復帰を標榜していても新川さんとは、かなりの隔たりがあったと見受けられます。復帰にたいする川満さんの総括は、「沖縄祖国復帰の意味」(『中央公論』一九七二年五月号)に集約されていると思いますが、そこで復帰運動を、「アメリカという異民族支配は視えるが、日本という国家の支配についての認識が欠如している」という点までは、お二人の立場は同一といっていいでしょう。しかしその先で分離します。

新川さんにあって「国家」は、たんに「実体的な抑圧機構」であるばかりでなく、「人間の存在全体を規定する正体不明の魔性の怪物」でした。だから、それを振りほどこうとすれば、おのれの全身を懸けた闘いとならざるをえず、その理論的根拠として「異族」性が、絶対化するまでに強調されるとともに、身を摺《す》り寄せる心性としての「同化」が、徹底的に批判されます。

しかし川満さんにとって「日本国家」は、（とくに沖縄では）「どこまでも政治的国家であり、決して自然的国家として人々の感性に融けているのではない」存在として把握されます。国家は、同一民族の幻想を創りだしながらも、「本土内の自然的国民に内部矛盾を気づかせない手段として侮蔑と憎悪の対象に沖縄人を仕立てあげるという狡猾な二重統治」をとったために、「沖縄人をして日本国家のなかの擬似共同体員たらしめた」と、するのがそれです。「擬似共同体員たらしめた」という表現は、やや難解ですが、真の共同体員であることを阻み、国家とのあいだに裂け目をもちつづけさせたということでしょう。そこを氏は、変革へのエネルギーの源泉として注目するのです。「国家の近代的機能と底辺のナショナルな志向とはどこまでも裂けたままで持続されるほかない。そしてその裂け目は、国家の近代的機能による圧迫への反撃として、起爆力を蓄積し続ける」（ここでは、『沖縄・根からの問い――共生への渇望』泰流社、一九七八年、所収による）。

お二人の違いがはっきりしたと思います。新川さんにとってナショナリズムは、一時的には解放幻想へと誘っても、所詮国家幻想へと収斂されるものであり、その意味で克服されねばならぬものでした。しかし川満さんにとっては、そういう「民衆の内部に抑圧されたままになっているナショナリズム」こそ、あらゆる変革への根源的なエネルギーなのです。

民衆のナショナリズムについての川満さんの言葉を繋ぐと、つぎのようになるかと思います。

「復帰運動はナショナリズムを誘発することによって成り立った民衆運動であった」、「国家や民族の概念の衰弱化とひきかえに、企業意識とマイホーム主義を自分のなかで合理化し、物的欲望の肥大化へと荒廃していく都市居住者の一般的病状と対比すれば、復帰運動のなかには理念としての国家や民族のあり方を求めようとするナショナリズムが息づいていた」、「だが民衆におけるナショナリズムとはなにか」、「権力者の側から考えるような愛国精神でもなければ、民族的誇りでもなく、支配の重圧と搾取の度合に比例した憤怒と救済願望の複合した情念」にほかならない。それだけに、「たとえば沖縄戦に向けて、民衆のエネルギーを極限まで糾合し、発現させた天皇制についても、単に今日的な利益社会の市民主義的発想によって一蹴するのではなく、小さな島々に生きる人々を、あそこまで惹きつけていったものは何であったのか。またそれらの民衆におけるナショナリズムは、何を志向して発現されていったのかを新たに問い返し、そこから支配の罠を絶ち切っていく民衆思想の蘇生をはかることが当面の課題ではないか」。

そうじて川満さんには、近代社会＝利益社会＝市民社会という把握のうえに、それへの拒否感が強く、その分だけ「アジア諸地域の民衆」への親和感が深く、共同体への沈潜の姿勢がきわだちます。「地獄を生きた底辺の民衆の語られないままになっている告発と呪詛の声を掘り起こし、さらに島的共同社会のなかで、人々が求めた《共働・共生》の思想を論理化して、資本主義に対するたたかいの拠点としての思想的基盤を拡げることが必要」とするくだりに、その思想がよく示されています。

こうして反復帰論は、川満信一の思想を潜ることによって、共働・共生を原理とする社会構想として、結晶することになります。反復帰論から一〇年を経て提示された「琉球共和社会憲法　C私(試)案」(『新沖縄文学』四八号、一九八一年六月。この号は「琉球共和国へのかけ橋」特集。Cとあるのは、この号での匿名座談会「「憲法」草案への視座」で、川満さんがCとして出席者の一人となっているため。のちにこの「C私(試)案」を収めた単著『沖縄・自立と共生の思想――「未来の縄文」へ架ける橋』海風社、一九八七年、では、Cの字は削除されている)がそれです。

「琉球共和社会」と名づけて、「共和国」の名を避けたところに、いかに非権力の思想、国家間の障壁を打破する思想に徹しようとしたかが明白です。基本理念第一条「われわれ琉球共和社会人民は、歴史的反省と悲願のうえにたって、人類発生史以来の権力集中機能による一切の悪業の根拠を止揚し、ここに国家を廃絶することを高らかに宣言する。／この憲法が共和社会人民に保障し、確定するのは万物に対する慈悲の原理に依り、互恵互助の制度を不断に創造する行為のみである」という箇所に、国家を超えようとする思想が凝縮しています。その場合、「慈悲の原理に依り」とあるように、川満さんには仏教思想が深く碇をおろしていたと見受けられます。権力性を超えるためには、思考を西洋思想から反転させ、アジア的思想への傾倒が欠かせないのでした。それは、いまの次元では、一つのユートピア思想に止まるでしょう。しかし反復帰論は、復帰を国家への再統合と糾弾する論理のかなたに、「権力集中」に替え、「互恵互助」を原理とする社会像を打ちだしていったのでした。

4　根としての沖縄の意識化

復帰論やその運動が、意図せずして生みだした思想の三つ目として、「根としての沖縄の意識化」を挙げようと思います。沖縄とは何かの探究が、復帰論やその運動を引き金として、多様なかたちをとって起きてきたことを指します。そのかたちをわたくしなりに整理すると、

（一）歴史を掘る
（二）思想としての沖縄を立てる
（三）「文化と思想の総合誌」ができる
（四）現代史の探究が始まる
（五）沖縄を取り戻す

という五つくらいになる、といまのところ考えています。

歴史を掘る――『沖縄県史』の画期性

（一）「歴史を掘る」という志向と営為は、戦争と占領に踏みしだかれ、さらに復帰を初めとする諸思想が発酵してゆくなかで、自己の確認を歴史に求めようとする意識の高まりを受けて始まりました。同時にそれは、現在にのみ沈淪している状態を脱却し、過去を顧み未来を探ろうとする意思の結果でもありました。戦禍の癒えぬなかでの琉球政府の歴史編纂への意欲の強さには驚かされます。

早くも一九五〇年代に、琉球政府文教局は、被占領下の史料収集に乗りだし、それを琉球政府文教局研究調査課（第九集以後は教育研究課）編『琉球史料』全一〇集（琉球政府文教局、一九五六―六五年）として刊行しています。その意義は、発刊当時の真栄田義見文教局長の、「史料の散逸を防止し、将来、権威ある学者によつて書かれるであろう琉球歴史の編纂に備えるという趣旨から、主として終戦以降の史料収集の事業に着手し」という、「刊行のことば」に尽きています。まだ進行中の占領期について、ともかくも史料を散逸から守り、活字化して今後に備えたいとする熱意の溢れる編集となっています。

続いて一九六〇年代には、琉球政府編・刊『沖縄県史』が、全二一巻の構想で刊行を開始します(一九六五―七七年、のち二三巻+別巻一となる。復帰後は沖縄県教育委員会編・刊)。日本歴史学会編『地方史研究の現状』全三巻(吉川弘文館、一九六九年)によるかぎりでは、当時、戦後の企画としてこれだけの大部の都道府県史は稀で、沖縄の人びとの歴史意識が、どんなに熾烈であったかを窺わせます。しかも沖縄は、戦前、県史をもたなかった唯一の県でした。また沖縄の郷土史料は、沖縄戦によりおびただしく焼失し、壊滅的な打撃を受けました。それだけに、本土へ赴いての史料収集は、編纂事業にとって不可欠の前提でしたが、そのように史料の焼失を招く事態となったことが、逆に、県史編纂への熱意の一因になったとも考えられます(新しい『沖縄県史』は一九九五年から刊行中)。

この県史には、二つの大きな特色がありました。一つは、この種の企画としては異例にも、琉球処分(廃藩置県)以降の、近代だけを主題とする県史であったことです(前近代史は第二次修史事業で、ということとされた)。発刊にさいして、琉球政府の松岡政保行政主席は、「現在、郷土は複雑な時点に置かれています。そのなかで、わたくしどもは、自らのゆくべき途について真剣な考究をつづけております。こうした時代において、過去―廃藩以来の歴史が、わたくしどもに、いかなる指針を与えるか、そこから、いかなる洞察が生まれるか、わたくしは、そこに大きな意義を発見し、期待を寄せるもの」という「発刊のことば」を餞《はなむ》けとしました。廃藩置県以来の歴史をどう考えるかは、占領下あるいは異民族支配下のいまをどう考えるか、いや、そのなかでどう行動すべきかに、直結する問題として立てられています。復帰運動の高揚、また復帰の現実化という情勢の進展が、この自問を促したと受けとられます。

いま一つは、県史のうちの二巻が、沖縄戦の聴き取りに当てられているということです。県史の9・10巻として置かれた「沖縄戦記録」1・2が、それです。この企画を、沖縄史料編集所長として引っぱったのは、友人の名嘉正八郎《なかしょうはちろう》さんでしたが、その使命感を、「(個人体験記は何冊か出版されていても――引用者)「戦時下の県民の生活がどうであったか」について沖縄戦の全体験者を対象とした記録がない。そこで本修史事業において、それを編集し、後世に残すことは、生き残った人間の義務」とのべています(「沖縄の修史事業」『茨城県史研究』14、一九六九年七月)。上下二段にびっしり組まれて二冊計二二〇一頁にのぼる、重い口を開いての語りは、こもごも、「極限状況の戦場における県民の生活」＝「避難する広さのない島国における国内戦がどんなに悲惨であったか」を明らかにしました。

「重い口」といま申しました。それは、基本的には、思い出すだけで気が狂《ふ》れたようになるという辛い体験のゆえでした。が、折からの復帰運動のなかで、日本軍の加害行為をのべることへの憚りも、絶無ではなかったでしょう。そういう二重の葛藤を抱えての、あるいは超えての、語りであったかと推測します。その意味ではこの「沖縄戦記録」は、少なくとも結果として、日本軍があの戦争で何をしたかという、日本を対象化する意識を育んだのではないか、と思います。

読んでゆくと、戦火に追われて、逃げ惑い、日本兵に壕を追い出され、食糧を要求され、また肉親や親戚や知人を亡くしたという証言が、圧倒的に多いのですが、そのなかには、四一歳にして防衛隊に動員されたために、隊長の命令で、住民を壕から追い出さねばならぬ立場に置かれたひとの証言もありました。そのひとは、戦闘では、「直撃で、やって貰ったら極楽」というほどの目にあっているのですが、「一番何が辛かったか」といえば「避難民を壕から出した時の気持ちで」、「子供達を引きつれて壕を出て行く姿を見る時は、同じ沖縄の人達だし」、「胸に五寸釘を打たれる思い」がしたと語っています。沖縄の人びとの平和への想いは、こういう実感を基盤にしているのだと、あらためて思わせられます。

戦争体験について、自治体史に、その地域の人びとの証言がこのように収集されてまとめられたのは、この「沖縄戦記録」を嚆矢《こうし》とするような気がします。そうしてそれに続くのが、東京空襲を記録する会による『東京大空襲・戦災誌』全五冊(一九七三―七四年)であったと思います。それらは、そののちの自治体史の編纂にたいし、戦争や戦災を組みこみ、また聴き取りを多用する手法を触発する力をもちました。

さらに、というか、ほんとうはこの時期、「沖縄を掘る」という仕事で先頭に立っていたというべき存在は、東京在住の比嘉春潮《ひがしゅんちょう》さんでした。比嘉さんは、みずからの人生を『沖縄の歳月――自伝的回想から』(中公新書、一九六九年)で語っていますが、伊波普猷を生涯の師とし、早くから出京して沖縄研究に入りこみながらも、どちらかといえば、形影相伴うかたちで師の影に身を置いていました。その氏が、野にあって本格的に学問活動を開始するのは、一九五〇年代、七〇歳代を迎えるころからでした。

自宅に在京の沖縄出身学生たちを集めて、勉強会を開くとともに、沖縄史を民衆の立場から掘り下げた大著『沖縄の歴史』(当初『沖縄タイムス』に連載時には「沖縄民族の歴史」。沖縄タイムス社、一九五九年。のち『新稿沖縄の歴史』三一書房、一九七〇年)を初めとして、文化・民俗・歴史を主題とする論考をつぎつぎに公にしてゆきました。いずれも沖縄の過ぎこし方をのちの世に残そうとの愛情と熱情に溢れる作品群をなしています。それらは、比嘉さんを慕う若い世代によって、『比嘉春潮全集』全五巻(沖縄タイムス社、一九七一―七三年)にまとめられました。

そうしてこの時期、歴史を掘った記念碑的な大作として、宮城文《ふみ》さんの『八重山生活誌』(自刊、一九七二年。のち復刻版＝沖縄タイムス社、一九八二年)があります。政治的な激動と直接に関わっていたわけではありませんが、一八九一年に石垣に生れ、その地から最初の沖縄県立第一高等女学校の卒業生となり、故郷に戻って小学校の教員、婦人会会長などを歴任してきたこのひとが、戦前の日本化と戦後のアメリカ化のなかで、「私どもの先祖のくらしがどのようなものであったか全く忘れ去られようとして」いるのを「しのびない」として、八、九年の歳月をかけ、「つかれたように」没頭して完成させた労作です。八重山の習俗つまり人びとの生涯のきまりとその変遷を、じつに細やかにしかも視野広く、眼前に浮び上らせてくれます。

わたくしはとくに、全編を通じて〝女ならでは〟の視点が脈打っているのに心惹かれました。著者は決して糾弾調に叙述しているわけではありませんが、日常すべてに「ミードゥンムキ」(女向き)、「ビキドゥンムキ」(男向き)が貫徹していること、「花嫁」は三日目から「ユミンザ(嫁奴)という文字通りの奴隷の嫁の座に着く」こと、「正月は主婦にとって全く大厄のようなもの」であることなど、女性ならではの苦しみに寄り添う姿勢は、大方の民俗調査とは異なる基調をもっています。それだけに地域の女性指導者として、習俗を因習としつつ、「生活改善」へ導いていったという足跡も、おのずから語られています。

『叢書　わが沖縄』——岡本恵徳「水平軸の発想」

(二)「思想としての沖縄を立てる」では、民俗学者谷川健一さんの編纂した『叢書わが沖縄』全六巻＋別巻一(木耳社、一九七〇―七二年)が、きわだって大きな仕事です。というよりも、この仕事を念頭に置いたことで、こうした項目を立てようとの気持が固まりました。一巻「わが沖縄 上」、二巻「わが沖縄 下 方言論争」、三巻「起源論争」、四巻「村落共同体」、五巻「沖縄学の課題」、六巻「沖縄の思想」、別巻＝宮良高弘「波照間島民俗誌」という構成です。

谷川さんは、沖縄を出自とする方ではありませんが、この叢書で、沖縄と本土を列島として捉える姿勢を濃厚に保ちつつ、双方のこれまでの研究者たちの仕事を広く眺めて、こういう構成を立てました。その抱負は、沖縄学の先達たちはいかに沖縄に関わったか、沖縄における方言と標準語の問題、沖縄社会の起源、村の古型と信仰の伝承論理、沖縄学は諸学問の分野でどのような位置を占めるか、いま状況にたいして突き出されつつある沖縄の思想とは何か、などを、ゆるやかにまとめて提示するところにあったと思われます。

そのなかで六巻は書下ろしで、状況と切り結ぶ思索＝論考を集めて、異彩を放ちました。復帰が既定の事実となった状況のもとで、谷川さんがとくに注目していたと思われるのは反復帰論の担い手たちで、新川明さんが「「非国民」の思想と論理――沖縄における思想の自立について」(『反国家の兇区』にも収録)、川満信一さんが「沖縄における天皇制思想」、岡本恵徳さんが(岡本さんを反復帰論者とするには留保が必要ですが、『琉大文学』以来の同志というべき存在でした)「水平軸の発想――沖縄の「共同体意識」について」という、それぞれ雄編を寄せており、この三篇だけで、六巻の半ばを超えます。

新川・川満論考にはのちに(188頁)触れるとして、ここでは岡本さんの「水平軸の発想」についてだけ、本当は一言で済ませるべき論考ではないのだとの想いを前提に、一言することにします。

今日の話の冒頭で、「思想」とは何かについて、氏のこの論考での思想への近づき方を、導きとすると申しました(3頁)。そこから出発する岡本さんの思考は、「息苦しいまでに個人を縛りつける血縁共同体的な人間関係」からの「脱出」に、一旦は希望を託したみずからを、ぐるぐると掘り下げてゆき、「沖縄の人間」でしかありえない「わたし自身」の確認に至り、その「自分の中にある「沖縄」になんらかのかたちで可能性を探ろうと、沖縄に立ち向いはじめます。そうして、いいます。「これから先沖縄がなんらかのかたちであれみずから立っていく思想的基盤をみずからのうちにつくりだそうとするならば、その原点となるのは、沖縄戦での〝戦争体験〟ではないだろうか、と考えた」。ずるずると引っぱるような、仮名の多い文体自体、「みずからのうち」でいかに反芻しつつ言葉を繰りだしていったかを、示しています。

その結果として滴り落ちる思索は、いずれも啓示に満ちており、そのうえ、国民であること、集団自決事件、それを経ての共同体意識、また復帰運動観など、おのずから多方面にわたります。が、その本格的な検討は、これからの課題として必須とのみ申しあげて、ここでは、岡本さんが「水平軸の発想」とした「共同体の生理」についての文言の一端を引くに止めざるをえません。それでも異例に長くなることは、ご容赦ください(引用は、書かれた文脈に沿っているつもりですが、離れた箇所の記述を、改行して続けたりはしてあります)。何を語るにしても、氏には、「わたし自身が起すかも知れぬ悲惨であるという怖れ」が、その身体に吸いついていました。

本来、共に生きる方向に働らく共同体の生理が、外的な条件によって歪められたとき、それが逆に、現実における死を共にえらぶことによって、幻想的に〝共生〟を得ようとしたのがこの事件(渡嘉敷《とかしき》島の集団自決を指す――引用者)であった。だから問題は、〝共生〟へとむかう共同体の内部で働らく力を、共同体自体の自己否定の方向に機能させた諸条件と、そういう条件を、あらがい難い宿命のようなものに認識した共同体成員の認識のありかたにひそんでいたといえるだろう。(中略)それは「共同体の生理」そのものから必然的に生れるものではなく、共同体の歴史的体験と、共同体を構成する成員の歴史意識によってどのようにでもかかわりうるものである。(中略)「共同体の生理」をそのような方向に巧みに機能させた支配のありかたこそ問われなければならないといえよう。

わたしが、「共同体の生理」をこのように考えたのは、渡嘉敷島の事件に示されるように「共同体の生理」は機能することもあるが、必ずしもそればかりではなく、それが沖縄の戦後二十余年もの大衆運動としての祖国の「復帰運動」の基盤となっているのではないかと考えたからでもある。

沖縄戦での敗戦と、その後二十余年もの戦後の体験は、沖縄の人たちにとって、何よりも沖縄の人間であることを通してしか生きられぬことを意味した。(中略)あたらしい支配者であるアメリカ人は、沖縄の人たちに苛酷な支配を行なったが、沖縄の人たちが、自分たちが自分たちであることによって〝共生〟しうるのだということを意識しえたことによって、その支配は徐々に後退せざるをえなかったのである。「祖国復帰運動」を支えていたのは、単純な「本土志向」ではなかったと考える。それを支えていたのは、沖縄の人間が沖縄の人間であることを出発点としたところの、だから自分たちが自分たちであることによって、自分たちを自分たちで支えないかぎり、生きぬくことをえない、という〝共同体的本質〟であり、国家をも権力をも社会的な条件として相対化しえたところに、「復帰運動」のエネルギーを触発する契機がひそんでいたといえる。(中略)「復帰運動」は、沖縄の人たちにとっては、一種の疎外された状況からの自己回復の運動であった。(中略)

過去において強烈に機能し、現に復帰運動の中でも機能している「共同体的生理」の機能と構造を正確に対象化することを通してなされないかぎり、(「階級的視座の確立」という――引用者)その理論は沖縄に生き、定着することはすくないのであり、かつて成功したような国家からの支配、「共同体的生理」の機能を巧妙にとらえたかたちで行なわれる新しい支配を阻止する力となりえないと考える。(中略)

「沖縄の思想」というものがもしなりたつのだとするならば、そういう、いまだ論理化されない、情念の領域に多く潜んでいるかにみえるそういう「共同体的生理」をとらえなおすことから出発しなければならないだろうと考える。

こうして岡本さんは、「共同体的生理」を対象化する作業に乗りだし、そこでは人間関係は、支配・被支配の上下関係よりも、自分からの遠近という距離関係が、より強く機能しているように見えるとして、それを「水平軸の発想」と名づけるわけです。そのうえで思索を、こんなふうに落着させます。

「共同体的本質」というのは、近代の行きつくところが「自分だけ生きのびよう」とするのに対して、「自分たち」が「ともに生きのびなければならない」という意識を提示することでもあると考える。(中略)そして、その中で「自立」とは何であるか、ということがあらためて問われなければならないだろうと思うのである。

『新沖縄文学』の足跡

(三)「「文化と思想の総合誌」ができる」は、具体的には、『新沖縄文学』を指します。同誌は、沖縄タイムス社から、一九六六年四月に創刊され、九三年五月に九五号をもって終った季刊誌です(臨時増刊号一冊を加えて計九六冊)。復帰を挟んでほぼ二〇世紀末まで、沖縄の時論・思潮を代表する定期刊行物となりました。ほんとうに触発力の大きい雑誌だったと思います。

もっとも創刊号を見ると、比較的に静かな滑り出しだったとの印象です。創刊宣言の類はなく、「編集後記」に、沖縄タイムス社企画局出版部の名前で、「沖縄タイムス社が新らしく設定した「芸術選賞」の文学部門の一つとして、年四回発刊する予定云々」とあるに止まります。その背景には、沖縄での文学活動を担ってきた同人雑誌が、主として経済的な理由からいずれも長続きできなかったという事情がありました。それを新聞社がバックアップして、作品を募って発表の場を作り、文芸復興の気運を起そうとしたのでしょう。現在からはちょっと信じ難いことですが、創刊号の、選考委員たちによる(紙上)座談会の主題は、「沖縄は文学不毛の地か」でした。もっともそういう認識は、戦前からの「言語の七島灘《しちとうなだ》」を越えねばならぬという嘆きを背負っていました(「七島灘」

は、吐噶喇《とから》列島西方の海域を指し、海の難所として知られる)。

狙いは当り、相ついで(書き溜めていたであろう)力作が寄せられて、順調な船出だったことが窺えます。もっとも目覚しかったのは大城立裕さんで、すでに十分の実績をもっていましたが、創刊号に戯曲「山がひらける頃」、二号に「亀甲墓」、三号に「逆光のなかで」と発表しつつ、四号の「カクテル・パーティー」に至り、沖縄初の芥川賞作家となってゆきます。文学雑誌としての性格上、創作・戯曲・詩・短歌・俳句、それにエッセーが、誌面の圧倒的な部分を占めています。

それだけでも、沖縄の想いを地表へ引きだし、それに光を当てる機能を果したというべきですが、『新沖縄文学』は、文芸作品の掲載を持続しながらも、状況を鋭角的に切りとる論説誌の性格と、文化の土壌に深く分け入る文化誌の性格を、急速に顕著にしてゆきます。こころみにその種の特集を拾ってゆけば、「三大選挙その背景にあるもの」(一一号)、「七〇年沖縄の潮流」(臨時増刊号)、「人権は守られてきたか」(一五号)を経て、「反復帰論」(一八号)、「続・反復帰論」(一九号)に至り、さらに、「中国とわが沖縄」(二一号)、「憲法を考える」(二二号)、「沖縄学」(二五号)、「崩壊する沖縄」(二六号)、「沖縄・戦後三〇年」(二七号。座談会「沖縄にとって戦後とは何か」などを収める)、「沖縄と天皇制」(二八号)、「伝統と現代」(二九号)、「女性問題を考える」(三〇号)、「伊波普猷の世界」(三一号)、「新しい沖縄を求めて」(三二号)、「「沖縄学」の先覚者群像——人と学問」(三三号)、「共同体論への視角」(三四号)、「本土知識人と沖縄」(三六号)、「沖縄研究の先人たち」(三七号)、「「琉球処分」一〇〇年」(三八号)、「沖縄と有事立法」(四〇号)、「琉球弧のなかの奄美」(四一号)、「ヤマトの女性から見た沖縄」(四二号)、「八〇年代・沖縄は生き残れるか」(四三号)、「挑戦する沖縄」(四四号)、「沖縄移民」(四五号)、「沖縄・教育の現場」(四六号)、「沖縄芸能界の現在」(四七号)と続いて、「琉球共和社会憲法 C私(試)案」を載せた「琉球共和国へのかけ橋」(四八号)となる、といった具合です(以下省略。『新沖縄文学総目次』沖縄タイムス社、一九九三年、がある)。

いかに沖縄自体をまるごと抱えようとしたかが、明瞭に示されている編集方針だと思います。性格のそういう変化を意識して『新沖縄文学』は、二六号(一九七四年一〇月)以降、「文化と思想の総合誌」を名のるようになります。

沖縄現代史研究始まる

(四)「現代史の探究が始まる」でもっとも注目されるのは、沖縄近現代史家としての新崎盛暉さんの出現です。沖縄を出自としながら東京生れで、東京大学文学部社会学科に学んだ新崎さんが、沖縄現代史の探究に本格的に関わりはじめたのは、中野好夫さんが、一九六〇年に私費を投じて設立した沖縄資料センターに、開設直後から参加したことを契機とすると思われます。

文学者・評論家であるとともに市民運動での(言い方はおかしいが)巨頭でもあった中野さんが、戦後沖縄についての資料収集を発起したのは、一九五八年の那覇市長選挙を契機とするとのよしですが、六〇年代を通じてこのセンターは、「沖縄関係の本土・現地の資料を幅広く収集し」、それを閲覧公開するとともに研究会などを行う「ユニークな民間研究機関として活動」しました。復帰をきっかけとして、中野さんの厚意と、法政大学の中村哲《あきら》さんや外間守善さんらの尽力で、その資料を受け継いで創設されたのが、この沖縄文化研究所ということになります(比屋根照夫「沖縄資料センター」、照屋寛之「法政大学沖縄文化研究所」、以上『大百科』。『新沖縄文学』六四号「追悼特集＝中野好夫と沖縄」一九八五年六月、法政大学沖縄文化研究所編・刊『沖縄文化研究』12号「中野好夫先生追悼記念特集号」一九八六年三月)。わたくしも、ずいぶんその資料の恩恵に浴しました。

新崎さんはこのセンターで、中野さんと、復帰をめぐってときに論争しながらも、ほとんど二人三脚というかたちで活動しました。その結果、より若い世代の我部政男さん、比屋根照夫さんらを〝動員〟して作りあげたのが、南方同胞援護会編・刊『沖縄問題基本資料集』本編・追補版全二冊(一九六八、七二年)と中野好夫編『戦後資料沖縄』(日本評論社、一九六九年。同社の企画した「戦後資料シリーズ」の一冊)です。前者が公文書中心なのにたいし、後者は、「支配体制」の在りように止まらず、「民衆の政治的動向」をなましく伝えます。復帰を迎える情勢が、歴史の一区切りという意識を促したとともに、いま収集しておかなければという発意が漲る資料集となっています。沖縄同時代史への土台が造られたという感をもちます。

その一方で新崎さんは、米軍支配下での闘い、復帰運動とその意味などに焦点を当てるかたちで、沖縄戦後史・現代史の探究者として、旺盛な活動を開始しました。『沖縄問題二十年』(中野好夫との共著、岩波新書、一九六五年)、『沖縄返還と七〇年安保』(現代評論社、一九六八年)、編『ドキュメント沖縄闘争』(亜紀書房、一九六九年)、『沖縄・70年前後』(中野好夫との共著、岩波新書、一九七〇年)、さらに『戦後沖縄史』(日本評論社、一九七六年)、『沖縄戦後史』(中野好夫との共著、岩波新書、一九七六年)などがそれですが、いずれも出版社が本土だったこともあり、ともすれば沖縄問題を遠いと、あるいは終ったと感じる本土の人間に向って、その問題の重要性・未完性を説いてやみません。当時、沖縄戦後史理解について、定本的な役割を担いました。新崎さんによる、沖縄の現代の定点観測とその史的位置づけへの取り組みは、いまも活発に繰りひろげられています。

自己回復の営為――復帰運動を潜り抜けて

(五)「沖縄を取り戻す」としましたが、深い喪失感からの自己回復の営為が、いろいろの方面に現れたことを指したつもりです。とくに三つの事象が、わたくしを引きつけます。

その一つは、かつて発表時には、沖縄を辱める作品として物議を醸《かも》し斥《しりぞ》けられていた広津和郎「さまよへる琉球人」(『中央公論』第四一年三号、一九二六年三月)と、久志《くし》富佐子「滅びゆく琉球女の手記――地球の隅つこに押しやられた民族の歎きをきいて頂きたい」(『婦人公論』第一七年六号、一九三二年六月。本名は芙沙子《ふさこ》。原題「片隅の悲哀」を編集部で改題)という、二篇の小説が、見直される気運を迎えたことです。

あらためて紹介するまでもないかと思いますが、一言ずつで申しますと、「さまよへる」は、ソテツ地獄と呼ばれた折からの沖縄の窮迫を背景に、「ぐうたらで嘘つきだが憎めない〈琉球人〉の男が主人公(広津)を悩ませるという筋」の作品であり、「滅びゆく」は、成功者として「東京に永住している叔父の、沖縄出身者という身分を隠したがる劣等感に満ちた言動を批判的にみ」た作品です(以上、もっとも要をえた記述として、『大百科』への大城立裕執筆から借用)。前者は、無産運動の一翼をなしていた沖縄青年同盟から、広津の善意は認めつつも偏見を助長するとの抗議を受け、広津もそれを容れて、今後この作品を創作集などに再録しないことを言明して、触れられることなく過ぎてきました。後者も、沖縄県人会や県学生会からの抗議に直面しました。それにたいして久志は、「アイヌや朝鮮人と同一視されては迷惑するとの事でしたが、今の時代に、アイヌ人種だの、朝鮮人だの、大和民族だのと、態々《わざわざ》階段を築いて、その何番目かの上位に陣どつて、優越を感じようとする御意見には、如何しても、私は同感する事が出来ません」と、敢然と反論しますが(久志芙沙子「「滅びゆく琉球女の手記」についての釈明文」『婦人公論』第一七年七号、一九三二年七月)、このの事件は、そののちの彼女の人生を閉じこめてしまいます。

沖縄人がみずから禁忌として封印してきたこれらの作品の再評価を提唱したのは、大城立裕さんです。氏は、一九六〇年代後半のこの時期に、初めてそれらに接したらしいのですが、新しい思想鉱脈の発見というほどの衝撃を受けます。ことに、久志の反論は、大城さんを驚倒させました。氏は、「この季節に」こそ「さまよへる」を復刻すべきだと発言し(「沖縄「史料」の復刻を　広津和郎「さまよへる琉球人」絶版を惜しむ」『週刊読書人』一九六八年四月二九日への投書)、それを受けてこの〝幻の問題作〟は、『新沖縄文学』(一七号、一九七〇年八月)に復刻されました。また「滅びゆく」については、「もし、あの思想が私たちの世代にうけつがれていたら、私など曲がりなりにももう少し発展した段階で思想をつくっていたかも知れない」との嘆声を発しています(『同化と異化のはざまで』)。「滅びゆく」は、『青い海』二六号(一九七三年九月)に復刻されました。「戦後という体験をへたおかげで、自分の恥部をもつめたく見ることができるようになった。それがいちばん大きな収穫」と、大城さんは、「さまよへる」の復刻に寄せた文章に記しています。

二つ目は、ウチナー口《ぐち》が躍り出る気運を迎えたということです。東峰夫さんの「オキナワの少年」(『文学界』二五巻一二号、一九七一年一二月)は、その気運を体現した作品と思います。少年の目線で、主人公が置かれたコザの生態を捉えたこの小説は、同時に、思春期特有の、「少年の心の潔癖が、肉体の成長、すなわち生自体に蹂躙される」過程や(文春文庫版『オキナワの少年』(一九八〇年)への、北澤三保さんの「解説」)、それとないあわさる精神の成長を、ウチナー口＝方言を駆使したひとり語りの文体で描ききっています。この作品で東さんは、芥川賞を受け、彗星のように作家として出現するのですが、書き出しの部分を例示しますと、

> ぼくが寝ているとね、／「つね、つねよし。起《う》きれ、起《う》きらんな！」／と、おっかあがゆすりおこすんだよ。／「ううん……何《ぬ》やがよ……」／目をもみながら、毛布から首をだしておっかあを見あげると、／「あのよ……」／そういっておっかあはニッと笑っとる顔をちかづけて、賺《すか》すかのごとくにいうんだ。／「あのよ、ミチコー達《たぁ》が兵隊《ひいたい》つかめえたしがよ、ベッドが足らん困《くま》っておるもん、つねよしがベッドいっとき貸らちょかんな？」

自在にウチナー口が乱舞する光景は、それまでウチナー口とヤマト口の、折衷・統合に苦心を重ねてきた大城さんのような世代の人びとにとって、ほとんど羨望を伴う新しい表現の獲得でした。こだわりぬいてきたハードルをらくらくと超える世代の出現です。

その作品に接しての、「戦前の体制があのまま日本べったりで続いていたとしたら、このような文化的収穫はもてなかったろう」という大城さんの感慨は(「文化問題としての今日」)、日本から離れる時期をもったがゆえに、到達しえた精神の境地を正確に捉えています。

ウチナー口と政治的反逆の志の結びついて発現したのが、一九七〇年の、富村順一さんによる東京タワー事件と、翌七一年の、沖縄青年同盟(117頁の同名の組織とは別)の若者たちによる国会爆竹事件でした。

前者は、富村さんが、東京タワーを占拠、米人を人質に取り、女性と子ども、朝鮮人は降ろし、日本人には、沖縄のことに口を出すな、天皇には、第二次大戦の責任を取れと訴えかけて、逮捕された事件ですが(高嶺朝誠「東京タワー事件」『大百科』)、生い立ちに始まりこの事件に至る経過や、裁判所での陳述などは、沖縄を突きだした書名の著書『わんがうまりあ沖縄　富村順一獄中手記』(柘植書房、一九七二年。「わんがうまりあ」は「わたしが生れた」との意味)に記されています。この本を編纂したのは、富村公判対策委員会・富村順一獄中手記編集委員会ですが、同氏の口調をそのまま生かそうと力を尽しています。

後者は、返還協定批准のための国会の開会日に、傍聴席で「協定粉砕」を叫び爆竹を鳴らしビラをまいて逮捕された事件で(高嶺朝誠「国会爆竹事件」『大百科』)、実行者たちは、裁判ではウチナー口を認めよと主張しました。この主張は、方言撲滅の時代を経験してきた沖縄の人びとには、おそらく事件そのもの以上に眼を見張らせるものでした。大城さんも、「沖縄方言を罪悪視してきた明治以来の歴史のあとに、よくもこういう世代が生まれ育ったものだ、という感動」を抑ええなかったほどです。ただし、「ほんとうにそれを許された場合に、はたしてそれを全うし得るか、という危惧」をも伴いましたが(『同化と異化のはざまで』)。

三つ目は、謝花昇《じゃはなのぼる》への関心の急激な高まりです。「琉球王」との異名をとった県知事奈良原繁と正面切って闘い、それに敗れて狂気に陥るという生涯は、沖縄の人びとにとって、切々と身に迫らずにはいないものでした。それだけに、状況との関わりをもって、問題提起性を備えてきました。復帰という課題は、彼を焦点の人物の一人へと押しあげずにはいなかったわけです。

もっとも、謝花の生涯やその研究史について、わたくしはほとんど何もいえません。そこで、ここでは、近代史研究者の伊佐《いさ》眞一さんが、ご自身編纂の周到な『謝花昇集』(みすず書房、一九九八年)に付された解説「謝花昇――近代日本を駆け抜けた抵抗」の、研究史概観の部分を拝借することにします。

そこで伊佐さんは、謝花研究が避けがたく負わなければならなかった状況の投影を認識しながら、こういいます。「一九六九年、佐藤・ニクソン会談によって沖縄の七二年返還が本決まりとなるや、復帰の意味や返還協定の内容をめぐって、世論は沸騰の極点を示した。その渦中で浮かび上がってきた謝花への関心は、この年から七一年にかけて、一気に大量噴出するに至った」。そのうえで、大里知子さんの「「謝花民権」論についての一考察——特に沖縄の「日本復帰」に関して」(『沖縄文化研究』22号、一九九六年二月)所収の「謝花民権関係文献——年代順」に拠りつつ、「戦前から六八年までは、年間せいぜい二、三篇にすぎなかった謝花に関する論文・論説が、六九年に一六、七〇年二〇、七一年には三八と急増している」としました。そのなかで新川明さんの、まえに触れた謝花批判が現れます。それらはいずれも、復帰をめぐる状況に衝き動かされたという性格を帯びていました。そんな状況が、謝花をまた渦中のひととしたのでした。

このように眺めてゆくとき、「根としての沖縄の意識化」への念が熾烈となったことに、瞠目せずにはいられません。それが、沖縄を掘ろうとする営為ともなれば、沖縄を取り戻そうとする意識としても現れることになったと思います。

そうしてそれらすべてを含んで、ここで「二 焦点となった復帰」とした項目を、あらためて考えるとき、総体としての復帰運動が、批判者をも巻き込んで、いかに痛切な思索を促し、いかに巨大な渦となったかを、思わずにはいられません。その意味で復帰運動は、それの切り捨てのうえにでなく、それを潜り抜けてのかなたに、沖縄の未来を想到できる(あるいは、それを抜きにしては想到できない)精神の体験として立っている、との念を深くします。

被占領期を結ぶに当って

復帰の仕方が見えたとき、どんな想いが突きあげたか、仲宗根政善さんの『ひめゆりと生きて——仲宗根政善日記』(琉球新報社、二〇〇二年)のなかから、短いパラグラフを少し読みあげて、今日の話を終りとすることにします。氏は復帰運動の側にあったひとですが、一九七二年の沖縄返還が、政治のなかで決ったさいの心境の吐露です。

「おそらく基地はそのままであろう。(中略)十年後に本土並みの基地になるのか二十年後になるのか、全く予測はつかない。悪くすると、半永久的にならないとも限らない。本土復帰と叫びつづけて二十四年、こうして果たしたのは、第一歩から基地縮小の運動を私どもはくりかえさなければならないということであった」(一九六九年一一月一二日)。

「東洋平和のために重要だと強調されればされるほど、基地は、住民の心に重苦しくおい《ママ》かかって来る」、「沖縄はただ今ベトナム人をころしつつある元凶でもある。この意識こそが、平和への根ともなりうるのだ」(一九六九年一二月六日)。

「何という呪われた島か。米軍の力に制圧されて来たこれまでは、まだ我慢が出来た。しかし日本自らが、またこの島を、国を守る最大の拠点としようとするのである」、「沖縄は、今後何世紀にわたってこの十字架を背負わされて行くことか」(一九七〇年一〇月八日)。

そういう問いにわたくしたちは、それぞれの仕方で応えなければならないのではないか、と思います。

II

「日本」という枠のなかで——一九七二—二〇一〇年

一　文化意識の再構築

Ⅰでは、さまざまな葛藤を抱えながら、日本への復帰ないし返還に至ったというところまで考えました。Ⅱでは、それに続いて、復帰してからの、沖縄の思想について考えようと思います。人びとが、状況と切り結ぶなかで、どんな思想を発酵させていったかを、わたくしなりに受けとめる作業となります。

1　琉球・沖縄のアイデンティティを求めて

「復帰不安」のなかで

歴史の本では、復帰とか返還とか、たった二文字で書かれますが、人びとの暮しという場面に立ってみると、当然、大きな変化を伴いました。琉球政府がなくなって、沖縄県庁となる。行政主席がなくなって、沖縄県知事となる。通貨はドルから円に替る。日本国憲法のもとに復帰したということは、日本の六法のもとで生きるようになったわけですから、法の体系が一変する。健康保険、年金など、一つ一つが変ってゆきます。そうした〝世替り〟の打ち止めのような意味をもったのが、通称「なな・さんまる」(7・30)、つまり復帰六年後の一九七八年七月三〇日をもって、車の右側通行が左側通行に、歩行者は左側から右側に切替えられたという、交通方法の変更でした。

そういうなかで、人びとの心中にいちばん突き刺さってくるのは、みずからの生存の場が、琉球から沖縄に変ったことだと思います。琉球処分(廃藩置県)によって琉球から沖縄に変えられ、米軍の占領によって沖縄から琉球へ変えられ、このたびは復帰によってふたたび琉球から沖縄へというふうに、一世紀のあいだに三度、みずからの土地の呼称の転換があった。人びとのアイデンティティが、大きく揺さぶられることになりました。

復帰不安ということが、当然いわれるようになります。日本のなかでどう生きてゆくかについて、意識の再構築が迫られることになったわけです。与那嶺松助(代表)「復帰不安の研究——沖縄の施政権返還をめぐって」(琉球大学心理学教室編『与那嶺松助教授記念論文集』与那嶺松助教授追悼記念事業会、一九八一年)、大田昌秀編『復帰後における沖縄住民の意識の変容』(琉球大学法文学部社会学科広報学研究室、一九八四年、科学研究費による研究報告書)、東江平之《あがりえなりゆき》『沖縄人の意識構造』(沖縄タイムス社、一九九一年)などという研究が現れているのは、その問題が継続的に焦点の一つであったことの一端を示しています

(ほかに沖縄側・本土側それぞれでのメディアによる調査は多い)。

最初の「復帰不安の研究」は、復帰直前の一九七二年二―三月に、つぎの『住民の意識の変容』は復帰一〇年目の八二年に行われた調査ですが、どちらにあっても、復帰への不安あるいは不満には、基地負担の過重性が一向に改まらないという実情が(そのうえ、後者では経済格差がほとんど構造化されてしまったことが)、色濃く影を落していました。

そのことを考慮に入れながらも、わたくしは、人びとのなかでの、琉球か沖縄かの葛藤の在りように、大きな変化が起きてきたとの感を強くしています。かつての沖縄県時代には、「琉球」は貶められた称呼でした。それだけにえもいえぬ懐かしみをもって、発話されたり受けとめられたりしていました。そのように、さまざまな屈折の淀んでいたであろう語感が、音もなく減衰していって、いつとはなしに「琉球・沖縄」と連結したかたちでの自己認識が現れてきたことを指します。前近代と近代とにわたるから当然といえば当然なのですが、歴史学界を中心として、この称呼がしだいに常用化してきているとの印象をもちます。そこには、日本から離れていた時期を経ての、自信の回復があると思います。

「唐《から》世」→「大和《やまと》世」→(「いくさ世」)→「アメリカ世」を経て、ふたたび「大和世」へという世替りは、人びとにとって、自己認識の試練を伴わずにはいませんでしたが、その試練は、人びとを鍛えずには措かなかったといえます。そこで獲得された自信のうえに、復帰とともに、新しいアイデンティティの構築が始まります。それは、復帰という政治の季節のあとへの、文化の季節の到来でした。

そんな文化意識の再構築をめざましく示す現象として、五つの営為を挙げたいと思います。

(一) 沖縄学の復活
(二) 指針となった伊波普猷
(三) ちねん・せいしん(知念正真)の戯曲「人類館」(『新沖縄文学』三三号、一九七六年一〇月)の出現
(四) 沖縄大百科事典刊行事務局編『沖縄大百科事典』全三巻+別巻一(沖縄タイムス社、一九八三年)の刊行
(五) アイルランド文学者米須《こめす》興文《おきふみ》の誕生

が、それということになります。

沖縄学の復活と多面化

(一)の「沖縄学の復活」を担ったのは、それぞれ復帰運動の渦中で揉まれてきた若い学究たちでした。順序もなくいえば、比屋根照夫『近代日本と伊波普猷』(三一書房、一九八一年)、同『自由民権思想と沖縄』(研文出版、一九八二年)、我部政男『明治国家と沖

縄』(三一書房、一九七九年)、同『近代日本と沖縄』(三一書房、一九八一年)、岡本恵徳『現代沖縄の文学と思想』(沖縄タイムス社、一九八一年)、同『沖縄文学の地平』(三一書房、一九八一年)、仲程《なかほど》昌徳『山之口貘　詩とその軌跡』(法政大学出版局、一九七五年)、同『近代沖縄文学の展開』(三一書房、一九八一年)、同『沖縄の戦記』(朝日新聞社、一九八二年)、同『琉球文学の内景』(沖縄タイムス社、一九八二年)、比嘉《ひが》実『古琉球の世界』(三一書房、一九八二年)、三木健『八重山近代民衆史』(三一書房、一九八〇年)、高良倉吉『沖縄歴史論序説』(三一書房、一九八〇年)、池宮正治『琉球文学論』(沖縄タイムス社、一九七六年)、同『琉球文学論の方法』(三一書房、一九八二年)などが、それです。

この人びとは、復帰前後から個別論文を書きはじめていましたが、一九八〇年前後に一斉に、それまでの論考を書物にまとめていったことになります。また、その志に手を差し伸べ、そういう気運を高めようとした出版人のいたことをも推測させます。じつに壮観でした。わたくしは、沖縄の歴史の勉強を始めたばかりの時期でもあり、夢中で読みました。そうして、主題の設定の仕方や論述の行間に、〝戦後沖縄〟が滲み出ているのを感じました。その意味で、研究であるとともに、否応なく時代が刻印されている思想的作品でもあると思いました。

それとともに、沖縄学が多面化し、またアカデミズムにも席を占める(いわゆる制度化される)ようになってゆきます。沖縄学はもともと、沖縄とは何かを掘ろうとする自己認識の学問でしたから、創始者である伊波普猷の学問がそうであったように、民俗学・歴史学・言語学・神話学・地理学・文学などに比重がかかるという性格をもっていました。それが、自然科学や経済学や政治学をも含む沖縄研究へと、大きく広がってゆくことになります。

琉球新報文化部編『沖縄学の群像』(本邦書籍、一九八三年)は、「群像」を軸にそういう傾向を捉えた書物ですが、沖縄学の多彩さを実感させてくれ、同時に非沖縄人への広がりをも示してくれます。またひるぎ社の西平守栄さんは、復帰一〇周年の日に、「沖縄を見直すために」を機軸として、さまざまな主題から沖縄に迫ろうとする叢書「おきなわ文庫」を立ち上げました。沖縄学への関心の高まりは、『新沖縄文学』の二つの特集「沖縄学の先覚者群像――人と学問」(三三号、一九七六年一〇月)、「沖縄研究の転形期」(三七号、一九七七年一二月)にも見られます。

ちょっと本筋から離れますが、沖縄学についてももう一言申しますと、それは、広い意味での地方学《じかたがく》の系統に属し、専門化した近代科学からすると、雑多な学の融合ないし混在から成り立っていて、近代科学以前と見なされやすいかとも思います。が、そのように専門への未分化性を内包するということ自体、分化した専門科学への批評性を体現しています。二〇世紀の終り近くになってから、専門科学にたいして、学際的ということが叫ばれ、さらにそれらを一つの学問へと結晶させた、江戸学・女性学・水俣学・環境学のような学問が生れて来ましたが、そうした趨勢を見るにつけ、沖縄学は、学問の組み替えの先頭に立っていると思うようになりました。

本題に戻しますと、沖縄学の盛行を、そのまま喜ぶべきこととしていいのだろうかと、比屋根照夫さんは鋭い警告を発しました(「沖縄研究の過去と現在」小森陽一ら編『岩波講座近代日本の文化史』10「月報」、二〇〇三年)。

沖縄の研究というのは、どの分野、どこを切っても、血の噴き出るようなものですから、それをすくいあげていく感性が要請されるのです。外からコミットしようとしている若い人たちに望みたいのはそれなんです。噴き出てくる返り血を浴びながら、その成果を沖縄の民衆に返していく――「民衆」というのは口はばったい言い方ですが、一般の人々が共有できる、そういう学問をして欲しいんです。

沖縄にはコロニアルな状況が、薩摩藩支配以来ずうっと続いている。コロニアルとポストコロニアルの重層的な状態が、今も間断なく続いているわけです。そういうなかで、沖縄の研究というのは、人々の願いとか幸せとか、切ない思いを代弁するという形で進めていかなければならない。

痛烈な言い方だと思います。そうしていいます。

ところが、今は、そのような悪しき構図の連鎖を断ち切ろうという決意が、研究全体としては、どうも弱いのではないかと思えます。

初心に返れという叱咤の声だと、わたくしは受けとめました。

そういう状況のなかへ、沖縄史研究はこれでいいのかと批判の声を上げ、さまざまな問題点を指摘したのは、父祖の地の沖縄大学へ赴任した安良城《あらき》盛昭さんの『新・沖縄史論』(沖縄タイムス社、一九八〇年)でした。氏の論点は多岐にわたります。が、たとえば近世史では、伊波普猷に代表されるような「島津に搾取られ」といった史実認識、また維新後にあっても、沖縄が資本主義育成のため収奪されたという通説にたいし、政府は、ささやかとはいえ、「沖縄から徴集された国税では賄いきれない国庫支出の沖縄県費を補っていた」という論を立てるなど、琉球・沖縄史の書き換えを迫りました。

安良城さんの指摘は、沖縄の学界にショックを与え、多くの論争を巻き起します。それを眺めていてわたくしは、仮に沖縄に、先人たちの偉業や被収奪史観に〝もたれかかる〟意識があったとしたら、それらを背景とする通念からの訣別を、「科学」の名において呼びかける言辞と思いました。沖縄の学問の〝弱さ〟を直言しようとする安良城さんの議論に、過去克服への不退転の意志を見ました。

しかし沖縄学の復活は、避けがたく「沖縄」を本位とする思考を進めます。その点で離島からの視線は、そうした「沖縄」を見返す色調を湛えていました。宮古の仲宗根将《まさ》二《じ》さんの仕事は、そんな意味で、単純には「沖縄」に収斂されきらない宮古という存在を強く押しだすものでした。氏の活動は、行政面を含めて(氏は平良《ひらら》市の公務員でした)宮古の文化全般にわたりますが、代表的な著作と思われる『宮古風土記』(ひるぎ社、一九八八年)には、これまで歴史家の焦点が、沖縄中心、いや首里・那覇中心であったと批判しつつ、宮古の、「附庸《ふよう》」の地としての苦難と、そのなかで培われた文化の様態が見きわめられています。

そうして、「慓悍《ひょうかん》」をもって鳴る宮古人気質について、こういいます。「沖縄・宮古・八重山この三者で、宮古が異っているとみられるのは何でしょうか。山も川もない、水不足の平たんな隆起さんご礁の、やせた島ということにつきるようです。その上にかぶさる人頭税とくれば、また自ら内容も違ってきます。そのような自然、風土、圧制——この三重苦のなかで、人びとは時に勇猛心をふるい起こし、あるいはじっと耐え忍ぶことを自らの生き方としてきたことでしょう」、それが、先にいう宮古人気質を培ったのだ、と。

一方、八重山について申しますと、この地の過去への探究は、伊波普猷の啓示を受けた喜舎場《きしゃば》永珣《えいじゅん》によって、一九一〇年ころから、民謡の蒐集・民俗の掘り起こしとして始まり、麗わしい詩の数々としばしばそこに盛りこまれた悲哀を明らかにしてきました。こうした受難の歴史意識は、六〇―七〇年代に至り、喜舎場を大先達と仰ぐ二人の民間の研究者の、それぞれ二冊の書物として結実したと思います。石垣市役所の幹部であった牧野清さんの、A『八重山の明和大津波』(自刊、一九六三年)とB『新八重山歴史』(自刊、一九七二年)、同市在住の医師大浜信賢さんの、C『八重山のマラリア撲滅』(自刊、一九六八年)とD『八重山の人頭税』(三一書房、一九七一年)がそれです。書名自体が、災害・風土病・首里王府の収奪という苦難の積み重ねを示しています。しかもそれらは、人頭税のための強制移住→マラリア罹患→廃村というように連動しました。それだけに著者たちは、こもごも激語を放ちます。「今ふり返って見ても、血の逆流するを禁じ得ない。八重山の歴史は、実に搾取と差別の歴史であった」(A)。「本書は、過去の琉球王庁の行政によって生じた八重山住民の惨状を、私が代弁して天下に訴える書というべきもの」(D)。

伊波普猷生誕一〇〇年行事

(二)の「指針となった伊波普猷」ですが、本土に復帰してどうやって生きていったらよいのだろうかという課題に直面したときに、指針として現れたのが、伊波普猷という存在でした。たまたま一九七六年は、伊波普猷生誕一〇〇年に当りました。そのこともあって七〇年代は、伊波を蘇らそうとする運動の澎湃《ほうはい》と起る時期となりました。

伊波の仕事を集成して、服部四郎・仲宗根政善・外間守善編『伊波普猷全集』全一一巻(平凡社、一九七四―七六年)が、刊行されました。伊波は、ながく県立図書館長でしたが、沖縄を啓蒙するために、全域にわたって三〇〇回も啓蒙演説をして歩いたひとです。それに倣って、伊波の生誕一〇〇年行事は、沖縄全域を巡るかたちで行われました。比屋根さんは、実質的にその中心にいて行事を推進していったのですが、運動の成果として、伊波普猷生誕百年記念会編『沖縄学の黎明』(沖縄文化協会、一九七六年)、同事務局編『伊波普猷生誕百年記念事業報告書　沖縄学を民衆のなかへ』(同会、一九七七年)、国吉真哲ら編『生誕百年記念アルバム　伊波普猷』(同会、一九七六年)が、刊行されています。また、『新沖縄文学』三二号(一九七六年二月)も、「伊波普猷の世界」を特集しました。

伊波については、すでに触れたように、反復帰論の提唱者新川明さんから、彼の日本への同化を衝く鋭い批判がありました(91頁)。しかしこの行事を通じて強調されたのは、沖縄に根ざして生きようという、伊波の姿勢であったと思います。彼は一九一一年、代表的な書物である『古琉球』の「自序」を書き終えた時点で、こんな琉歌を作って、心境を吐露しました。


深く掘れ、己《など》の胸内の泉　余所たよて　水や汲まぬごとにニーチェの「汝の立つ所を深く掘れ　其処には泉あり」に拠る作ですが、伊波の、自分たちの根を掘ろう、そうしていたずらにコムプレックスに悩まされることなく、堂々と胸を張って生きてゆこうという、同胞への呼びかけが込められています。そのように伊波は、もう〝奴隷〟である必要はないではないかと訴え、その訴えは、沖縄の人びとの、自己喪失からの回復への気運を起しました。記念行事は、復帰不安の渦中に置かれた人びとに、伊波を押しだすことで、自信の回復へと精神の歯車を回そうとしたのでした。『生誕百年記念アルバム 伊波普猷』の刊行に当り、記念会代表の宮里栄輝さんは、沖縄の人びとが置かれた戦前を想起しつつ、巻頭につぎのような言葉を寄せましたが、そこには伊波の復活に懸ける熱意と角度が凝縮して打ち出されています。

近代日本の底辺にあって、無知と偏見にもとづく差別と屈辱の中に呻吟し、自己卑下と存在喪失の危機にあった沖縄の民衆に、自己の歴史と伝統文化への矜持と覚醒を説き、沖縄のゆくべき道をさししめしたのは伊波普猷であった。

それは、あたかも予言者のごとく、鬱屈と閉塞の中にあった民衆の魂を激しく揺さぶり、近代思想への目覚めを促した。伊波はまさに新時代の象徴として沖縄の若き精神の憧憬となった。

戯曲「人類館」

(三)知念正真さんの戯曲「人類館」は、もし画期的という言葉が使えるとすれば、沖縄の演劇界にとって、その評言はまさにこの作品のためにある、といいうるほどの衝撃をもたらしました。一九七六年、演劇集団「創造」で作者によって演出・上演され(作者自身もメンバーであった)、続いて『新沖縄文学』誌上で活字化されると、反響はすぐ広がり、翌年演劇誌『テアトロ』に転載、さらにその翌年には新劇岸田戯曲賞の受賞と続いて、その存在は周知のものとなりました。いまでは、沖縄県高等学校障害児学校教職員組合編『沖縄の文学――高校生のための副読本/近代・現代編』(沖縄時事出版、一九九一年)、沖縄文学全集編集委員会編『沖縄文学全集』一一巻「戯曲」Ⅱ(国書刊行会、一九九四年)、岡本恵徳・高橋敏夫編『沖縄文学選――日本文学のエッジからの問い』(勉誠出版、二〇〇三年)でも読むことができます。

当然、論じられることが多いのですが、ここではまず、内容と位置づけを簡明に行った与那覇恵子さんの文章を借りることにします(「復帰後」、岡本恵徳・目取真俊との共同執筆「沖縄の小説・演劇史」中の与那覇の執筆部分、久保田淳ら編『岩波講座　日本文学史』15「琉球文学・沖縄の文学」一九九六年、所収)。

一九〇三年、大阪で開催された勧業博覧会に便乗した悪質な見世物小屋「学術人類館」(学術研究資料の名目で朝鮮人・アイヌ人・アフリカ人・琉球人等を見世物にした)を舞台に、陳列された琉球人の男女と調教師ふうの男とで展開する。戦時中、占領下、復帰後、さらに海洋博と、多様な〈沖縄〉の歴史が錯綜する喜劇である。身体的劣等感、貧しさ、大国の支配下に置かれてきたという劣等民族意識など、沖縄人が抱えてきた「負」の要素を抉り出し笑いのめすことで〈沖縄〉を対象化した、画期的な作品。

おのずから魅入られると見えて、解説者たちはこもごもに、この作品から触発されたところを熱く語ります。劇団「創造」での同志である幸喜良秀さんは、「沖縄の歴史を総括し、真に自己を回復するには沖縄人はどう生きねばならないかを真正面から問いつめていった喜劇」といい(『沖縄文学全集』一一巻への解説「戦後の沖縄演劇 その歩みと今日の状況」)、文学研究者であるとともに状況への〝発言者〟というべき新城郁夫《しんじょういくお》さんは、「日本という国家の中に潜む差別意識のみならず、その差別意識を内面化し自らを疎外してきた「沖縄人」の内面の歪みもそこで問い直されている」とのべ、また「放恣とも見える場面変化が、極めて方法的に選択されて」おり、「その方法を一言でいうなら、「監獄」空間(ミシェル・フーコー)の発見」と指摘しています(『沖縄文学選』への「作品解説」)。わたくしは、それらをすべて肯《うべな》うとともに、喜劇性の強さに正比例して悲劇性が深まると思い、同時に、悲劇を喜劇として押しだしたところに、戦後を切り拓いてきた経験に由来する自信回復のしるしを見ました。

沖縄学の結晶としての『大百科』

（四）の『沖縄大百科事典』には、今回の話でもずいぶんお世話になりましたが、わたくしはこの仕事を、戦後沖縄学の結晶と考えています。直接には、沖縄タイムス社の創立三五年記念事業として立案され刊行された本ですが、「刊行の辞」には、「島々が経験した波乱に満ちた歴史、そのうねりのなかに生きた人びと、はぐくまれた多彩な文化遺産、独特で多様な動植物、それらを包みこむ自然風土など、琉球弧の全体像を総合的にとらえて解明する作業を求める声」に応じて成った事業とあります。

この事典に接するごとにわたくしは、琉球弧の、時間と空間、文化と自然にわたるすべてを、把握し認識しようとする項目の立て方、文献調査と体験また聴き取りのすべてを、限られた字数に盛り込もうとした執筆者たちの熱意を、感じずにはいられません。その意味で、沖縄学の達成であるとともに、一見盛んな大方の沖縄学を、〝講壇沖縄学〟と一挙に相対化する力をもっていると思っています。どなたの賛成も得られていませんが。

『沖縄大百科事典』の原動力となったのは、新川明さんでした。氏は、反復帰論の提唱者でしたが、それと不離の姿勢をもって、そののちにわたり沖縄タイムス社の編集者として、『新沖縄文学』や、沖縄論の連鎖の観のある「タイムス選書」の編集を推進してきました。そのことをのちにこう総括しています。「雑誌特集テーマと発行図書の書名からでも当時の私の問題関心の位置は読み取れよう。端的に言えば、いわゆる「沖縄学」の研究水域と近代沖縄の民衆史の境域を往還しながら、天皇制思想に対置する沖縄の思想(アイデンティティ)を追求するという姿勢である。この姿勢は「反復帰論」の思想の延長線上にある」。その新川さんが、「七二年「返還」=再併合のあと、「沖縄喪失の危機」が叫ばれていた」なかで決意したのが、『大百科』の刊行でした(『沖縄・統合と反逆』筑摩書房、二〇〇〇年)。

もとより新川さんお独りの力で成ったものではありません。執筆者は一〇〇〇人を超えますし、編集者である上間《うえま》常道さんとのコンビが、達成を可能にしたとものべています。とはいえ、新川さんなくしては、このような〝無謀〟な企画が成らなかったことも、ほとんど疑問の余地がありません。それらの点で『大百科』は、沖縄の「アイデンティティ」を探ろうとする営為の集成と思います。

沖縄の文化上の遺産を集成しようとする企画は、そののちしきりに起きることになります。代表的なものは、さきに文献として挙げた沖縄文学全集編集委員会編『沖縄文学全集』全二〇巻(国書刊行会、一九九〇年より刊行中。二〇一〇年末で一五冊まで既刊)です。

その抱負は、編集委員会の名による「沖縄文学全集の刊行に際して」という文章に窺われますが、そこには、「琉球弧の島々の、琉球方言による、無文字の口承として伝えられてきた豊富な歌謡群は、さきに完結した『南島歌謡大成』全五巻によって、ほぼ全貌をあらわし、その多彩さを示した。次に果たされるべき課題は、琉球弧の島々の、近代の、言語表現としての文学(作品)を集大成することでなければならない」とあります。

ここで敬意をもって挙げられている『大成』とは、外間守善さんを編集の中心とする『南島歌謡大成』全五冊(1沖縄篇上、2沖縄篇下、3宮古篇、4八重山篇、5奄美篇。角川書店、一九七八―八〇年)を指します。この『大成』は、外間さんが、フィールドワークも含め精根を傾けて収集した琉球の古歌謡を整理・分類し、集成した労作です。わたくしなどは、『おもろさうし』でようやく琉球の歌謡の一端に辿りついた人間ですが、『大成』は、『おもろ』の根に、暮しの場に発する豊かな歌謡の世界が、時代の先後を含めて広がっていること、それによって逆に、『おもろ』の宮廷性を照しだしてさえいることに、眼を開いてくれました(前身として、外間守善編『日本庶民生活史料集成 第一九巻 南島古謡』三一書房、一九七一年、がある)。

その仕事を継いで、近代の沖縄における表現の大成をめざすという、志を明らかにしているわけです。こうして発起されたこの『全集』は、「琉球弧」という空間設定にこだわりつつ、詩、短歌、俳句、歌謡、小説、戯曲、紀行、随筆、証言・記録、評論、沖縄学、文学史と、全ジャンルにわたる目配りをもつ企画となりました。

精査していないのですが、(都道府県単位で)一地域を主題とする大事典や文学全集の企画としては、すこぶる早期のものではないかと思います。もしそうであるならば、そこにも、沖縄の人びとにとって、アイデンティティの探究がいかに切実な課題であったかの、しるしの一つを見うるような気がします。

沖縄とアイルランド

(五)「アイルランド文学者米須興文の誕生」で申しあげたいのは、沖縄とアイルランドということです。
アイルランドに注目した先人として、伊波普猷がいます。彼は、一九二四年、文芸に志を立てていた同郷の池宮城《いけみやぎ》積宝(号・寂泡)を励ます文章のなかで、よく知られたこんな言葉を吐きます。「沖縄人にとつては、小説家になるのはアイヤランド人が小説家になるのと同じ位に、困難であらう。彼等はこの言語といふ七島灘を越えた暁に、はじめてシヨウやイエーツやシングのやうな鬼才を中央の文壇に送り出すことが出来よう」(「寂泡君の為に」)。

当時のアイルランドは、イギリスからの独立を求める長い闘いのなかにあり、たしか一九二一年にようやく自治を獲得するに至るのですが、この言葉を思い出すとき、わたくしはいつも、伊波普猷というひとは、極東の地にあって、じぃっとアイルランドの運命というか行末に、眼を凝らしていたのだなと思うのです。イェーツは、そのアイルランドにあって、文芸復興を指導した詩人でした。

そんな歴史を背景に置くとき、米須興文さんというアイルランド文学研究者の誕生は、沖縄にとって、一つの文化史的な意味をもつものと思います。もっともわたくしは、米須さんの学問を理解したというには遠い人間で、そのことを前提とせざるをえません。ということであえて申しますと、学問的自伝というべき著書『マルスの原からパルナッソスへ――英文学の高峰に挑んだ沖縄少年』(影書房、二〇〇四年)によるかぎり、米須さんとアイルランド、具体的にはイェーツですが、との出会いは、わりあい偶然的なものだったようです。しかし一旦出会うと、沖縄という出自が、脳裏にむくむくと立ち上ってきたとの観があります。「この国があまりにもわが沖縄と似通った文化的プロセスを体験し、共通した国民性を有することに驚くとともに、イェーツとアイルランドに対して急に親しみが湧いてきました」。

葛藤は避け難かったと思われますが、結局、米須さんは、研究者としては、「自分の出自がアイルランド的にインサイダー化することを恐れて」、「禁欲的な」スタンスを貫くとともに、メディアの要請に応じた文章では、「意識的に文化的な視点や歴史的体験の要素を取り入れてイェーツやアイルランドについて書くように」したといいます。そんなわけで氏のエッセイは、『レダの末裔――アイルランド・ポリネシア・沖縄』(ひるぎ社、一九八六年)とか、『ピロメラのうた――情報化時代における沖縄のアイデンティティ』(沖縄タイムス社、一九九一年)というふうに、アイルランドを視野に入れながら、アイデンティティの確立をめぐる文化論になるといった色彩を濃厚にもち、それゆえの批評性を帯びることになります。

本土人との接触が密になるにつれ、沖縄人の顔は北へ北へと向くようになる。そして自己の民族的アイデンティティ(自我確立)を本土人とのアイデンティティ(同一性)に求めるようになるのである。そのため、時には自己の本来的なアイデンティティ(自分たること)を見失うようになった。本土人から同一性よりも差異を強調され、南の方へ押しやられれば押しやられるほど、沖縄人はますます北へ向けて激しくアイデンティティを求めるようになるのである。米施政権下にあって沖縄人が、いわゆる「祖国復帰運動」をシオニズム的激しさと執拗さで展開したのをみてもそれは分る(『レダの末裔』)。

方向はさまざまです。しかしこれらは、復帰とともに沖縄の人びとが、いかに激しく、自己の再構築を求めてゆかずにはいられなかったかを、物語って余すところありません。

自分が何者であるかの、自問と葛藤はいまも持続していると思います。

2　習俗への挑戦

女としての〝痛覚〟から

文化意識の再構築の二つ目として、「習俗への挑戦」としましたが、女性の問題です。もとより、女性の問題をここに閉じこめてしまうことはできませんが、しかし沖縄ならではの問題提起がなされ、しかも、それまで慣らされてきた文化意識への挑戦であったという意味で、項目として立てました。

一九七〇年代は、女性問題にとって大きな転換期となりました。まず七〇年に始まるウーマン・リブの旗揚げは、女としての〝痛覚〟を出発点に、自分らしい生き方を求め、一見男女平等の社会で、実際にはいかに嵌めこまれた存在であるかの、目覚めを促しました。ついで国際連合による、七五年を国際婦人年とする決定と、相つぐ世界婦人(女性)会議さらに女子差別撤廃条約は、それぞれの政府に制度改革を迫りました。多くの男たちにとって、まだ対岸の火災視を免れなかった女性問題が、じつは男性問題にほかならないというふうに、認識の転換を不可避とするに至ったともいえます。

一つの目立った現象は、女性の自伝類が増えたことです。日本ではそれまでも女性の自己語りは少なくなかったとみられるので、転換期をなすというほどの変化ではなかったと思いますが(米国では禁忌はもっと強かったとの印象があります)、それでも自己語りを通して自己を放つことへの、急き込む勢いは加速されました。勝方＝稲福恵子さんは、「沖縄本ナビゲーション31　女性史」(『沖縄タイムス』二〇一〇年九月一三日)で、第一期「女性の霊的優位性や祭祀行為が強調された時期」に続く第二期として、「七〇年代以降の女性解放の波に乗って、うちなあ世・大和世・アメリカ世・日本世を生き抜いてきた女性たち自身が一斉に語り始めた「自伝・伝記」期」を設け、幾冊もの女性の自伝を挙げて、その様相を具体的に説明しています。そのなかで抜群に面白いのは、勝方さんが「代表的」といっておられる、金城芳子さんの『なはをんな一代記』(沖縄タイムス社、一九七七年)だと思います。なによりも、沖縄の〝新しい女〟として殻を破っていったこのひとの「自由闊達な語り」が、時代と生き方をみごとに映しだしています。

トートーメーの問題化

しかし習俗への挑戦というとき、圧倒的に衝撃的だったのは、トートーメーの問題化でした。トートーメーとは位牌のことです。トートーメーと位牌とは、言葉としてはかけ離れていますが、「〈尊いお方〉を意味する尊御前《ウメー》が訛ったもの」(平敷令治「トートーメー」『大百科』)といわれると、なるほどと思ってしまいます。

女性は、そのトートーメーを継ぐことはできないという慣習がありました。子どもが女の子しかいないときには、男の子を親類からもらってきて継がせることになります。その場合に、トートーメーの継承権と財産の継承権が一体になっているという実態があるので、問題がややこしくなります。トートーメーを継げないために苦しんでいる女性が、多かったわけです。一九八〇年に、『琉球新報』がその問題を取りあげて、大キャンペーンを行った。それが潜在していたこの問題に火をつけました。

わたくしは、それぞれの民族、それぞれの国には、それぞれの女性問題があると思っています。一九二〇年代くらいまでの中国の纏足《てんそく》の問題、インドでのダウリーという持参金の問題、あるいはサティという焼かれる花嫁の問題などがそれで、日本ではイエの問題がそれに当りますが、それらと同じような意味で沖縄では、トートーメーが焦点の位置を占めていたと思います。

ところがそのキャンペーンまで、この問題が公然と取りあげられたことはなかったのです。一九七〇年代からのフェミニズムの気運のなかで、沖縄でも、女性問題への関心が高まりました。『新沖縄文学』三〇号(一九七五年一一月)の特集「女性問題を考える」や沖縄県婦人連合会(沖婦連)編『沖縄県婦人連合会三〇年のあゆみ』(若夏社、一九八一年)などは、関心の高まりを表す代表的な事例になると思いますが、それらには、女子教育の問題、「売春」の問題、女性の労働権の問題、母性保護の問題等々が取りあげられているものの、トートーメーの問題は影すら見えません。そこにわたくしはかえって、問題の根深さを見る想いがします。気づかれなかったのではなく、むしろおのずから禁句となっており(個人次元で解決したひとがいても社会的問題とはなしえなかった)、それだけ抑圧性が強く、人びとをひるませていたのだと思います。

一九八〇年一月一日から二月二八日にわたった連載企画「うちなー女男」は、すさまじい反響を惹き起しました。と申してもわたくしは、この問題についてはなんの勉強もしておらず、もっぱら、連載を単行本化した琉球新報社編・刊『トートーメー考――女が継いでなぜ悪い』(一九八〇年)、それに刺戟されて編纂された国際婦人年行動計画を実践する沖縄県婦人団体連絡協議会(婦団協)編・刊『トートーメーは女でも継げる』(一九八一年)、この問題をその後をも含めて追った堀場清子「トートーメーは女でも継げる」(『イナグヤ ナナバチ――沖縄女性史を探る』ドメス出版、一九九〇年、所収)に拠ってのべるに止まるのですけれど。

『琉球新報』の連載は、「トートーメー、それ自体を否定しない」が、「心を支えるはずの慣習が、逆に人間性を否定し、男女間に差別をつくり、家庭を破壊するようなことがあれば、徹底してこれを取り上げよう」というものでしたが(社会部長宮里昭也「はじめに」)、悩む女性からの訴えが、堰を切ったように撥ね返ってきました。琉球新報社の本も婦団協の本も、事例をまず列挙する体裁をとっていますが、そこには、「反響 電話で泣く女性も」、「**男児産むまで**「また女か」と攻撃」、「**長男の嫁** 押しつぶされそう」、「**財産もいっしょに**「家、家敷を渡せ」」、「やっと嫁になれたね」、「勇気がいります」、「男の子が生まれなくて」等々の告白が並んでいます。

いずれの場合も反響は、予測をはるかに超えるものでした。「社会部の直通電話(番号省略――引用者)は、連載をはじめると同時に鳴りっぱなしになった」(「はじめに」)。企画を立ち上げた記者の野里洋さんが「あとがき」に記しているところによると、ほとんどの電話が午前中から昼すぎにかかってきた、夕方から夜というのは少なかったそうで、それは、問題が姑や夫と関わっているために、その不在の時に電話したためだろうということです。問題の深刻さが窺えると思います。

婦団協の人びとも、取りあげてみて、反響の大きさに驚きました。事務局長の外間米子さんは、『女でも継げる』に寄せた序文「祖先崇拝と祭祀承継――発刊にあたって」でのべています。「琉球新報でのトートーメーに関する記事が連載され、婦団協がこの問題を運動としてとり上げる、《ママ》ことが報ぜられると、新聞社にも、また婦団協事務局にも連日のように激励や共感の電話や手紙、また反対の抗議や怒りの電話や手紙が送られてき、トートーメー問題がいかに多くの人びとの関心を集めているか、また淳風美俗の名の下に押しつぶされていた、女児ばかりを持つ家庭の悩み、親族間の相克、人権侵害、財産権侵害とも思われるような事実が次つぎと浮び上ってき、改めてこの問題がどれ程男女の平等を阻害していたかを知らされた」。

それは、人権復帰を掲げながら、もっとも身近な女性の人権を顧みなかったではないかとの問いでもありました。そういうなかで、一人の女性から、トートーメーを継ぐ権利を求める訴訟が起されます。墓が、那覇市の公園指定地となり、財産価値が出たことがきっかけで、「一族の男系親戚が沖縄の慣習に基づいた祭祀相続を主張したため、直接の娘にあたる同女性は納得せず」、那覇家庭裁判所に提訴したという事件です。裁判所は、「トートーメー承継の慣習は、男女の平等を規定した憲法及びその他の法令に違反する」として、「中立人を祭祀承継者にするのが相当」とする審判を下します(多和田真助「トートーメー継承訴訟」『大百科』)。裁判では勝訴するに決っているような事案で、実際そのようになりました。が、勝訴した女性は、結局、沖縄には居づらくなって、本土へ〝亡命〟することになります。この問題には、そんな深刻さがありました。いや、あります、というべきかもしれませんが。

人権問題と取りくむ——福地曠昭

人権というとき、福地曠昭さんは、それを掲げて「沖縄史を駆け抜けた男」です(「福地曠昭の半生」と副題された氏の自伝の表題、同時代社、二〇〇〇年)。一九三一年に山原《やんばる》の大《おお》宜味村喜如嘉《ぎみそんきじょか》に生れた福地さんは、一旦教職に就くものの、もっと勉強したいと青山学院大学に進学、しかし東京で復帰運動に関わったため、夏休みで帰郷したのち、本土への渡航のパスポートを差し止められ、CIC（米軍防諜部隊）から、度重なる尋問を受けます。

それらの体験を経て福地さんは、一九六一年に、屋良朝苗さんらを押し立てて沖縄人権協会を設立、沖縄社会での人権侵害の救済に乗り出します。多くの人権侵害事件の訴えが寄せられますが、当然、米軍による思想調査・政治運動への弾圧・頻発される渡航拒否ないし保留、黙認耕作地や軍職場へのパスポートの取り上げ、轢殺・殺傷という外国人による不法行為、さらに妻子置き去り・人身売買など、占領下の歪みが、直接間接に影を落していました。氏は一つ一つじつにこまめに、解決に走り回ったようです。自伝には、「交通事故現場から逃げようとする米兵にでくわし、逃げないように説得する筆者」という写真も入っています（沖縄人権協会刊の『人権擁護の歩み』（一九六六年）、ほぼ年刊）の統計表や活動報告には、米軍人・軍属関係の犯罪がいかに多かったか、ベトナム戦争の激化とともにいかに激増したか、協会がそれらの被害の救済にいかに取りくんだかが、示されています。新聞には多く「外人」の犯罪という見出しで報道されていました）。

そういうなかで福地さんは、復帰運動にものめり込んでゆき、「復帰男」「（米軍にとっての）トラブルメーカー」「人権運動リーダー」（そうして「名釣り師」）などの渾名をほしいままにする存在となり、右翼テロに襲われて重傷を負うなどの、体験を重ねます。が、氏の活動は、そこに止まりませんでした。人権と民俗におもに焦点を当てたおびただしい本の著者ともなりました。

民俗研究者としての仕事としても、産婆さん・鍛冶屋・幽霊を主題とするなど多彩ですが、過去から現在にわたっての沖縄の人権状況を衝く著作は、『公害と住民運動――公害を追放しよう』(公害防止対策協議会、一九七一年)、『牲《にえ》――戦後米軍犯罪の記録』(フクチさんを励ます会、一九七七年)、『沖縄の混血児と母たち』(青い海出版社、一九八〇年)、編著『沖縄の被爆者――癒やされぬ36年の日々』(沖縄県原爆被爆者協議会、一九八一年)、編著『糸満売り――実録・沖縄の人身売買』(那覇出版社、一九八三年)、『哀号・朝鮮人の沖縄戦』(月刊沖縄社、一九八六年)、編著『沖縄女工哀史』(那覇出版社、一九八六年)、『命《ぬち》まさい――徴兵を忌避した沖縄人』(那覇出版社、一九八七年)、編著『オキナワ戦の女たち――朝鮮人従軍慰安婦』(海風社、一九九二年)、『基地と子ども』(サザンプレス、一九九二年)、『沖縄における米軍の犯罪』(同時代社、一九九五年)、『基地と環境破壊――沖縄における複合汚染』(同時代社、一九九六年)、『基地と人権――沖縄の選択』(同時代社、一九九九年)、などと(ほかにもあるかと思います)、他の追随を許しません。

福地さんの方法の特色は、聴き書きを多用する点にあります。なかでも『沖縄の混血児と母たち』は、一〇〇に余る事例を提示しつつ、基地体制のもとでの人権状況の深刻さを訴えています。氏は、一九五〇年ころの朝鮮戦争時と、六〇―七〇年代のベトナム戦争時に、混血児が急速に増えたと指摘しつつ、「混血児の集中的な存在は戦争の爪跡といってよく、米軍基地による県民犠牲の一面をあらわしている」とのべてやみません。

3　琉球圏という視野

「ヤポネシア論」と東アジア圏という認識

文化意識の再構築として、「琉球圏という視野」としましたが、東京を中心として同心円を描くかたちに固定していたこれまでの文化意識を、ひっくり返し、沖縄、具体的には那覇ですが、そこを中心に同心円を描こうとする文化意識が、生れでたことを指します。東アジア圏にも連なり太平洋圏にも連なる視野です。

そういう視野を拓くうえで、決定的な影響力をもったのは、島尾敏雄さんのヤポネシア論です。ヤポネシア論には、Iでも触れましたが、復帰問題が噴出するなかで、とくに沖縄の論客たちの、ヤポネシア論ないしその提唱者である島尾さんへの傾倒は、並々ならぬものがありました。岡本恵徳さんの『「ヤポネシア論」の輪郭——島尾敏雄のまなざし』(沖縄タイムス社、一九九〇年)は、自分にとってヤポネシア論とは何かを問いつつ、その生成過程を丹念に辿り、さらに人びとの受けとめ方をも見わたした労作です。

わたくしも、影響を受けた一人ですが、とくに二つの論点に惹かれました。

一つは、日本は歴史的に、前近代にあっては中華文明を、近代になってからは西洋文明を、ずうっと追いかけてきた、つまり大陸のほうばかりを見て、追いつこうと、息せききってきた、事実としてもそうであったし、人びと(＝わたくしたち)の歴史観・文明観も、抜き難くその方向に練りあげられてきた、それでいいのかとの問いを発したことです。そういう既存の歴史観・文明観にたいしヤポネシア論は、日本を、ポリネシア・ミクロネシア・メラネシアなどとの連関のもとに置き、太平洋圏にある列島あるいは島々として捉えようとするという点で、その転換を迫るものでした。先進志向というわたくしたちの宿痾《しゅくあ》を、撃つ論議かもと思いました。

いま一つは、日本地図を見ると、種子島や屋久島までは書きいれてあるが、その南のほう島島は省略されている、それは地図の紙面がないということだけではない、われわれの意識のうえに脱落があるのではないか、こういう問題を提起した議論です。わたくしは衝撃を受けて、わたくしたちの歴史学に果して「島島」は入っているか、という議論をしたことがあるのですが(『「島島」は入っているか――歴史意識の現在と歴史学』岩波書店、一九八八年)、島尾さんのこの立論は、とくに沖縄の人びとのうちに、東京を中心として同心円を描く習性から、沖縄(那覇)を中心として同心円を描くという、沖縄像・日本像・アジア像・世界像の転換を促したと見られます。東京発を受けいれようとする向東京の精神だけでなく、東京に対抗心を立てる対東京の精神までもが、そのことによっ

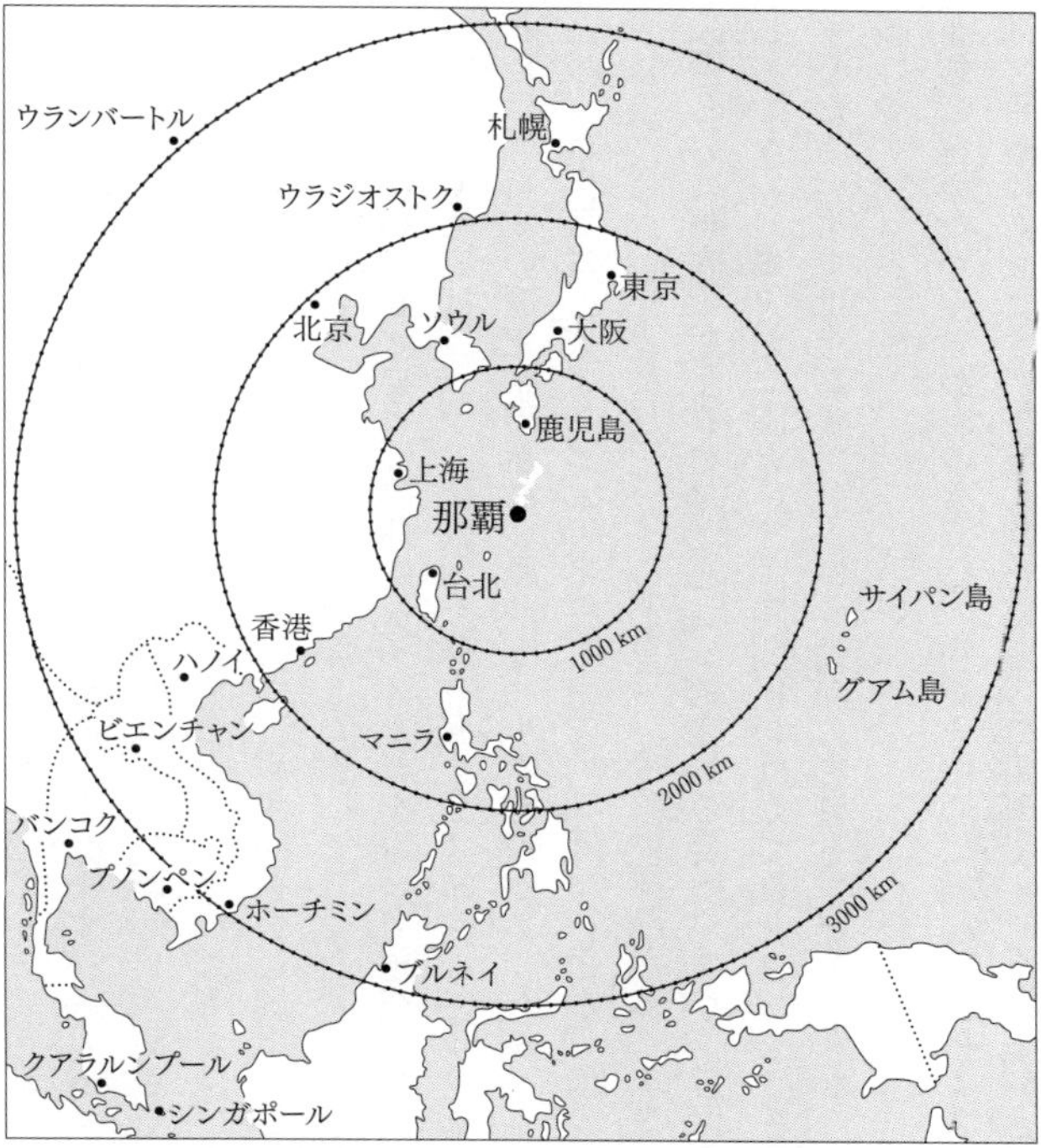

図 3　那覇を中心として見るアジア(『沖縄大百科事典』別巻, 1983 年より)

て、いつも北へ向く思考に縛られてしまう、それを根本から変えようとする議論であるわけです。中心と周縁の関係を逆転させる思考と思います。

この思考は、ほぼ一九八〇年代に、沖縄の人びとに新しい視圏をもたらすのに、大きな触媒の役割を果しました。東京を中心にするそれまでの思考では、地理上の距離からいっても(多分に心理上の距離とも相乗化されて)、みずからを〝尻尾〟とする固定観念から抜け出すのには、少なからぬ困難を伴いましたが、そうした習性から解き放たれる展望が、中心と周縁の逆転という、具体的なイメージをもって出現したことにもなります。そうしてこの考え方は、一つの刺戟的な見方として認知されてゆきました。

これには、日本の歴史学の新しい動向も、少々関係があったかとも思います。荒野泰典さんの『近世日本と東アジア』(東京大学出版会、一九八八年)が、代表的なお仕事ですが、「鎖国」について、日本独自の政策とするこれまでの認識から、東アジアに共通の「海禁」政策という概念で押えるべきだとする認識への変換があり、近世を「鎖国」＝閉鎖性としてでなく、東アジア圏という国際関係のなかで捉えようとする見方が、顕著化してきました。いまでは定着したそういう動向の影響も、無視できないのではないか、と思うわけです。

図3をご覧いただくとわかるように、那覇を中心に同心円を描くと、東京とマニラは、大体同じ距離にあります。香港も同じくらいの距離です。また上海と博多も、ほぼ等距

離でしょう。となると、わたくしたちの頭のなかでの地図が、ひっくり返ってしまうとの感を抱きます。

「琉球弧」を立てる

北方に固着する思考から離脱して、いや正確には、そういう思考からの離脱をめざして、というべきかもしれませんが、沖縄を軸として立てようとする、認識のあらたな枠組が打ちだされてきます。「琉球弧」という捉え方がそれでした。

「琉球弧」という言葉は、話のなかですでに出しましたが、島尾敏雄さんによって衝撃力をもつに至っていたこの言葉は、儀間進さんの、一九七〇年九月の、その名も『琉球弧』とする個人誌の発刊へと連なります。発刊に当り儀間さんは、「名称をいろいろ考えた挙句『琉球弧』とすることに決めた。琉球弧とは島尾敏雄氏の命名なので、あとで了解を得ておきたい」と断っていますが(「あとがき」)、そこにも、島尾敏雄さんへの傾倒が見られます(次号に、島尾さんから、「ある地理学の書物でみつけたことばですからどうぞ御自由におつかい下さい」とのお許しがあった、という報告を掲載)。もともと地理学上の用語であった「琉球弧」は、これらをきっかけとして、ヤマトへの緊張感を装塡し、沖縄として生きてゆこうとの決意をただよわせる言葉として、選びだされたということになります。とともにわたくしは、「琉球弧」を立てることによって儀間さんが、沖縄島からの宮古・八重山・山原などへの視線に含有される被差別のなかの差別という問題に、深く心を留めるようになったことに注意を引かれます。

詩人・評論家で化学の教師でもある高良勉《たからべん》さんは、「琉球弧」にこだわりぬく論客として登場しました。『琉球弧――詩・思想・状況』(海風社、一九八八年。一九七七年以降のエッセイを収める)、『琉球弧《うるま》の発信――くにざかいの島々から』(御茶の水書房、一九九六年)、『ウチナーグチ(沖縄語)練習帖』(日本放送出版協会、二〇〇五年)などの著作があり、書名そのものが、「琉球弧」「ウチナー」への恋情を示しています。アイヌ民族への共感や、「琉球ネシアン」として生きようとの呼びかけ、『古事記』『万葉集』への違和感と琉歌への愛着などを語ってやまず、その口調は激しいといっていいのですが、そんな口調の底に、「いまだ私たちは、この「琉球弧」の地域を何と呼んでいいのか安定した自己表現ができず、また、「ヤポネシア列島」をどんな共通概念で呼んでいいかわからないでいる」という、悲しみの横たわっていることを見すごすことができません。

高良さんは面白いひとで、名刺をいただくとご住所が、沖縄県何々郡何々町というふうにではなく、琉球弧何々町と印刷されています。それでわたくしも、その宛先へ手紙を出すのですが、ちゃんと届くようです。郵便番号があるからでしょうが。

沖縄を中心として同心円を描くという視野を、歴史学として鮮烈に打ちだしたのは、高良倉吉さんの琉球王国論でした。琉球王国を主題に据えた氏の著作は、『琉球の時代――大いなる歴史像を求めて』(筑摩書房、一九八〇年。新版は、ひるぎ社、一九八九年)、『琉球王国の構造』(吉川弘文館、一九八七年)、『琉球王国』(岩波新書、一九九三年)と進むと思われますが、その旗揚げというべき『琉球の時代』は、書名そのものが、「日本」にたいして「琉球」を立てようとする著者の意欲を顕示しています。

そうしてその本は、マレーシア南西部の小都市マラッカから始まります。一五世紀のころ琉球王国は、この地を首都とするマラッカ王国と、密接な通商関係をもっていました。高良さんは、外交文書集『歴代宝案』によって、琉球国王からマラッカ国王に宛てた「咨文《しぶん》」(親書)や交易の実態に言い及びつつ、海洋王国としての(失われた)歴史に想いを馳せます。

そんな叙述をプロローグとしながら「古琉球」の世界を描いていったのが、この作品で、著者は、「大交易時代」を軸とする「古琉球」の歴史を描きだしました。エピローグにおいて、「古琉球」の意義を、(一)「沖縄の地域的独自性をつくりあげた原点」、(二)「「沖縄」と称している地域の概念をはじめて成立せしめた時代」、(三)「王国形成史が対外交易の形をとりつつ東アジア史・世界史に連関して営まれたものであり、狭い「郷土史」のワクではとらえられない広がりをも」つことの、三点を挙げるに至ります。

東アジア史という視野は、「古琉球」の研究を、「日本史にとって〝外国史〟の研究」(『琉球の時代』)とする認識へと導きもしました(ちなみに『琉球王国の構造』は、「辞令書」の分析を通じて、王国の制度を明らかにしようとした研究)。日本という枠を不動の前提とする意識を崩し、既成の歴史像・文化像を見なおす歴史論として大きな影響を与え、高良さんを、広くアジア文化圏のなかに琉球を据える歴史像提唱の旗手としました。とともに、前近代史研究の盛行への途を拓きました。

世界のウチナーンチュ

こうして、日本のなかの沖縄という意識から、東アジアのなかの沖縄(琉球)という意識、さらに世界のなかの沖縄という意識が、成長するようになったと思われます。そのときあらたな色調をもって想起されたのが、移民県としての歴史でした。世界に同胞が散らばっている、この人びとを、世界のウチナーンチュとして捉えようとする気運が起きてきて、琉球新報社が大キャンペーンを行い、「移民」という位置づけに替えて、「海外雄飛」という像が打ちだされました。その結果は、琉球新報社編集局編著『世界のウチナーンチュ』1—3(ひるぎ社、一九八六年。紙面への連載は、一九八四—八五年にわたる)にまとめられています。企画を統括した同社編集局長宮里昭也さんの同書1への「まえがき」によれば、復帰から一〇年余の、「ものを見る目は「本土と沖縄」といった対立的図式」から抜けだすために、「海外で活躍する〝県民〟にスポットを当て」、「積極的な県民性を引き出」そうとするのが、モチーフであったとのことです。そこにも、本土対沖縄に固着する視点からの脱離への志向が見られます。

そういう気運が醸しだされてのことでしょう、一九九〇年以来、数年ごとに沖縄で、世界のウチナーンチュ大会が開かれるようになりました。そうして大会は、沖縄の人びとにとって、二世三世にわたっての、「血は水よりも濃し」という実感、世界の人びとと伍しての、とりわけ戦後世代の活躍への瞠目、国際交流への開眼をもたらしたと、総括されています。

この企画は、そのように世界のウチナーンチュという意識を高めたばかりでなく、少なくとも一人の、取材する側にあった記者の、自分とは何か・沖縄とは何かという意識に、強い刺戟を与えました。南太平洋の島々を担当した三木健さんです。

石垣島で育った三木さんは、南太平洋の島々に、生れ島の延長線としての親近感を抱いてきたひとで、それを響かせるエッセイやルポルタージュを書きついできていましたが、担当として(たぶん志願したのでしょう)約五〇日間にわたり巡った経験は、ほとんど自己確認の体感を伴いつつ、アイデンティティの問題を軸とする文化論を発酵させずには措かなかったようです。立ちのぼってきた想念を、その名も「オキネシア文化論――精神の共和国を求めて」(著書『オキネシア文化論　精神の共和国を求めて』海風社、一九八八年、のために書下ろした)というエッセイにまとめました。

「島々のかもしだす島社会のムードは、否応なしに琉球弧を引き寄せずにはおかぬものがあった。それは目で見る現象というより、肌で受ける感じと言った方がよいのかも知れない」、「静かなもの腰、えも言えぬ恥かし気な笑い、気だるい昼下がりの時間、かつて沖縄の社会が濃厚に持っていたあのムードが、いまの沖縄には少なくなって、このミクロネシアの島々にある、と思ったのである」、「島の人びとの生活に触れてきての感想をひとことで言えば、沖縄もまぎれもなく、太平洋の一つのネシア(島)だということである。南太平洋まで出かけて、思いもかけず、いや予想通りというべきか、私は〝オキネシア〟を発見したのである」、「彼(ニューブリテン島で出会った島のインテリ青年――引用者)の言った「セイム・フィーリング」という言葉は、南太平洋の旅行中、キーワードのように離れず、いつしか私の旅は、それを確認する原郷への旅となっていた」、「南太平洋に広がる島々は、日付変更線から東をポリネシア、西側をミクロネシア、その南をメラネシアと呼ぶ。むろんこれは西欧人が便宜的につけた区分である。メラ(黒い)、ミクロ(小さい)、ポリ(多くの)という形容詞は異なっても、〝ネシア〟という共通項でくくられている。そしてこの〝ネシア〟こそ、基層のところで琉球弧と結びあっているものではないのか」。

その結果、三木さんは、ヤポネシア論を再吟味して、その論では、琉球弧がヤポネシアに包含されていることに疑問を呈し、「いまや「ヤマト」には、〃ネシア〃性を見出すことはむつかしい」としつつ、「南の八重山から北の奄美諸島を含む琉球弧を、ひとつの「オキネシア文化圏」として捉えることによって」、「偏狭な民族主義や天皇制の純血主義とは無縁な」、「琉球弧に住む人びとの精神の共和国を構築していく」ことを、提言するのでした。

なお、そういう情勢と関係づけられるのかどうか、憶測の域を出ませんが、編纂される自治体史は、移民史にかなり力点を置くようになってきたのでは、と望見されます。「移民・出稼ぎ　資料編」「移民・出稼ぎ　証言編」「移民・出稼ぎ　論考編」の三冊から成る具志川市史編さん委員会編『具志川市史』四巻（具志川市教育委員会、二〇〇二年）に、そのしるしを見るような気がします。

立ち上げられる「沖縄らしさ」——海洋博・首里城復元

「1　琉球・沖縄のアイデンティティを求めて」「3　琉球圏という視野」で主題としてきた諸事象はいずれも、存在の在りようを直撃した復帰という激変のなかで、根とする沖縄を喪失から護り、そのうえにあらたな沖縄像を拓こうとの衝迫に、支えられた思念の数々でした。〝沖縄らしさ〟を滅却させようとする、戦前・戦中をつうじての政策の記憶は、人びとの脳裏に深く貯えられていました。それだけに、〝沖縄らしさ〟をいかに造るか、また押しだすかを、模索せずにはいなかったわけです。

沖縄を迎え入れた日本政府は、制度上の統合を急進展させる一方で、文化上での〝沖縄らしさ〟の排除には、一挙に踏みこみませんでした。むしろ、沖縄でのそうした気運と並行するように(あるいは、それを取り込みつつ)、〝沖縄らしさ〟を押しだす文化的プロジェクトを立ち上げてゆくこととなります。沖縄を、日本のなかへ〝軟着陸〟させたいという思惑が、立ちまさってのことでしょう(本土資本にビジネス・チャンスを与えたい、という思惑とともに)。

二つの大きなプロジェクトが眼につきます。一つは、一九七五年から七六年にかけて開催された沖縄国際海洋博覧会(海洋博)であり、いま一つは、九二年に正殿工事が完成し、一部開園に至った首里城公園の整備でした。

一つ目の海洋博は、もともと日本政府の通商産業省がいいだし、一九七一年に閣議決定されたプロジェクトで、日本復帰記念事業の一環としての位置づけをもって、「海―その望ましい未来」をテーマに、沖縄島北部の本部半島を会場として開催されました。集中豪雨的な資金投下を沖縄にもたらし、主催者側が、基礎的社会資本の整備を促したと成果を強調する反面で、環境破壊や離島の過疎・高物価を初めとする社会問題を惹き起すとして、反対運動の高揚を招き、実際、それらの社会問題とさらに閉会後、倒産・失業などの後遺症を目立たせたと総括されている事業です（『大百科』の「海洋博」および関連項目の記述による）。シンボルとされ、海上に造られた「半潜水型浮遊式海洋構造物」としてのアクアポリスは、すっかりお荷物となり、二〇〇〇年、スクラップとして米国の企業に払い下げられています。

このプロジェクトに関わって、構想を主導した知識人は大城立裕さんです。沖縄問題を文化的自立の問題として考えてきた氏は、海が主題ということもあり、「沖縄が自分の文化を主体的に創造することができるかどうかを試す機会だと思って」、「勇躍」参加し、その「哲学づくり」をリードしました（「海洋万国博・沖縄」『早稲田文学』一九七二年三月号）。沖縄館のテーマとなった「海やかりゆし―波の声も止まれ、風の声も止まれ」は、大城さんを座長とする海洋博（沖縄）県出展専門委員会の創案でした。

しかしその展望が、幻想に過ぎなかったことをしたたかに味わわされます。早くも準備過程で、「文化」を撥ねとばす勢いで「経済」法則が貫徹し、沖縄にとって自立の試金石どころか、むしろ本土への吸収＝世替りがどんなものかの、手痛い実地教育の場となりました。「沖縄を新しい海洋文明の発祥の地」とすることを志しながら、公害にも基地にも言及することを自制したり拒否されたりせねばならず、「会場敷地」が「工事のブルドーザーが轢殺して惨憺たるものにな」るという、結果を残しました（「私観・海洋博」『沖縄思潮』三号、一九七四年五月)。しかも開会直前には、名誉総裁を務める皇太子(現在の天皇)の来沖をめぐって、「政治」が「経済」をも吹きとばすほどの勢いで進行し、露骨に治安問題との相を示すに至ります(来沖した皇太子夫妻が、ひめゆりの塔に参拝したさい、火炎瓶を投げつけられるという事件が起きる)。

政治と経済にとって文化は、所詮〝いちじくの葉〟としての効用しか認められなかったわけです。その問題をめぐって多くの論議が渦巻きますが、もっとも手きびしく批判したのは、旧『琉大文学』の人びとでした。そのなかの一人、中里友豪《ゆうごう》さんの場合を取りだすと、氏は、海洋博全体を「ニセの文化による幻想劇」と決めつけ、「沖縄の現状を切開し、未来の設計図を描くことなど、タブーと思っていたにちがいない。なぜなら、そこに基地があるから。そしてそれは文化の問題ではなく政治の問題だから!「沖縄館」は意識的にそこを避けて通った」(「四千億円の犠牲と教訓」『新沖縄文学』三二号、一九七六年六月)。

いま一つの首里城復元は、沖縄側からの発意によって起動した問題と思われます。戦前に正殿などが国宝に指定されていた首里城は、沖縄戦で破壊され、その跡地は、一九五〇年に開学の琉球大学の敷地とされていました。その先は、詳しい経緯を承知していないままに、検索しえたかぎりの知識で申しあげるほかないのですが、五八年に守礼門が再建されたのをきっかけとして、復元への気運が高まり、復帰前後から政治の次元に乗せられたようです。

一九七〇年に、琉球政府文化財保護委員会が、首里城およびその周辺戦災文化財の復元計画を策定し、日本政府へ正式に要請します。七三年には、官と民にわたる首里城復元期成会が結成され、運動の成果として、八六年、首里城跡地の整備が閣議決定され、八九年、正殿の復元に向けて工事開始、九二年に完成し、開園に至ったというのが、おおまかな経緯と思います。復元の目的は、「失われつつある精神風土の回帰、文化の振興、ひいては県政発展の原動力になる」との、期成会の趣旨に示されています。「立ち上げられる「沖縄らしさ」の格好のシンボルと意識され、財界ことに観光業界の期待を背負っていたさまも窺えます。

この首里城復元のプロジェクトを専門家として主導したのは、高良倉吉さんでした。そのモチーフを「自己を回復するために」としたところに(『琉球王国』)、かねて打ちだしていた東アジア史の視野からの連続性を見ることができます。とともに、アジアのなかの琉球に力点の掛っていた当初の、いわば「琉球」王国論が、首里の王府に精髄をみるいわば琉球「王国」論へと、移行していっていることも否定できません。「首里城は、琉球王国の拠点である。国王とその家族が居住する王宮であり、政治や行政、外交・貿易の司令塔でもあった。芸能を中心とする琉球王朝文化が誕生した舞台であり、聞得大君を頂点とする上級神女たちが崇高な儀礼を挙行した祭祀の中核でもあった。つまり、あらゆる意味で首里城は王国のシンボル的存在であった」(『琉球王国』)。

高良さん自身は、王国論を立てることによっても、東アジア史的視野を放棄したわけではありません。しかし、「日本史や東アジア史を豊か」にするとか、「日本史像や東アジア史像再構成のための」というように、「日本史(像)」が、それに先行する位置を占めることになります。力点が変るわけです。

かつて氏は、『琉球の時代』において、「古琉球の研究は日本史にとって〝外国史〟の研究」とのべていました。『琉球王国』でも、その認識は変らないとします。日本史を単一国家論や単一民族論から解釈する立場にたいしては、決然と対立を表明します。しかしその理由を、従来の日本史像が、「みずからがふくむ多様性を軽視する傾向が強かった」ところに求めるようになります。日本史を前提としての琉球史の追究という立場です。こうして、いいます。「古琉球をふくむ琉球史の個性を充分にとりこんだうえで、新しい日本史像を描く必要がある」、「琉球史は新しい日本史像のあり方について積極的な問題提起を行なうべきだ」。『琉球の時代』での脱日本志向から、『琉球王国』での向日本志向への、基調の転換が見られます。

その場合、沖縄側からの、日本に向っての「積極的な問題提起」は、一見、沖縄の自発性あるいは主導性を、強めてゆく姿勢との相貌を呈します。いわゆる沖縄「発」の強化です。しかしそれは、事実において、日本(本土)は沖縄に何をしたか、あるいは、沖縄は日本に何をされたか、に深くこだわってきた人びとの歴史観・現状観を転換させようとするものでした。「県民の大多数が「日本」復帰を希求し、県民の大多数がやがてその結果に満足したとすれば、歴史家は、この県民世論を背景に歴史像を再構築する義務を負うべきだ」。その結果として、沖縄の自発性・主体性の発揮を主張すればするほど、その主張は、日本との親和性という特徴を帯び、また日本への沖縄からの積極的な貢献をめざすこととなります。そこにこそ、日本にとっての、沖縄固有の価値が存在するとされるからです。

こうして、琉球王国論に込められた自己回復という目標は、沖縄独自の立場からの日本への貢献の、自発的な(つまり他者から迫られてという、受動的なかたちでなく)提示に至ります。「琉球王国論は、胸をはって堂々と自己主張すべきである。その場合、独りよがりになってはならないし、また、被害者的視点で自己を語ることも避けるべきだ」。このようにのべて高良さんの、「被害者的視点」から脱却すべきだという歴史論は、自己決定として国家に貢献してゆこうとの政策論となってゆきます。このころ高良さんが提唱した沖縄イニシアティブ論がそれですが(235頁)、イニシアティブという名称の付け方に、受動性を払拭しようとする氏の立場がよく表れています。

造られた「沖縄らしさ」の陥穽

海洋博の開催や首里城の復元という国家的プロジェクトを通じて、沖縄らしさが、立ち上げられることとなりました。「青い海」「青い空」「癒しの島」「エキゾチック・オキナワ」などのイメージが繰りひろげられ、沖縄ブームも起りました。〝異質〟であることが、もてはやされるようになりました。だが、そのように〝異質〟を発見するという、閉ざされた世界の相対化と見まがう行為は、何らかの陥穽を伴わなかったでしょうか。その点を衝いたのが、田仲康博さんです。氏の『風景の裂け目——沖縄、占領の今』(せりか書房、二〇一〇年)という著作は、演出される文化の、政治の脱色性という政治性を解析した労作だと思いました。

「「青い空」「青い海」という沖縄のイメージが現在のように広く流通するようになり、島全体が「祝祭化」した契機は、一九七五年の沖縄国際海洋博覧会にあった。海洋博覧会のテーマ「海—その望ましい未来」は先進諸国にとって海が新しいフロンティアであることを印象づけ、沖縄にとっては海洋博がその後の「観光立県」路線の道筋を示す最初の大きなメディア・イベントとなった」、「換言すれば、海洋博は沖縄の風景から「政治」を捨象し、そこに「自然」や「文化」を書き込んだ」。

こうして沖縄ブームのなかで、
「沖縄らしさの記号を織り込んだ想像上の「島」は、たとえ一時的ではあっても逃避の機会を与えてくれる。沖縄をめぐる言説に特徴的な次のような言い回しは、旅人を誘う言葉の代表的なものだ。曰く、ゆったりとした時間の使い方や長寿食を沖縄に学ぼう。曰く、そこへ行けば本当の自分を発見できる。そんな語りが多く聞かれるようになった」、しかし「「南の島」への憧れには、当然のことながら北からの視線が含意されている」、「沖縄はそこにおいて他者の視線の先にある〈鏡〉の役割を負わされており、そこに映し出される像は他者の〈自画像〉でしかない」、「沖縄は彼らが自らを映し、省みるための〈装置〉でしかない。そこにおいて島の住人たちには、せいぜい癒しを与える装置の一部分としての受動的な役回りしか与えられていない」。

しかもより恐ろしいのは、「視られる側が、視る者の視線を内在化する」ことであり、それによって完結するプロセスが、「現在なし崩しに進行していること」なのだ、と田仲さんは、指摘してやみません。氏の導きで、「政治や経済の領域には閉塞感が漂う一方で、文化の領域だけはエネルギーに満ち溢れているように見える」状況のもつ深く暗い穴を、覗きこんだような気がします。

一九八〇年代、「沖縄らしさ」を充塡する文化が、一斉にといっていいほど活況を呈するようになったとき、わたくしは、そこに一種の自信の回復を見て、この現象は、ヤマト化ゆえに起きたのか、ヤマト化にもかかわらず起きたのか、あるいはヤマト化を逃れて起きたのか、と自問したことがあります。しかしいまでは、ヤマト(の「政治」と「経済」)が押し寄せた結果としての、「文化」の主題化を基調とした、と答えることができるようになりました。一方でのもてはやしは、他方での脅しを伴わずにはいませんでした。

二　問われゆく復帰

1　のしかかるヤマト

「戦後政治の総決算」と沖縄

文化における「沖縄らしさ」のもてはやしは、沖縄が主人公になったと、一瞬思わせるのですが、その反面で、統合への総決算を、沖縄を標的に迫るという状況が、現れてくることとなります。一九八〇年代は、中曽根(康弘)内閣の時期に当りますが、中曽根首相は、戦後政治の総決算ということを、基本方針として掲げました。その結果として、沖縄を標的とする政治の動きが現れてきた、ということを申しあげたいのです。

戦後史で争点となっていて、積み残されてきたものの決着をつけようとするのが、内閣の方針でした。わたくしはそれを、「人類館」の言葉を借りて、あらたに「調教」される時代がきた、と言おうと思います。「日本化」への地ならし、思想・文化の面での系列化を進行させようとする政治の露骨化です。それとともに、沖縄では、復帰とは何であったかを問わざるをえない状況が、作られてくることになります。

思想・文化の次元で、何がのしかかってきたかといえば、一つは、「教科書の沖縄戦記述への検定」という問題です。二つ目は、「教育の場への日の丸・君が代の徹底化」という問題です。そうして三つ目は、「国民体育大会出席というかたちをとっての天皇(のち昭和天皇と追号)の訪沖」という問題です。いずれも沖縄にとって、刃を突きつけるというか、踏み絵を迫る問題となりました。

住民殺害は削除せよ——教科書検定

まず、「教科書の沖縄戦記述への検定」ですが、実教出版の高校用日本史教科書(執筆代表者は、直木孝次郎さん)を執筆して、一九八二年、記述の修正をめぐって、幾度も文部省とやりあった江口圭一さんによる、当事者として、資料を示した経過説明があります(江口圭一「教科書問題と沖縄戦——日本軍による県民殺害を中心に」藤原彰編著『沖縄戦と天皇制』立風書房、一九八七年、所収)。ちなみにこの年、文部省は、中国への侵略を「進出」、朝鮮での三・一独立運動を「暴動」と書き直させたりして、それらの国から激しい批判を受けたのでしたが、沖縄戦における日本軍の県民(住民)殺害の記述の削除も、戦後政治の総決算という同じ根に発する一連の措置でした。

江口さんは、日本近現代史とくに十五年戦争史の専門家として、戦争の加害と被害をできるだけ具体的に記述し、それを通じて戦争の悲惨を明らかにすることが、「教育上もっとも有益」と考え、執筆にのぞんだのでした。なかでも「沖縄戦では日本軍によって日本国民が殺害されるという恐るべき事実」があり、検定で簡単に通るとは考えられないにせよ、「戦争がどれほど過酷・悲惨であるかを明瞭に物語る歴史的事実として、ともかく書いてみよう」と思ったとあります。その事実を記述した教科書はそれまでなく、氏は、執筆する教科書に、新しい特色を出そうともしたのでした。しかし予想をはるかに超える応酬となりました。

県民(住民)殺害の点に限って申しますと、まず、本文の注記として、「戦闘の邪魔になるなどの理由で、約八〇〇人の沖縄県民が日本軍の手で殺害された」と書いた原稿本に、撤回を必要条件とする「修正意見」が付けられます。そのため、「スパイ行為をしたなどの理由で、日本軍の手で殺害された県民の例もあった」とした修正原稿を提出しますが(第一次修正)、それも却下されます。そこで、沖縄県立平和祈念資料館の展示パネルの説明を借り、「混乱をきわめた戦場では、友軍による犠牲者も少なくなかった」としましたが(第二次修正)、これも駄目。ということで今度は『沖縄県史』を正面に出して、「なお、『沖縄県史』では、戦場の混乱のなかで、日本軍によって犠牲となった県民の例もあげられている」としますが(第三次修正)、『県史』は体験談を集めたもので一級の資料でないとの理由で、それも通らない。

タイムリミットが迫って、江口さんは結局、軍人・軍属約九万四〇〇〇人、戦闘に協力した住民約五万五〇〇〇人が死亡したほか、「戦闘にまきこまれた一般住民約三万九、〇〇〇人が犠牲となった」として(第四次修正)、検定に合格します。日本軍による県民殺害を書くことを許さないとする文部省の意思は、鉄壁のものであり、氏もこれ以上は無理と、〝一件落着〟の気持でもおられたようです。

しかしこの教科書検定を『毎日新聞』が、「ふえた復古調のにおい」と題して取りあげ、そのなかで、「沖縄での日本軍による住民虐殺事件の記述は「出典の沖縄県史は一級資料ではない」との理由で削除」と報じたことから、事態は一変します。その記事に眼を留めた『沖縄タイムス』『琉球新報』の二紙は、江口さんへの取材に乗りだし、問題を大々的に報じました。沖縄では、検定に抗議し、日本軍による住民殺害の記述の復活を要求する運動が広範に展開され、県議会も、「歴史的事実である県民殺害の記述が削除されることはとうてい容認しがたい」との決議を、全会一致で採択するに至ります。その結果、政府も、県を挙げての抗議を無視できず、一応、記述を認めざるをえないところへ追いこまれます。

こうして江口さんは、一九八五年の『日本史 改定版』で「ようやく初志を実現することができ」、「なお、日本軍により、戦闘のさまたげになるとして集団自決を強要されたり、スパイ容疑などの理由で殺害されたりした県民も少なくなかった」という記述を、しかも前回のように注記としてでなく、本文中に組みこむかたちで入れることになります。氏の感想のように、「国民の運動が検定の壁を打ち破ったという稀にみるケース」となりました(その後の経過を含めての同趣旨の文章は、江口さんの『十五年戦争研究史論』校倉書房、二〇〇一年、にも見える)。

とはいえこの問題は、それで終息したわけではありませんでした。一九八〇年代に入って教科書検定は、戦争の記述を中心に、思想審査の性格をいっそう強めていましたが、それまでに、検定処分にたいし、第一次第二次と教科書訴訟を起してきた家永三郎さんの高校日本史教科書『新日本史』(三省堂)も、標的の一つとなりました。

『新日本史』での沖縄戦についての記述は、「沖縄県は地上戦の戦場となり、約一六万もの多数の県民老若男女が戦火のなかで非業の死に追いやられた」というものでしたが、一九八三年度の改訂検定にさいし、「沖縄戦は地上戦の戦場となり、約一六万もの多数の県民老若男女が戦火のなかで非業の死をとげたが、そのなかには日本軍のために殺された人も少なくなかった」という記述に改めようとしたところ、検定で、犠牲者のもっとも多かった集団自決の記述を加えなければ、沖縄戦の全貌はわからないとの「修正意見」を付けられました。

文部省としては、日本軍による県民(住民)殺害の記述は阻止できないにせよ、それを〝薄める〟ため、県民の自発的な犠牲的精神の発露という理解に立って、集団自決の書き込みを指示したことになります。その結果、家永さんは最終的に、「沖縄県は地上戦の戦場となり、約一六万もの多数の県民老若男女が、砲爆撃にたおれたり、集団自決に追いやられたりするなど、非業の死をとげたが、なかには日本軍のために殺された人びとも少なくなかった」と、修正せざるをえませんでした。

それらの経験を踏まえて家永さんは、沖縄戦を含めて、政府による戦争責任の隠蔽と、検定による教育・表現・学問の自由への侵害を問おうとして、一九八四年に第三次訴訟を起します。とくに沖縄戦については、八八年に沖縄での出張法廷が開かれ、家永さん側として、沖縄戦の体験者であり研究者である大田昌秀さん、集団自決の場の体験をもつキリスト者の金城重明さん、『沖縄県史』の編纂にたずさわった沖縄戦研究者の安仁屋《あにや》政昭さん、高等学校社会科教員の山川宗秀さんが、証言台に立ちました。県内には支援組織が作られ、人びとは深い関心をもって、この出張尋問を見つめました。

証言内容は、沖縄戦が「捨て石」作戦であったこと、日本軍が住民を根こそぎ動員するとともに、方言使用者をスパイ視したこと、「友軍」(守備軍)による住民殺害事件が多かったこと、被害の実数は確定されておらず、「集団自決」による死者が最多数とはいえないこと、集団自決には皇民化教育、敵軍への恐怖、投降を許さない守備軍の方針などの要因もあるとはいえ、日本軍不在の地では発生していないところからも、軍による強制と誘導を基本的な動因とすること、などであり、当時までの沖縄戦研究の達成を凝縮したものだったといえます。なかでも金城さんの、少年として兄と二人で、どのようにして母と弟妹を手にかけたかについての、胸奥から搾りだしたであろう、渡嘉敷《とかしき》島の生き残りとしての証言は、沖縄戦の実相を、人びとに蘇らせずにはいませんでした(教科書検定訴訟を支援する全国連絡会編『家永・教科書裁判　第三次訴訟　地裁編』五巻「沖縄戦の実相」ロング出版、一九九〇年。また家永教科書訴訟弁護団編『家永教科書裁判——三二年にわたる弁護団活動の総括』日本評論社、一九九八年)。

「当時の住民は軍から命令が出たというふうに伝えられておりまして、そのつもりで自決を始めたわけでありますす」、「配られた手榴弾で自決が始まるわけですけれども、しかし幸か不幸か手榴弾の爆発の数が少なかったために手榴弾による死傷者の数は少なかった」、「集団自決の方法は、そういう意味では、手榴弾による死よりももっと残酷な方法で、より確実な方法で、夫が妻を、親が愛する子供を、兄弟が姉妹を棍棒や石で頭をたたいたり、ひもで首をしめたり、鎌や剃刀で頸動脈や手首を切るなど、考えられるあらゆる方法で自決の道が選びとられて死に赴いて行ったわけであります」、「父ははぐれてしまいまして、どこで死んだのかわかりません。それで、母と弟妹に対する愛情による責任ということもありまして、大変強烈に心の中に残っておりますことは、兄と二人で自分たちを生んでくれた母親を手に掛けたときです。私は生まれて初めて、悲痛の余り号泣しました」。

金城さんにはのちに、精神の軌跡を辿った著書『「集団自決」を心に刻んで――一沖縄キリスト者の絶望からの精神史』(高文研、一九九五年)があります。そこで当時の心境を、「私たちは「生き残る」ことが恐ろしかったのです」、「死の虜になってしまっていたのです」とのべ、「当時の「教育」の凄まじさに身震いがします」と、陥っていた心境を振り返っています。

このとき幾人ものひとが、本土から支援の気持で訪沖しましたが、異口同音に、基地の大きさへの驚きと、教科書訴訟への沖縄の人びとの関心の高さと、それに比しての本土の温度差を語っています。こうした審理を経ての第一審の判決は、ほとんど家永側の主張や立証を認めながら、「しかしながら……著しく不当なものとまですることはできない」というかたちで、検定を合法と位置づけました。

踏み絵としての「日の丸」「君が代」

沖縄にとっての試練と闘いのあらたな局面ですが、そのような「のしかかるヤマト」の二つ目は、「教育の場への日の丸・君が代の徹底化」という問題でした。その問題は、一九八五年九月五日、文部省の各都道府県教育長あての「日の丸」「君が代」徹底通知から始まりました。それは実際には、学校の公式行事で、「日の丸」の掲揚率、「君が代」の斉唱率の著しく低い沖縄を焙《あぶ》りだす政策でした。二年後の八七年には、沖縄での国民体育大会いわゆる海邦国体が予定されており、昭和天皇が出席するはずでしたから、その行事に備えてという意味があったと思います。

『沖縄タイムス』と『琉球新報』は、翌六日の朝刊で、それぞれ一面トップを初め数面を割いて、「踏み絵」という表現を用いて報道しました。それ以来、国民体育大会までの二年間、沖縄では一人ひとりのなかで、「沖縄」と「日本」とのせめぎあいが、苛烈に進行しました。もっとも注目された天皇の来沖(訪沖)は、発病で実現しなかったものの、八七年秋は、皇族たちの来沖ラッシュとなりました。

ただ、「日の丸」「君が代」の押しつけにみられる「日本」への統合意識は、この一九八〇年代の場合には、戦前・戦中のように、ひたすら「神国」意識に囲いこもうとするものとはなりませんでした。当時の日本は、経済大国としての地位を高めつつあり、それだけに「日本」意識の強調は、「国際化」と緊密に結びついていました。臨時教育審議会の第一部会は、「二一世紀を展望した教育の在り方」を審議事項とする総論的な部会でしたが、「民族的な特徴・伝統に対する愛」を基底に、「したたかな国際人を育成する」という目標を打ち出しました(臨時教育審議会「審議経過の概要」その二、一九八五年、季刊教育法編集部編『臨教審のすべて』エイデル研究所、一九八五年、所収)。

こうした「日本国民としての自覚」と「国際社会の一員としての自覚」という二つの論理は、沖縄への「日の丸」「君が代」の強制の場合にも併せ用いられました。一九八五年九月一九日、参議院決算委員会で、沖縄県選出の喜屋武真栄《きゃんしんえい》議員が、「日の丸」「君が代」指令について政府の見解を質したのにたいし、藤波孝生官房長官は、「将来、国際社会で発展していくためにも(掲揚や斉唱)実施は望ましい」と答弁しています(『琉球新報』九月二〇日朝刊)。当時の米村幸政沖縄県教育長は、記者会見の場で、「公の席で「一〇〇%実施している県もあれば、ゼロの県(国歌)もある」――などと言われると、やはり肩身の狭い思い」という、沖縄の屈折とともに、「国際性豊かな日本人を教育すること」を、推進の理由づけとしました(連載記事「沖縄にとって何か「日の丸」「君が代」3、『沖縄タイムス』九月一三日朝刊)。捻じ伏せられるかたちで、沖縄の諸学校での「日の丸」の掲揚率、「君が代」の斉唱率は、他都道府県並みに高まってゆくこととなります(一九九九年、国旗・国歌法成立)。

しかしこの「日の丸」問題は、それで終息したわけではありません。一九八七年の国民体育大会の開催に当って、読谷村《よみたんそん》の知花《ちばな》昌一さんが、会場に掲げられていた日の丸を引き降ろして焼き捨てるという、事件が起きました。

知花さんはスーパーマーケットの経営者です。沖縄戦のさい、この村のチビチリガマで起きた集団自決の調査などをしてきました。このガマでは、避難していた住民のうち八四人が集団自決し、それだけに触れることが憚られてきたのですが、知花さんたちは、沖縄戦に向きあおうと調査を始め、のち自決から四二年目の八七年のその日に、鎮魂碑「世代を結ぶ平和の像」を建てるに至ります。なぜ日の丸事件を起したかを、こんなふうに記しています(『焼きすてられた日の丸——基地の島・沖縄 読谷から』新泉社、一九八八年)。

「なぜ私は日の丸を引きおろし、焼いたか。それは、私が沖縄の歴史的体験と戦争の悲惨さを知り、そして今日進行している日本の戦争への道に危惧を抱いたからだ。(中略)私はチビチリガマ「集団自決」の調査活動を通じて自ら沖縄戦を追体験することになった。だがそこでの追体験は沖縄戦の重み、一般ではなかった。「集団自決」—虐殺というあまりにも痛苦な出来事であった。この「チビチリガマ」の深い重みが私に戦争と天皇への怒りを再認識させることになった」、「私がこの調査活動をとおして学んだことは、親が子を、兄弟同士が、つまり最愛の者同士が殺し合わねばならない状況をつくりだしたものは、一言でいえば皇民化教育そのものであった」。

そのうえ知花さんには、会場に日の丸を掲げるのを許せないもう一つの理由がありました。あとで(205頁)、読谷村の村長だった山内徳信さんのことを話すとき、触れたいと思っていたのですが、この読谷村の会場は、山内さんがソフトボール会場を誘致したいと手を挙げて、米軍・国・県と曲折に満ちたに違いない交渉のうえ、米軍基地のなかに造らせたものだったのです。わたくしなどには破天荒な発想で、具体的にどのような経過ののちに返還が実現できたのか、いまでもよくわからないのですが……。

「日本のなかで米軍基地に国体会場をうちこむことが、読谷村をのぞいてどこにあろうか。(中略)その球場に、自らの意に反して、自らの手で最初に日の丸を掲げなくてはならないというのは村長にとって重大な屈辱のはずである」。しかも日本ソフトボール協会会長が、開始式での日の丸・君が代の実施を、会場変更を振りかざしながら捻じ込み、それを認めさせたことが、知花さんの決心を後押ししました。その結果の決行でした。氏自身は、「〝ささやかな〟抵抗」といっています。

こういう決心と決行を、『焼きすてられた日の丸』を辿りながら追ってゆくと、筆致の平静さに驚かされます。まなじりを決してというのとは遠い心境で、もとより期するものがあったに違いないにせよ、その行為も日常の、すべきことをするという域の延長線上にあったと思わせられます。前夜も仲間に、僕はやるよ、の一言で決った。自分はスーパーの経営者で、誰からもクビにされないというのも、踏みきる条件の一つになりました。当日の朝も、コザの農連市場で仕入れを終え、いなくなってもわかるように、品物に値段をつけて、さあとなったわけです。そのような〝ふだん着〟の姿勢に、不退転の強靭さを感じます。

実際には、右翼によって、店は営業を妨害されたばかりか、放火もされ（交替での夜番や、島内各地からの買い物客の増加、支援の広がりなどで、持ちこたえた）、またチビチリガマの「平和の像」も破壊されることになるのでした。知花さんの生きる姿勢と思想は、ノーマ・フィールドさんの『天皇の逝く国で』（大島かおり訳、みすず書房、一九九四年）に、みごとに描きだされています。

天皇制と沖縄

「のしかかるヤマト」の三つ目は、「国民体育大会出席というかたちをとっての昭和天皇の訪沖」という問題です。この問題は、沖縄にとって天皇・天皇制とは何かという関心を、あらためて喚起しました。

沖縄における天皇・天皇制の歴史が、前近代には、人びとは天皇という存在が影を落さない精神世界に生きてきており、近代になって、天皇・天皇制との接合が図られ、かつ強行されて皇民化に至り、沖縄戦での悲惨を招いたと、一応概括できるとすれば、そこから、前近代での人びとの精神の核は何だったのだろうか、そうした精神に天皇・天皇制はいかに接合されようとしたか、その結果として、なぜあれほどに皇民化に捉えこまれてしまったのだろうか、いや皇民化は、知識人にあってはともかく、本当に人びとの意識の深奥にまで食い入ったのだろうか、また天皇の命により戦闘へと駆りだされたが、押しつけられた(あるいは、払った)犠牲にたいし謝罪を受けているだろうか、戦後の復帰運動は天皇・天皇制にどう向きあったか等々と、沖縄ならではのというべき諸問題が、人びとの生の在りようと直結して、深いこだわりとして噴きだしてくるからです。

そんな沖縄で、天皇・天皇制とは何かという問いに自覚的に途を拓いたのは、二人の反復帰論者による論考だったと思います。107頁で表題だけ挙げた新川明さんの「「非国民」の思想と論理――沖縄における思想の自立について」と、川満信一さんの「沖縄における天皇制思想」(いずれも、谷川健一編『叢書 わが沖縄』六巻「沖縄の思想」木耳社、一九七〇年)、ことに後者が、それです。復帰前夜だからこそ、食いこんでいる天皇制思想の克服を喫緊の課題とした思想家たちの、いずれも長文の、苦闘の力作をなしています。

新川さんの主張の核心は、ほぼつぎの言葉に示されておりましょう。

「現実の沖縄の民衆は、さきにのべたように日本(人)に対する根深い差意識＝距離感を基層にして形成された文化(＝意識)を持続的に所有して今日に至りながら、近代化の過程で急速に天皇制国家としての「日本」に組み込まれ、天皇制文化(＝意識)に丸ごと包摂されていった」、「それはすでにのべたように、制度的差別の押しつけと、それによって補強された日本人の対沖縄差別観念に対応して、沖縄内部の言論機関、民権運動、沖縄学をはじめ、もろもろの思想や運動、学問的作業に至るまで、相互補完的に支え合う形の、積極的同化志向＝皇民化志向によって招来されたものである」、「いまわたしたち沖縄人に課されていることは、すべての日本同化志向、〈国家としての日本〉に寄せる「復帰」の思想＝忠誠意識を、沖縄が歴史的、地理的に所有してきた異質性＝「異族」性によって扼殺する作業を、思想運動（闘争）としてはじめなければならぬということだ」。

川満さんは、「明治以降の日本国家と沖縄とのかかわり方」を、ほぼ時系列的に検討しながら、「はたして民衆は「現人神」としての天皇を額面どおり受けとめていたのだろうか」とか、「沖縄全体を戦争の総被害地域として自分をもそのなかに埋没させることで内側への目を閉ざし」ていったため、「沖縄および自己の内部の矛盾を止揚する論理とはなり得ず、国家求心志向の新たな意識をよそおって」とかと、示唆に富む指摘を繰りひろげてゆきます。が、その基底には、「沖縄では戦前も戦後も、こと天皇（制）に関する限り、それを思想の問題として正面から論究する試みはほとんどなされていない」ことへの、激しい苛立ちがあったと見受けられます。

そうしていいます。

「明治の琉球処分以来、頑固に引き継がれてきたところの、近代化した中央(本土)と、後進的で貧しい沖縄という伝統的な思考様式は、復帰運動の過程であらゆる面に噴出し、一面、沖縄の総革新化の観をみせながら、大局的には国家への凄まじい求心力をかたちづくり、まるごと反革命へからめとられていくことになった」、「唯一の国内戦場として、集団自決や学徒動員されたものたちの玉砕をはじめ、ほとんど極限的なかたちで天皇(制)思想にうら切られた沖縄の民衆は、どうして性こりもなく、かつて天皇(制)イデオロギーに吸引されたのと同じ心的位相で本土を志向し続けるのだろうか」。

沖縄で天皇制を問うときの基本線を引く立論であったと思います。それ以降、沖縄での天皇(制)論は、その線上に、みずからをも避けがたく俎上に載せつつ、活発に繰りひろげられてゆきましたが、それらは、「のしかかるヤマト」に包摂されない立場をいかに構築するかという問題意識に、例外なく支えられていました。

天皇(制)論を掲げたそういう仕事として、わたくしはとりわけ、**ア**『新沖縄文学』二八号「特集沖縄と天皇制」(一九七五年四月二九日)、**イ** 沖縄タイムス社編・刊『沖縄にとって天皇制とは何か』(一九七六年)、**ウ** 安仁屋政昭ら編著『沖縄と天皇』(あけぼの出版、一九八七年)、**エ** 新里金福『沖縄から天皇制を撃つ』(新泉社、一九八七年)、**オ** 新崎盛暉・川満信一編『沖縄・天皇制への逆光』(社会評論社、一九八八年)から、多くの示唆を受けました。このうち**ア**は、「昭和五十年」に当てた企画であり(それだけに巻頭のコラム「石鼓」の主題は「元号」)、**ウ**、**エ**、**オ**は、国体への天皇の出席問題を機にまとめられた本ですが、断っても断っても蘇ってくる天皇(制)との格闘との観を呈しています。また**ア**掲載の岡本恵徳さんの「戦後沖縄の「天皇制」論」と、**イ**巻頭のやはり岡本さんによる「解説沖縄における天皇制論」は、主題へのこの上ない導きでした。

とはいえ昭和天皇は、戦中から戦後にかけて、天皇(制)一般には解消されえない経歴をもっていました。

糸満市字摩文仁《まぶに》の沖縄県平和祈念資料館へゆくと、ほかの都道府県の戦争展示とはまったく異なった展示に、却ってこちらが見つめられるという感に襲われます。いうまでもなく沖縄が、地上戦の場となったからですが、それだけでなく、ほかの戦争資料館では取り上げられない一枚の文書が、大きく掲げられているのに出会います。「昭和二十年二月十四日　元首相　近衛文麿」という日付と署名をもつ「上奏文」、いわゆる近衛上奏文です。

「敗戦ハ遺憾ナカラ最早必至ナリト存候(中略)/敗戦ハ我カ国体ノ瑕瑾タルヘキモ、英米ノ輿論ハ今日マテノ所国体ノ変革トマテハ進ミ居ラス(中略)随テ敗戦タケナラハ国体上ハサマテ憂フル要ナシト存候。国体護持ノ建前ヨリ最モ憂フルヘキハ敗戦ヨリモ敗戦ニ伴フテ起ルコトアルヘキ共産革命ニ御座候」、「勝利ノ見込ナキ戦争ヲ之以上継続スルハ、全ク共産党ノ手ニ乗ルモノト存候。随テ国体護持ノ立場ヨリスレハ、一日モ速ニ戦争終結ノ方途ヲ講スヘキモノナリト確信仕リ候」というものでしたが、天皇は、もう一度戦果を挙げてからとの意向から、それを取りあげませんでした。掲げられた近衛上奏文は、その意味で、あのとき天皇が、近衛の意見を容れて戦争終結を決意していたら、沖縄戦はなかったものをという、県民の痛恨を湛えています。

いま一つは、政治学者の進藤栄一さんが、米国の公文書館で発見して報告し、「天皇メッセージ」として知られるようになった、天皇が米国による沖縄の長期租借を希望しているとの文書です(「分割された領土——沖縄・千島・そして安保」『世界』一九七九年四月号。のち進藤栄一『分割された領土——もうひとつの戦後史』岩波現代文庫、二〇〇二年、所収)。一九四七年九月二二日付の、「琉球諸島の将来に関する日本の天皇の見解」と題された対日占領軍総司令部政治顧問シーボルトから国務長官マーシャル宛ての書簡と、同月二〇日付の、前記書簡に添付された総司令部外交部作成の「マッカーサー元帥のための覚え書」という二通の文書から成ります。

同趣旨で、後者のほうがやや嚙《か》み砕いた内容となっていますが、ここでは前者の一節を、訳文から引き写しますと、「米国が沖縄その他の琉球諸島の軍事占領を続けるよう日本の天皇が希望していること、疑いもなく私利に大きくもとづいている希望が注目されましょう。また天皇は、長期租借による、これら諸島の米国軍事占領の継続をめざしています」とあります。ソ連や中国の口出しを予防し、みずからの地位の安泰を図るために沖縄を売り渡すにも等しい内容で、その原文(コピー)は、やはり平和祈念資料館に展示されています。

これら二つの出来事は、戦中と戦後を考えるとき、沖縄の歴史にとって深くこだわらざるをえない問題をなしていました。そういう過去をもつ人間が、沖縄へ来るということにたいする拒否感・嫌悪感、少なくとも複雑な心境、謝罪があるのかを見つめたい気持は、他のひとによっては代替できないものがありました。そうして昭和天皇にとっては、天皇として足を踏みいれる最後の県となるべき筋合いのものでした(皇太子としては、一九二一年、訪英の途次に立ち寄っている)。それだけにこの訪沖(来沖)は、一種、沖縄と天皇との対決という緊張をはらみました。政治的な効果としては、沖縄を〝捻じ伏せる〟象徴的な行為を狙ったものといえます(結局、皇太子が代行)。

再び復帰を問いなおす

教科書検定の強化、「日の丸」「君が代」の押しつけ、天皇の来沖(スケジュール)という、日本政府による三つの政策は、相互に連関しつつ人びとに、復帰とは何かについての問いをあらたにしないでは措きませんでした。それは、沖縄戦と、それに加えるに戦後処理と、二度も本土のために「捨て石」とされた歴史を、脳裏に蘇らせたばかりでなく、そうした歴史を、強権をもって塗りつぶす行為と映りました。さらにいえば、それにも止まらず、皇国臣民をめざしそれに取り込まれていったかつての自己を、否応なく思い起させました。それらの仕上げというべき天皇の予定された訪沖は、しゃにむに人びとを抑えこもうとする「過剰警備――万人《うまんちゅ》が容疑者」態勢をもたらしました(『沖縄・天皇制への逆光』に寄稿した三宅俊司さんの論考の表題)。

『新沖縄文学』七〇号(一九八六年一二月)に発表された目取真《めどるま》俊《しゅん》さんの「平和通りと名付けられた街を歩いて」(のち同名の短篇集に収録。影書房、二〇〇三年)は、執筆時期などを知らないままの憶測としていえば、そういう雰囲気のなかに投じられた強烈な反応でした。場面を、三年前の皇太子夫妻の、那覇での献血運動推進全国大会出席に設定しながら、皇太子に象徴される「のしかかるヤマト」と、厳戒態勢のもとに置かれたその地の人びとの表情を、映しだす、というよりは抉りだすような筆致で造形しました。

作品は、沖縄戦で亡くしたわが子を深く心に留め、いまは徘徊を始めるようになっている老女ウタ、当日は彼女を家に閉じ込めておくよう、脅し賺《すか》しの圧力をかける警備当局、ウタを慕ってやまない市場《まちやぐゎー》の魚売りフミ、をおもな登場人物とし、迫られて憤りつつも母親であるウタの〝処置〟に心を悩ます正安・ハツ夫妻、「おばー」であるウタをいつも案じる孫カジュを、まわりに配するかたちで進行し、ウタが警備をかいくぐって皇太子夫妻の乗った車に、糞便を投げつけた場面に至ります。作者はそのなかで、正安に、「戦争であれだけ血を流させておいて、何が献血大会か」と憤然とさせる一方、母を閉じ込めるため部屋に掛け金を取りつけさせたりしています(最後に念のためと、掛け金に頭を曲げた五寸釘を差し込もうとしたとき、ハツに「それだけはやめて」とすがりつかれ、断念する)。

　そのような作品から、一場面を取りだすという乱暴をあえてします。

道路のあちこちに警官が立っていて、今朝、夫の幸太郎の軽貨物で那覇に来る時も何度も検問に引っ掛かり、フミは癇癪を起こした。

「はっさ、あんたなんかは何回同じことしたら気が済むね？　私たちは急いでるんだよ、わじわじーしてふしがれないさ」

色白で童顔の若い警官は、間の抜けた顔をしてフミを見た。車が発進すると、フミは幸太郎に言った。

「悪者達《やなむんたー》や、島小《しまぐゎー》だけじゃなくて内地人《ないちゃー》警官まで居るね」

ほんとに、何が皇太子来沖歓迎かね、皆、昔の痛さ忘れて。フミは後続の自動車を無視してノロノロ進んでいく右翼の宣伝車に石でも投げてやりたかった。

宗徳にしてもそうだ。戦争で家族を三人も亡くしているというのに、軍用地料をもらって金回りが良くなったら、自民党の尻追《ちびうー》やーして。

昨夜のことだ。区長をしている西銘宗徳が、日の丸の小旗を二本持ってやってきた。

「何ね、これは」

酒でもひっかけてきたのか、赤ら顔をてらてら光らせている宗徳をフミは冷たく見た。

「明日《あちゃー》、皇太子殿下と美智子妃殿下の来《ち》うせーや、やぐとぅよ、諸《むる》ち歓迎さーんでぃいち、配布の有てぃよ」

（中略）

「カンゲーイー？ えっ、あんたね、戦で兄さんも姉さんも亡くしたんでしょう。よく歓迎なんかできるね」

（中略）

フミは旗を鷲掴みにすると庭に投げ捨てた。

（中略）

「あぬ輩《ひゃー》は、頭《ちぶる》が禿《は》げたら記憶も剝げて無《ね》んなとさ」

平和通りを歩きながらフミは悔しくて何度もたたんだ傘で地面を叩いた。

2 「自立」をめざして

「自立」という課題

これまでも何度か出てきましたが、沖縄の戦後を主題とする本や論考に眼を曝してゆくと、しきりに「自立」という言葉に出会います。そのことはしかし逆に、「自立」が課題とされながら、その解決がいかに難しいか、そうしていまも、いかに課題とされ続けているかを物語っています。その現象を捉えて法学者の仲地博さんは、「沖縄ほど自立についての論議がある場所は国内ではおそらく他にない」とのべ、沖縄における自立構想の系譜を辿っています（「沖縄自立構想の歴史的展開」西川潤・松島泰勝・本浜秀彦編『島嶼沖縄の内発的発展［経済・社会・文化］』藤原書店、二〇一〇年、所収）。

頻出する「自立」論のなかで、新崎盛暉・川満信一・比嘉良彦・原田誠司四氏の編纂に成る『沖縄自立への挑戦』（社会思想社、一九八二年）は、表題といい内容といい、すこぶる刺戟的な著作です。復帰一〇年に当って、復帰を総括しようと企てられた論文集＋三本のシンポジウムの記録という性格をもつ本で、一九八二年五月一五日、復帰一〇周年の日にぶつけて刊行されました。ヤマトの人間も、編者や執筆者に加わっていますが、読んでみて、新崎さんの主導性の強い企画だと思いました。

その新崎さんは、「沖縄自立への試行」という序文を書いて、企画の趣旨を明らかにしています。復帰後一〇年という時点から顧みて、「復帰運動(沖縄返還運動)のスローガンは、日本政府によって完全にかすめ取られることになった」、その意味で「復帰運動は敗北し」たと総括したうえ、「復帰後沖縄の新しい現実が展開しはじめた」なかで、「自立」を合言葉としてどんな未来を拓いてゆけるかを論じあおうとした、というのがその趣旨です。

激しい議論が闘わされますが、それを通じて新崎さんの問題意識をもう少し辿りますと、こんなふうになるかと思います。期待した復帰は裏切られてしまい、しかしそれへの「即自的な反発」も消えて、「反ヤマトゥ感情みたいなものはもっと構造的に深く組み込まれてしまっている」感じがあり、その一方で「日本に搾取され抑圧され、日常生活が一段と苦しくなったと思っている人はほとんどいない」し、暮しでも構造的に日本社会に組みこまれてしまった、そういうなかで「自立」への芽をどこに求めるべきか(あるいは、求めることができるか)、そのうえ、文化の次元でも、「地方の時代」ということで、文化の独自性はかえって歓迎されるところとなった、そうして取りこまれるという状況が起きている、そのなかで、取りこまれないような「自立」への動きを、どのように起してゆくか。

一筋縄ではゆかない状況が、見据えられています。それだけに議論は、「越えられない立場の違い」の確認に終ったような感じもあります。とはいえ、と新崎さんはみずからの立場を確認するのですが、一方の極に「理念的なものを非常に重視」する反復帰論の人びとがおり、他方の極に復帰運動を克服しない特別県制論の人びとがいる、「その中間に、それとはまた次元の違うところで、私たち自身も含めて琉球弧の住民運動派がいるような気がする」と。住民運動・シマ起し運動を通じて「自立」へにじり寄りたい、それを達成したいという方向が、打ちだされたことになります。

「生存の根」の破壊に抗して――安里清信

その「自立」をキーワードとして、復帰後の沖縄を考えるとき、住民に根をおろしたかたちでの、自立への注目すべき営為として、二つの思想を挙げることができます。一つは安里清信《あさとせいしん》さんの思想で、「「生存の根」の破壊に抗して」としてみました。もう一つは山内徳信さんの思想で、山内さんについては知花昌一さんのところで一言触れましたが(186頁)、氏の、読谷村の村長としての理念を、「「村民主権」への闘い」と捉えることとしました。

安里清信さんは、沖縄島中部東向きの金武《きん》湾に面した与那城村《よなぐすくそん》(現、うるま市)屋慶名《やけな》のひとです。一九一三年に生まれ、嘉手納《かでな》の農林学校を卒業したのち、戦前は朝鮮で、戦後は沖縄に帰って屋慶名で、それぞれ教員をしています。そのあいだの戦中は、召集されて兵役に服し、仁川で敗戦を迎えるのですが、除隊前に伴侶と子ども一人を自決で喪うという体験をなめました。どこへいっても、樹を植えたり畠仕事をする教師だったようです。

その安里さんが、住民運動に入っていったのは、金武湾の先を埋め立て、そこに大規模な石油備蓄基地(CTS。フルネームについては、Central Terminal Station など諸説あるよし――当山正喜「CTS」『大百科』)を造ろうとする計画がもちあがったことを契機としました。この問題は、一九六〇年代後半、復帰を控えた琉球政府が、産業基盤整備のため、外資(米国企業)とのあいだに石油精製基地造成の計画を進めようとしたことに始まり、それに反発した本土政府が、強引に阻止して本土資本の沖縄進出を図るとともに、備蓄基地へと方向を変えさせて、実現に向います。

「〝沖縄経済開発の論理〟からスタートしたにもかかわらず、最後には〝日本の備蓄増強政策の論理〟へとねじふせられてしまった」と、当時、琉球銀行調査部にあってその間の経緯に通じる牧野浩隆さんが、「客観的」を心がけたという浩瀚《こうかん》な、琉球銀行調査部編『戦後沖縄経済史』(琉球銀行、一九八四年)で、無念さを露出させているプロジェクトの出発でした。こうして一九七二年一〇月、「CTS建設のため与那城村の宮城島―平安座《へんざ》島間の公有水面約64万坪の埋立て工事が三菱開発(株)によって開始され」ます(山門健一「金武湾を守る会」『大百科』)。

翌一九七三年には、白紙撤回を求めて「金武湾を守る会」が結成され、安里さんは、崎原盛秀さんとともに、その代表世話人になります(「住民の一人ひとりが代表」という考え＝組織論から、決して「代表」を名のらなかった)。そののち工事が完成、県の竣工認可がおり、タンク設置、操業開始と進むのですが、守る会は「海と大地と共同の力―生存権」をタテに抵抗を続けます(「金武湾を守る会」)。安里さんは、この守る会の思想的中核でした。氏自身も、運動のなかで、思想を鍛えていったところがあったというべきかもしれません。

新崎盛暉さんが、さきにみたように住民運動を通じての自立といったさい、金武湾を守る会の存在が念頭にあったことは明らかで、新川明さんや岡本恵徳さんを引き入れ、CTS阻止闘争を拡げる会を作り、『琉球弧の住民運動』という機関誌を発刊するに至ります。琉球弧と名づけているところから知られるように、金武湾の闘いを軸に、奄美・沖縄・宮古・八重山にわたり、それぞれの運動を繋いでゆこうとする構想に立つものでした。

その安里さんの思想は、『海はひとの母である――沖縄金武湾から』(晶文社、一九八一年)という著書にもっともまとまって語られています。井上澄夫さんと津野海太郎さんが行ったインタビューをもととする聴き書きですので、さながら安里語録の感があります。海を「文化の根」「生存の根」とする捉え方を根底としながら、その思念は、こんなふうに繰りひろげられます。

「当時は海に対する認識だとか開発による自然破壊だとかいう考えは非常に弱くて、今日これだけの破壊をもたらす結果になるということなどはほとんど知られていなかった。「県」も基地経済からの脱却ということを、自然環境の変貌ということよりも優先して動いたわけですね。その結果として、油汚染が出ましても湾内で停滞するとか、潮の流れが全然なくなって、滞留型の金武湾にかわってしまった。つまり潮の流れというのは海が生きていることの証拠なんです。その海の動脈を断ち切ってしまったのですから、病気の状態の金武湾になってしまったのは当然なんです」。

「住民運動というのはやっぱり、そこに住んでいる人たちが国策の強制にさらされて、いかに自己をとらえ、みずからの内部にあるものを表面に押しだしていくかというところに成立するんじゃないですかね。昔だったらそのまま圧迫されて、そのまま葬られてしまったんですが、現代はそういうことじゃいかん。私も同様な人間ですけれども、もうすこししっかりした根をもって、自己変革——それをみんなでやっていくことで、正しさというものを立証していかなくてはならん」。

「この支配の歴史のなかで、一般庶民は戦争で焼けただれた土からそれぞれに「自立する力」をつくってきた。それができていないのは行政側なんだな。一九六〇年のチリ津波のあとでも、ぼくらは二十年かけてこのあたりの畑地造成をやっている。そういった自立への努力に力を貸していくということが行政でなくちゃならんはずですが、住民の意志とはまったく逆に大企業や軍事基地に依存していく。これでは生きた県のすがただとはいえないんだな」。

「自然を軍事海域と石油基地にして、事故のたびにわずかな補償金をもらっては息をつくという他力的な生き方。これをまっこうから否定して、みずから生きる力をつくりだし、自分たちが自分たちの海で生きていく生き方——それが真の人間としての、地域を活かした生き方であって」。

「たしかに復帰前の沖縄においては、即時無条件全面返還というのが全体としての考えだったわけです。しかし復帰してどうなったか。沖縄の米軍基地には星条旗と日の丸の旗が並んで立っておりますけれども、沖縄が植民地であることにはなんの変わりもない。(中略)そこまで被抑圧民族として自覚しないかぎり、沖縄の自立はありえないんじゃないかと思います」。

その先に「「ウチナー世」をめざす」というのが、安里さんの考えでした。さながら田中正造の声を聴く感があります。早くから思想家としての安里清信を追っていた花崎皐平《こうへい》さんは、氏を正造の後継者の一人に位置づけています(『田中正造と民衆思想の継承』七つ森書館、二〇一〇年)。守る会の運動は敗北し、その意味では政治上は大きな力になったとはいえません。が、思想として、未来への方向性を打ちだしたという点で、立ち返らせる力に富むと思います。

「村民主権」への闘い——山内徳信

もう一人の山内徳信さんは、一九三五年生れ、いまは社民党の参議院議員(追記——二〇一三年まで)ですが、長く読谷村の村長として(六期二四年間)、村民主権の確立をめざし、村の自立のために奮闘してきたひとです。その考え方や軌跡は、幾冊もの著書、**ア**『読谷村・基地と文化の闘い』(おてんてん文庫、一九八八年)、**イ**『沖縄・読谷村の挑戦——米軍基地内に役場をつくった』(水島朝穂さんとの共著、岩波書店、一九九七年)、**ウ**『叫び訴え続ける基地沖縄　読谷24年——村民ぐるみの闘い』(那覇出版社、一九九八年)、**エ**『憲法を実践する村——沖縄・読谷村長奮闘記』(明石書店、二〇〇一年)、**オ**『米軍再編と沖縄の基地——国外移転こそ民衆の願い』(創史社、二〇〇六年)、**カ**『沖縄・読谷村　憲法力がつくりだす平和と自治』(新版『憲法を実践する村』明石書店、二〇〇七年)や、『激動　読谷村民戦後の歩み』(同編集委員会編、読谷村役場、一九九三年)、また橋本敏雄編著『沖縄　読谷村「自治」への挑戦——平和と福祉の地域づくり』(彩流社、二〇〇九年)などに見ることができます。

山内さんは、もともと読谷高校の社会科の先生でした。住民運動をしているうちに、周りの人びとから勧められて、村長選に立候補し当選します。そのとき思ったのですね、自分は、教師として日本国憲法のことを教えてきた、それを裏切るような政治はしたくない、と。こういう姿勢で村政に取り組みます。すると、はっきり見えてきたものがあります。基地の重圧です。「読谷村は総面積が三五・一七平方キロメートルの自治体ですが、当時は全面積の七三％がアメリカ軍の基地なんです。村長になって初めてこの基地の重圧というものをひしひしと感じましたね」、「都市計画をやろうとしても、あるいは道路一本通そうとしても必ず基地にぶつかるんです。そういう状況を目の当たりにして、私の仕事は、二一世紀に向けての読谷村の村づくりや町づくりの方向づけや基盤づくりが任務であり使命だと思いました」(オ)。

ということで、米軍との交渉を通じて、あるいは沖縄県や日本政府への要望を通じて、さらに米国大統領への直訴状を通じて、営々と政策の実現に努めます。そうして、さきに知花昌一さんのところでみたソフトボール会場(186頁)のように、米軍基地を少しずつ侵蝕してゆく。その結果として、基地のなかに役場を造ったのを初めとして、基地を返還させて村のいろいろな施設、というか人びとの集まる場を造りました。イにはその図が載っていますが、真中に広い敷地が二つ並んでおり、東が平和の森球場、西が多目的広場で、その下に役場と議会が並ぶという配置になっています。
この山内さんの原点は、少年としての沖縄戦体験でした。それを忘れまいと思って、復帰二年前に詩を作っています。「それを忘れない」という作品です(イ)。

「米軍の爆撃で大勢の人が死んだ／ヤーガーの洞窟の中で／同級生の「重男」も死んだ／草刈友だちの「宗一」も死んだ／「宗一」は爆弾で破壊されたヤーガーの／岩の下敷のまま／二、三日生き続けた／岩は人々の力では／あまりにも重く大きかった／「宗一」はくりかえしくりかえし／童謡を歌い／唱歌をうたいつづけた／一四歳の「宗一」は／重い岩の下で力一杯もがき苦しみ／戦争をのろい／救いを求めつつ死んでいった」。

そこからえた教訓は、「国家が始めた戦争について、読谷村民も、国民も無力だった」というほかに、「読谷村には軍の飛行場があった。つまり基地が存在したために、犠牲も大きかった」ということでした。「基地のあるところは、攻撃目標になるということを、読谷村民は戦争を通して学んだわけです」。それだけに日本国憲法との出会いは新鮮でした。「すごい憲法だな」、「僕たちは、本当にこれから人間として大事にされていくんだな」と思ったと記しています(以上イ)。山内さんの政治は、そうした初心の延長線上のものでした。

村長室には、日本国憲法の第九条と第九九条を、墨書で掲げました。九条は不思議ではないかもしれませんが、九九条はたぶん珍しい。「天皇又は摂政及び国務大臣、国会議員、裁判官その他の公務員は、この憲法を尊重し擁護する義務を負ふ」という公務員の「憲法尊重擁護の義務」を謳った条文です。それを掲げて、中央から役人が来て、たとえば米軍への協力の強化を求めたさいなどに、これを見てくださいといって退散させる。また中央の役人から、村は行政の末端ではないかとお上かぜを吹かせられると、そうじゃない、村は行政の先端だと反論できる姿勢をもってもいました。さらに、精神的にきつい交渉を幾度繰りかえしたことかと思われますが、「笑いを忘れずに」をモットーとしていました。その〃しなやかにしたたかに〃の手法に、山内さんの思想と政治的力量が示されています。

わたくしは、安里さんにせよ、山内さんにせよ、その闘いに、文化を創る闘いだということが、強く意識されていることに惹かれます。

経済の「自立」をどこに求めるか

そういう自立の焦点となるのが、経済の分野です。どう食べてゆくかの問題で、経済の自立なくして、沖縄の「自立」はありえないからです。こうして、経済の自立をどこに求めるかという問題に直面します。ただ、選択の余地なく基地を押しつけておいて、基地を撤去すれば経済が成り立たないであろうという、よくある口吻《こうふん》には、強い悪意の含まれているのを感じます。

残念なことにわたくしは、この分野にまったく疎いので、にわか勉強の域を出ることはできません。屋嘉所長に、経済の本を教えてくださいとお願いしましたら、どさっと五〇冊ほどの本を、机の上に積み上げてくださいました。内心、参ったと思いつつ、まず本土の経済学者たちの著作を取り除き(沖縄のひとの著作でないという理由のほかに、地域経済論の一モデルとして取り組んだという一過性の研究が、比較的に多いと見受けました)、それでも二十数冊を、数冊を除き読んだとは申せないにせよ、眺めました。そうして、どの本も、いかに自立を達成するかをめぐっての議論を、沖縄の課題として突きつけていると、あらためて思いました。

その沖縄の経済構造は、3K経済とよくいわれます。公共事業・基地・観光がそれですが、いつからそうなったかを遡りますと、戦前・戦中はさておくとして、沖縄戦のあとの戦後の出発期に至ります。基地関係の就労や住まいとなる収容所の建設が、唯一の産業といっても過言でない状態から出発して、人びとは、生活や経済を再建してきました。通貨は、大雑把にいうと、無通貨の時期、B円の時期、ドルの時期、復帰後の円の時期となりましょう(詳しくは、牧野浩隆『戦後沖縄の通貨』ひるぎ社、一九八九年、参照)。

一九六〇年代は、本土ではいわゆる高度成長の時期ですが、沖縄も、明らかに格差をもちながらも、経済再建をなしとげてきました。

さきにちょっと触れた琉球銀行調査部編『戦後沖縄経済史』は、その過程を経済政策として跡づけ分析した労作です。琉球銀行は、一九四八年に、いわば琉球の〝日銀〟として、占領軍の布令で設立された中央銀行で、この本は、その琉銀の創立三〇周年の記念事業として編纂・発刊された本となります。戦後沖縄に占めた琉球銀行のそういう特別の地位から(復帰後は地元銀行の一つとなる)、通常の銀行史とは異なり、この機会に復帰までの沖縄経済史を、経済政策という視野からきちんと跡づけておこうという目的をもって(あるいは、跡づけておかねばならないという使命感から)、牧野浩隆さんの執筆というかたちで、編纂された著作です。「編集後記」に、たんに「戦後沖縄経済史」というのでなく、「戦後沖縄政治経済史」という内容をもつと振り返っていますが、志にふさわしい内容の大作と思いました。

この本によると、米軍の統治下で復帰前までに、沖縄の経済はパイとしては大きくなってきたが、かたちとしてはきわめていびつなものになっているとして、おおむねこんなふうな指標を挙げています。

(1) 産業別県民純生産でいえば、第一次産業が衰退して一ケタとなり、第二次産業も一〇パーセント台、第三次産業の比重がきわだって高い。これだけを見ると、先進国型あるいは東京都型であるが、実際にはそのなかで、軍雇用と分類される基地関係の収入が、減ってはいるものの、県民所得の一〇パーセント前後を占める。

(2) 輸出力が脆弱で、輸入依存度が高い。輸入額が総生産に占める割合は、六〇パーセント強に上り、しかも輸出額は輸入額の四分の一—五分の一に過ぎず、その赤字は基地関連収入と日米両政府の援助で埋めてきた。輸出も、砂糖とパインが主というモノカルチャーである。

(3) 復帰後、日本政府は、「本土との格差是正」を旗印に、沖縄振興開発特別措置法(沖振法)を作り、経済振興をめざすが、実際には道路整備などのいわゆる公共事業に終始し、産業を興すことをめざすものとなっていない。そこで県は、このいびつなかたちを直すには第二次産業を興すほかないとして、外資であれ本土資本であれ、企業誘致を図ろうとした。本土資本が二の足を踏むなかで、外資の石油工業とアルミニウム工業が、名のりを挙げた(この石油工業は、精製と備蓄両方を含み、のちに安里清信さんたちの「金武湾を守る会」の運動を惹き起すことになる)。すると本土資本は妨害に乗りだし、通産省はそれを支持して許可を出さず、またアルミニウム工業の場合は、牽制するために対抗的に本土資本に名のりを挙げさせ、結局、撤退に追いこんだ(外資が撤退すると、本土資本も撤退)。

(4) このような経過は、県益と国益の衝突という論議を呼んだが、そのなかで本土政府側の、「沖縄を甘やかすな」「沖縄は四十七番目の県だ」という本音が露呈され、沖縄にとっては、第二次産業を振興して、経済の柱とする絶好の機会がついえた。沖縄の経済人としての無念さが浮き出ている記述です。さきにのべたように牧野さんも、本土資本の横暴を指摘する箇所と、いま一つ日米両政府の、沖縄の頭越しの返還決定の箇所では、ペンはおのずからにして熱くなっています。

そのあと経済的な「自立」への道筋は、どのように展開していったかについて、もっとも総合的な考察を示したのは、松島泰勝さんの『沖縄島嶼経済史――一二世紀から現在まで』(藤原書店、二〇〇二年)ではないか、と思いました。表題通り一二世紀から現在までを包括した研究で、さまざまな産業を組みあわせての「内発的」な発展を説く労作と受けとりました。その現状分析は、第三次産業に大きく偏った産業構造と製造業の脆弱性という基本形のいびつさは変らず、ただその中身の構成には変動があったとしています。

財政構造	［一九九九年］	
自主財源	二三・〇%	
依存財源	七七・〇%	
産業構造	［一九七二年］	［一九九八年］
公的支出	二三・五%	三一・五%

軍関係受取　一五・六%　五・二%
観光収入　八・一%　一二・三%

すなわち、基地経済から補助金や観光業に依存する構造への変化です。今回わたくしが眺めえた沖縄経済論の著作は、そのような構造をいかに変えてゆくか、いかなる方向に未来を作ろうとするかに、議論を集中させていると思いました。一九七〇年前後から二〇〇〇年代にかけてという時間幅をもつだけに、それらの著作は、著者それぞれの立場の違いという以上に、時間の経過による問題点の移動を示しているとの印象をもちましたが、議論の推移を眺めての感想は、

(1)「基地あっての沖縄経済」(「基地がなければ沖縄経済は成り立たない」)から、「基地を除いただけでは問題が残る」(「全面的な解決にならない」)へと、重心が移動してきている。

(2) 基地と引き替えの振興策は限界が見えた、ないしもはや無用との認識が強まっている。

(3) これは、政府を俟つのでなく、沖縄人みずからが立ち向うべき課題という認識も、一様に強調されてきている。そのさい、来間《くりま》泰男さんの『沖縄経済の幻想と現実』(日本経済評論社、一九九八年)のように、第一次産業に着目する議論も出てきている。

というようなものでした。

それらをまとめていえば、経済界や経済学者たちにあっても、基地の撤去は、沖縄経済の「自立」にとって、十分条件ではなくとも必要条件だとの認識が、共有されてきているとの印象を受けます。大田昌秀さんが挙げる、米軍住宅地を返還させての那覇新都心の開発も、一つの実績としての意味を主張しはじめているように見えます。ただ目下は、十分条件ではなくとも必要条件だとする主張と、必要条件ではあっても十分条件ではないとする主張が、せめぎあっている段階か、と観測します。間違っているかもしれません。

「観測」などと冷めた言い方をしましたが、どうあって欲しいという願いはあっても、実際には、経済の動向に指一本触れられないからです。しかしそんな人間でも、沖縄を主題とする本を読んでいて、基地と経済について、はっとさせられる発言に出会うことはありました。

一つは、二〇〇二年九月七日の「21世紀　沖縄のグランドデザインを考える」というシンポジウムでの、フロアからの発言者A(と記されている)さんの発言です。「沖縄に経済自立されて困るのは日本政府でしょ。だから、いろいろ聞くふりをしながら実際には自立させない。公共工事というモノカルチャー経済で沖縄を縛りつけている」(別冊『環』6「琉球文化圏とは何か」藤原書店、二〇〇三年六月)。痛烈に現状を撃ち、未来の在りようを見通す見識と思いました。

いま一つは、高校生たちの、「でも、基地ができればお金がもらえるんでしょう」との会話を耳にしての、目取真俊さんの押し殺したような呟《つぶや》きです。「金を稼ぐ、のではなく、金がもらえる。沖縄に生きる私たちの現在を表わす、それは象徴的な言葉かもしれない」(「基地でお金がもらえる」二〇〇〇年、『沖縄/草の声・根の意志』世織書房、二〇〇一年、所収)。基地のあることが、こんなにわれわれを汚染している。この言葉の深さのまえに、わたくしは絶句するほかないのです。

3　反芻される沖縄戦

沖縄戦五〇年目の県民総決起集会

一九九五年は、沖縄戦五〇年目に当りました。半世紀という歳月を経て、沖縄戦は人びとの心で風化しませんでした。それどころか、その年にまた、三人の米兵による少女暴行事件が起きて、即座にちょうど四〇年前の少女暴行・殺人事件を思い起させました。六歳の、むしろ幼女といっていい命が、遺体と変り果てて嘉手納海岸で発見された五五年のこの事件は、憤激の嵐を巻き起し、米軍当局に抗議の矛先を向ける最初のケースとなりました。それでいて犯人は、軍事裁判で一旦死刑を宣告されたものの、本国に送還され、事件は結局うやむやにされました(『大百科』への福地曠昭さんの記述による)。その後も絶えない類似の事件の象徴として、人びとのうちに深く湛えられてきた記憶が蘇ったのです。

全県的に憤怒が爆発して、「米軍人による少女暴行事件を糾弾し日米地位協定の見直しを要求する沖縄県民総決起大会」が開かれます(参加者は、沖縄島で八万五〇〇〇人、宮古・八重山で三〇〇〇人と数えられている)。女性諸団体の活動がめだちました。こうした事件が露出させるように、戦争と占領を実感させる日々から、人びとを解き放たないという現実があります。歳月は、沖縄戦を遠ざからせず、繰りかえし巻き戻させるという状況です。『沖縄タイムス』『琉球新報』という沖縄二紙も、「占領意識丸出し」という見出しを使って、事件を伝えています。

ほんとうに痛ましく憤りの突き上げる事件ですが、とくに女性たちの対応は間髪を入れぬものでした。Ⅰで挙げた(33頁)新崎盛暉さんの『沖縄現代史　新版』(岩波新書、二〇〇五年)の記述をお借りすると、こうなります。「時代的背景も変化していた。子どもの人権や女性問題に対する認識も世界的に拡がりと深まりをみせていた。九五年九月の民衆のさまざまな行動のなかで、沖婦連(沖縄県婦人連合会)、婦団協(沖縄県婦人団体連絡協議会)、NGOフォーラム北京'95沖縄実行委員会などの活動がきわ立っていた。こうした活動の過程で、「基地・軍隊を許さない行動する女たちの会」が生まれた」。

怒りの深さは、日米地位協定改定・安保条約破棄などの要求とともに、抱えこんだ痛恨としても吐露されています。事件の直後、反戦地主の島袋善祐《しまぶく》さんは、「沖縄の実態を知らせるために、少女を犠牲にしてしまった」と語ったそうです。その言葉を伝える新崎盛暉さんは、「米軍基地との共生を拒否し続け」るという「生き方を貫いてきたからこそ」、こうした「沈痛なことばが出てきたのであろう」との、感銘を洩らしています(「「沖縄の怒り」と大田知事の代理署名」一九九五年一一月、のち『沖縄同時代史』六巻「基地のない世界を」凱風社、一九九六年)。また知事の大田昌秀さんは、「県民総決起大会」で、「一人の少女の人間としての尊厳を守ることができなかったことを行政の責任者としてお詫びしたい」とのべました。きつい状況は、こういう心境を発芽させ、こういう心境は、状況を撥ね返す根源的なエネルギーになるに違いないと思いました。

その半面で、さきに言及されている「基地・軍隊を許さない行動する女たちの会・沖縄」の高里鈴代さんの『沖縄の女たち——女性の人権と基地・軍隊』(明石書店、一九九六年)を読むと、基地問題を論じたこれまでの本とは、ほとんど異質の視野が開けてくるのを覚えます。女性の人権をまぎれなく機軸とする視点から、「基地のなかの沖縄」の実態を衝くことはもちろん、世界の軍事依存体制を撃ち、さらに沖縄自体ももつ女性の人権侵害への等閑視をも俎上に載せているからです。著者が突き出す論点の核心は、「今なお続く軍隊の性的攻撃」を受けつつ、「いかに多くの女性たちの生が、個人の悲劇、運命というレベルに押し止められ、沈黙させられていたか」という点にあります。

大きく分けて論点は二つになると思いました。一つは、「軍隊、その構造的暴力」の指摘です。高里さんは、軍隊が「男らしさの儀式」を貫徹させる場である以上、「強姦」は「軍隊のメカニズムとしては避けられない」といい、(かってフィリピンで)胸にLBSM(リトル・ブラウン・セックス・マシン)と書かれた兵士用のTシャツがあったように、「軍隊にとって、兵士にとって目の前にいる女性は人間ではなく、物・マシン」でしかないとの心理を固着させる、との考察を打ちだします。

いま一つは、基地問題を女性問題として捉えることの〝鈍さ〟にたいする抗議というべき視点です。「九月四日に事件が起こっているのにもかかわらず、沖縄の地元紙の二紙がこの事件を報道したのは、二日後でした。というのは明確な人権侵害の意識ではなく、女性の恥ずべき事件という意識も強かったからでしょう」という指摘に、それが端的に表れています。人権侵害とする著者の決然とした姿勢は、女性にたいする性暴力を一貫して、「強姦」と表現するところにも示されているでしょう(わたくしはまだ、「暴行」とする多分に両義的な言葉遣いを離脱するには至らず、ここまで来たことを自覚させられました)。

こうして高里さんは、県当局や沖縄社会に向けて問いを発します。

沖縄県がまとめた「沖縄の基地の現状と課題」には、去年(一九九五年——引用者)の十一月に出されたもののなかで初めて、基地被害の一項目として復帰後から二十三年間に四千七百十六件の米軍軍人・軍属による事故、犯罪が加えられた。演習による騒音や事故などは当然に基地被害であるが、最も被害の多い女性への暴力を単に兵士の個人的な犯行として基地被害から切り離してきたのはなぜか。そのような意識が、沖縄の基地撤退の運動をにぶらせる原因になっていないだろうか。

知らず知らずに(むしろ、知らず知らずだからこそ)、わたくしたちがその虜になっている男権性を衝く高里さんは、こんなふうに指摘し、あるいは願ってやみません。三つに絞ります。(一)「終戦、女性には新たな戦争のはじまり」であった＝「三カ月の激戦のあとやっと砲弾が止みました。砲弾の雨をかいくぐって逃げる恐怖から解放されて人びとが安堵し、収容所に向かって列をなしているそのときに、実は女性には新しい戦争がはじまっていたのです」。(二)「基地問題というと、どうしてもスペースの問題が中心となってしまう」、「でも、基地をスペースとしてのみ見ていると、駐留する軍隊がどういう訓練をしているか、訓練のない時間は兵士はどう過ごしているのかということは、あまり分からない。基地問題は、基地・軍隊問題であると私たちはいっていかなければ、その置かれている状況の、とくに女性の人権侵害が見えてこない」。(三)「(被害を――引用者)何の躊躇もなく、訴えられるだろうか、私自身そう思う気持ちがあるほど、訴えにくい社会です」、それだけに「被害者を孤立させてはいけない」。

（追記――この決意にもとづいて、「基地・軍隊を許さない行動する女たちの会・沖縄」では、冊子『沖縄・米兵による女性への性犯罪』を、一九九六年から作りはじめ、増補を重ねて現在では第一二版（二〇一六年六月八日作成）に至っています。事件ごとに、年代・月日・事項、処罰の方法、出典から成る一覧表＝年表ですが、女性がいかに、不断に米兵による性犯罪に曝されてきたか、しかもいかに多くの事件が、「処罰不明」や「訴えず」とされてきたかが、迫ってくるのを覚えずにはいられません。）

一九九五年のこの事件は、そののち現在に至る政策の展開のいとぐちになり、沖縄の人びとと日本政府・米国政府とのあいだに、あらたな統合をめぐる闘いを惹き起します。が、その問題は、つぎの「4　米軍基地の現実と復帰への問い」に譲り、ここでは、沖縄戦の認識や記述に絞って、その深まり、またそれへの逆風について考えることにします。沖縄戦が、どのように歴史に留められようとしたか、また滅却されようとしたかは、沖縄の、に止まらず日本の、戦後思想にとって、抜くことのできない課題だと思います。

そのように思って、沖縄の歴史に向うと、沖縄戦を想起しよう、記憶をあらたにしようと、反芻する動きが、さまざまに、またつぎつぎに起きてきていることに気づかされます。情勢によって反芻せざるをえないところへ追いこまれたという以上に、沖縄戦についての諸事実を可能な限り掘り起し、現在への原点として不抜のものとしたいという、意志の所産と思います。そんな思想的営為として、戦争遺跡の詳細（ないし悉皆《しっかい》）調査と

「平和の礎《いしじ》」を挙げることができます。

戦争遺跡の詳細調査

戦争遺跡の詳細(ないし悉皆)調査としては、県内各自治体史を別として、わたくしの知る範囲では、**ア** 慰安所マップ作り、**イ** 字誌《あざし》の編纂、**ウ** 戦争遺跡分布調査を挙げることができます。いずれも、戦場とされた沖縄ならではの発意が脈打って、実現に至った企画です。推進したのは、**ア**では女性史グループ、**イ**では字の(旧)住民、**ウ**では県でした。

アの慰安所マップ作りを発起したのは「沖縄女性史を考える会」の人びとでした(図4)。一九九二年に、第五回の「全国女性史研究交流のつどい」が、那覇で開かれることとなり、その「戦争と女性」と題された第一分科会に、「考える会」の「慰安所マップ」作成グループの人びとが、作られてゆく過程をも含めてその実態を、「「慰安所マップ」が語るもの」と題して報告したのでした。慰安所は、日本軍のゆくところにつぎつぎと設営されてゆくわけですが、沖縄でも、防衛軍としての第三十二軍の移駐に伴い、県内各所に慰安所が作られます。その跡を、探し訪れ確かめ聴き取りをして、跡づけていったという仕事です。

きっかけは、その前年に、「従軍慰安婦」にされた三人の韓国女性が、日本政府を相

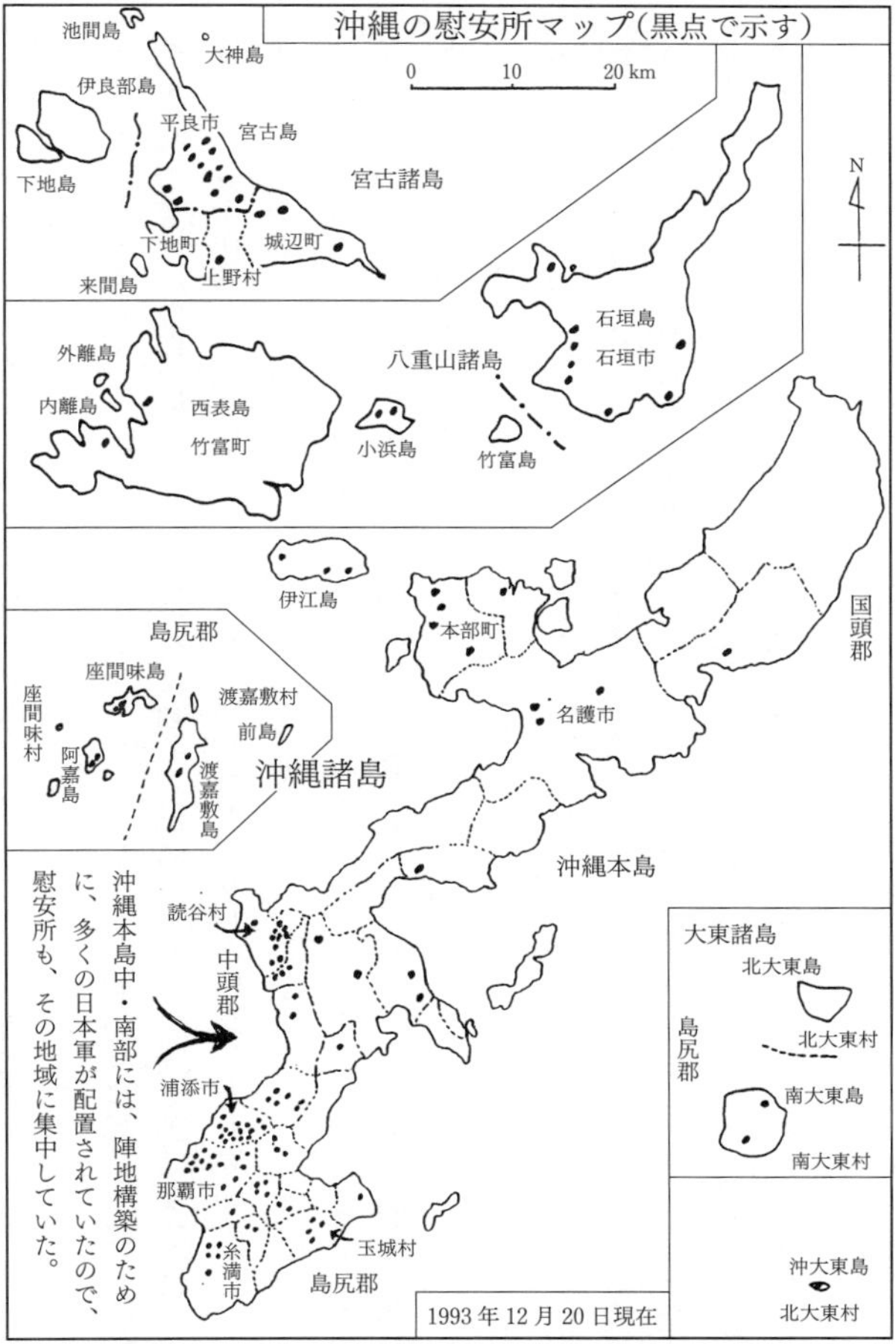

図 4　沖縄の慰安所マップ(賀数かつ子「沖縄の慰安所マップ作り」より)

手取り、謝罪と補償を求めて、東京地方裁判所に訴訟を提起したことでした。作成グループの人びとは、「沖縄戦で、これまで語られなかった軍隊のメカニズム」を読み取ってもらいたいとして、この調査を始めたとのべています。判明した慰安所は、沖縄諸島・大東諸島・宮古諸島・八重山諸島を合せて、結局、合計一二五カ所に及び(報告当時は一二一カ所が判明)、沖縄人慰安婦とともに朝鮮人慰安婦のいたことも確かめえています(以上、慰安所マップ作成グループ『沖縄　戦争と女性――「慰安所マップ」が語るもの』第一分科会メンバー、一九九二年、賀数《かかず》かつ子「沖縄の慰安所マップ作り」『いしゅたる』15、一九九四年二月、「沖縄の従軍慰安所について聞き取り調査した賀数かつ子さん」『毎日新聞』一九九二年一一月七日朝刊「ひと」欄)。

イの字誌の編纂は、たんに地域史づくりが、字の単位にまで深まっていった結果の表れというものではありません。字という呼称自体は、二〇世紀の初め、特別町村制の公布によって、それまでの村(ムラ)からの改称として定められたものですが、行政単位である以上に、生活をともにする単位としての、いわば人びとにとって運命をともにする集落としての性格を、濃厚に湛える存在であったと推測されます。それだけ帰属感が深かったともいえます。その分だけ、字の内と外とを分つ意識も、強いのかもしれませんが。

という意味で字誌の編纂は、行政の事業としての市町村史の編纂とは別の範疇に属する、つまり字という主体の発意あって初めてスタートラインにつく事業と思われます。

その字誌の編纂は、一九八〇年代に急速に社会現象となりました(字誌の性格上、名称は必ずしも統一されていない)。八三年刊行の『大百科』には、項目として採録されていないのに、八八年一一月に沖縄県立図書館が開催した『ふるさとの歩み——市町村字史誌関係資料展〈展示目録〉』(実際には県史関係図書を含む)には、計六六九点のうち、字史誌として六四点が挙げられるようになります。さらに翌八九年には、名護市史編さん室編『字誌づくり入門』(名護市教育委員会)が、刊行されるに至ります。

なぜ字誌なのか。人びとが経験してきた激しい「世替り」と、暮しの基盤の激変が動機となりました。『字誌づくり入門』は、その点を、「七〇歳代の世代にとっては、一九二〇年代以降のソテツ地獄と出稼ぎ・移民、そして戦争、米軍統治下の生活、さらに日本復帰へと続く激しい世替りを身をもって体験してきた」、と書いてきて、「しかも、自分たちの地域の記録はどこにも書かれていない。自分たちが力を寄せあってつくる他にない」と、強い言葉で締めくくっています。

また同書に、字誌としての『かんてな誌』(「勘手納《かんてな》」は、旧羽地《はねじ》村《そん》(現、名護市)仲尾次《なかおじ》の小字)づくりの経験を寄せた新城信一さんは、どの家庭もカラーテレビや電話があるようになって、「外見をみると、ムラは明るく豊か」になったが、その実「過疎地帯となって、そのまま放置すればいつか荒廃の地となりかねない」という危機感が、編集への引金になったとのべています。その意味では字誌の編纂は、深刻な過疎化にまず直面するようになった国頭《くにがみ》郡に発する文化活動、という面をもったかと推測もされます(県立図書館展示の字誌六四点のうち二七点が国頭郡で、格段に多い)。名桜大学の中村誠司さんによると、字誌は、二〇〇三年末で二一一冊に上ったそうです(大矢雅弘「戦争体験の電子情報化」『朝日新聞』二〇〇五年五月六日夕刊「窓」欄)。

そういう字の歴史に向おうとするとき、字の変貌にとって決定的だったのは、沖縄戦でした。そうしてそれを受けての米軍の占領が続きます。というわけで字誌の編纂は、字にとって沖縄戦とは、米軍占領とは、何であったかを問うこととなりました。そのなかで浦添《うらそえ》市の字に当る小湾《こわん》の字誌は、通常の字誌の感覚では〝立派〟過ぎるとはいえ、沖縄戦を中心に人びとの暮しという次元で、沖縄の戦前・戦中・戦後とじかに顔を合せるような迫力をもつ作品でした。全部で五冊より成り、A4判と大型で、刊行順に、

法政大学沖縄文化研究所小湾字誌調査委員会(代表比嘉実)『浦添・小湾方言辞典』(浦添市小湾字誌編集委員会[委員長宮平昇]、一九九五年一月、三二七頁)

法政大学沖縄文化研究所小湾字誌調査委員会(代表比嘉実)『小湾字誌——沖縄戦・米占領下で失われた集落の復元』(浦添市小湾字誌編集委員会[委員長宮平昇]、一九九五年二月、八二六頁)

編集代表加藤久子、編集協力ボーダーインク『小湾写真集　よみがえる小湾集落』(小

湾字誌編集委員会、二〇〇三年五月、二九七頁）
編集代表加藤久子、編集協力ボーダーインク『小湾議事録　占領期から祖国復帰へ
小湾戦後記録集』（小湾字誌編集委員会、二〇〇五年五月、二九五頁）
編集代表加藤久子、編集協力ボーダーインク『小湾生活誌　小湾字誌〈戦中・戦後編〉
小湾新集落の建設とあゆみ』（小湾字誌編集委員会、二〇〇八年三月、六八四頁）
という、計二四二九頁にのぼる大作です（以上、奥付表記による）。

いずれも小湾の人びとの発意にかかり、そのうち始めの二冊は、所員（のち所長）の比嘉実さんが小湾の出身であったところから、沖縄文化研究所に持ち込まれて、研究所の仕事としてかたちを成し、後の三冊は、沖縄文化研究所国内研究員の加藤久子さんが、字誌編集委員会の依頼を受け、歳月をかけてその地に滞在し、人びとと心を通わせながら完成させた著作となります。

『小湾字誌』の記述を借りると、小湾の地名は「小さな浦」に由来し、「那覇の街から北に半里ほど」、「浦添市における唯一の海辺の村」であり、「琉球松が生い繁り、それらが海と「前泊り」（小湾浜）の白砂とまことに良く調和」している「風光明媚」の地であったとあります。その集落が、沖縄戦での破壊と、それに続く米軍による接収で、完全に存在を抹消されてしまいます。「小湾の村は家屋が沖縄戦で焼失し、石垣、墓などわずかに戦災を免れた遺構も戦後のアメリカ軍の基地建設のために残らず破壊された」。

そのため小湾の人びとは、他の村々のように戦争直後の収容所生活から故村に帰ることができず、ようやく一九四九年になって、占領軍によって割り当てられた宮城クモト原へ、集落挙げて入植しなければなりませんでした。農耕には始末の悪い土地であり、そのうえ周りが原野のため、「米兵が出没する無法地帯」であったとされます。『小湾字誌』は、そのような「実在しない小湾集落を復元」した仕事であり、『小湾生活誌』は、「戦場と化した小湾集落」から「難民」→「収容所時代」を経て、「新集落の建設」に至る過程を、文字資料と聴き取りによって跡づけた著作です。

いずれをも貫くのは、失われた旧小湾への強烈な思慕の念であり、それが凝り固まってこれだけの作品への原動力をなしたと思わせられます。ともに、『小湾字誌』巻頭の「小湾集落復元図」(縮尺二〇〇〇分の一)に典型的に示されるように、一人ひとりの次元、一軒一軒の次元から、人びとと家々にとっての戦争・占領という視点で歴史が顧みられており、おのずから抜き差しならぬ関係で歴史に向きあうことを迫ります。

記憶を体内からつむぎだす話者の迫力は、書き手としてそれを受けとめる〝調査者〟たちに伝染せずにはいなかったようです。加藤さんは、『小湾生活誌』の「編集後記」に、「「話者」の体験は、「書き手」の身体を通して拮抗しながら表現されます」と記し、この仕事が、氏にとって、たんなる「聞き手」「書き手」の域を越え、「追体験」への吸引力とそれゆえに起きがちな「思い入れが優先」することへの自制力との、全身的な取り組みあいであったことを洩らしています。比嘉さんは、『小湾字誌』の、学童疎開の聴き取りをまとめた箇所(6章「村と戦争」)で、「死んだ個人の死はその人にとってすべてである。疎開先で死んだ児童にとってその死がすべてであり、その他の結果は何ひとつ意味を持たない。たとえ、疎開によって多くの児童が生き残ったとしてもである。食べようにも食べられずに野原のヤギがうまそうに草を食っているのを見て「こんど生まれて来る時にはヤギに生まれてきたい」と少年に言わせて、少年を栄養失調で死に追いやった人々の責任と、そういう歴史の事実があったことは絶対に忘れてはならない」と、思わず激せずにはいられませんでした。

なお、**ア**と**イ**の双方にわたる作業は、自治体史でも行われました。**図5**は、浦添村(現、浦添市)字安波茶《あはちゃ》の沖縄戦直前の様態ですが、「軍民混在」のまま、戦場とされ、壊滅的な被害を受けたことが示されています(浦添市史編集委員会編『浦添市史』5巻資料編4「戦争体験記録」浦添市教育委員会、一九八四年。浦添市当局の協力のもと、沖縄国際大学文学部社会学科社会学実習(担当教員石原昌家)の学生が、一九八〇―八二年に行った調査を、市と自治会長らが補訂したもの)。沖縄の人びとにとっては、いまを生きる糧として、また鎮魂として、戦争を記録せずにはいられないという意思の発現です。

ウの戦争遺跡分布調査という項目は、全県にわたる初めての悉皆調査をまとめた沖縄県立埋蔵文化財センター編・刊『沖縄県戦争遺跡詳細分布調査』全六冊(二〇〇一―〇六

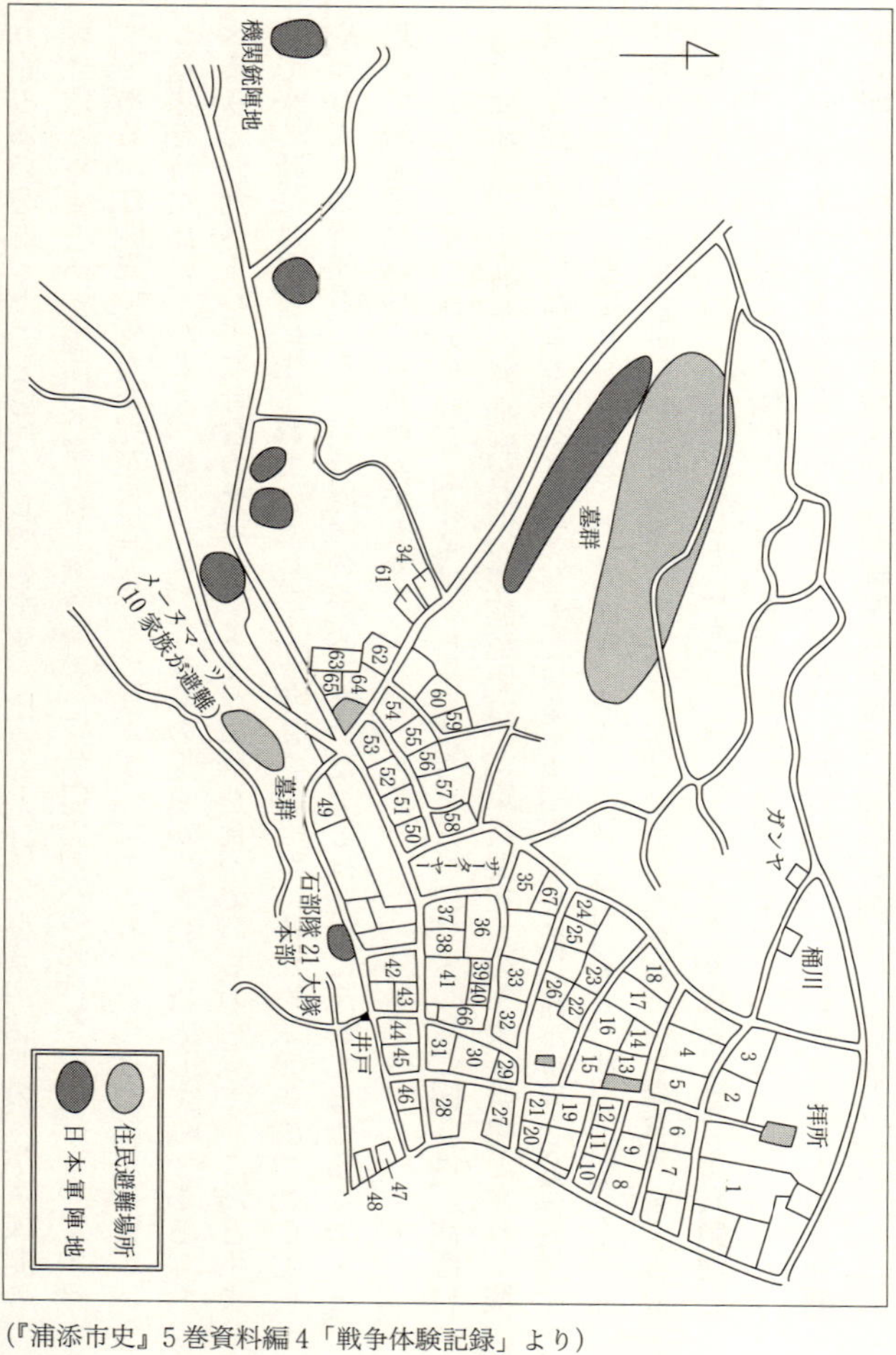

（『浦添市史』5 巻資料編 4「戦争体験記録」より）

＊日本軍民家利用　＊家屋被害状況　＊慰安所
○10人未満　○残家　A. 朝鮮人慰安婦
△20人未満　×全壊　B. 沖縄人慰安婦
□20人以上
☆糧秣倉庫他

地図番号	屋号	家族数	戦死者	民家利用	家屋状況	慰安所
1	金城	4	2	○	×	
2	後島袋	移民		△	×	
3	平良小	6	4		×	
4	仲門	7	1		×	
5	東仲門	2	2		×	
6	上石川	6	5	○	×	
7	新城	1	1	○	×	
8	東安波茶門	1	1	○	×	
9	下門小	8	5	○	×	
10	仲大屋	1	1		×	
11	銘苅	4	1		×	
12	前又安波茶門	1	1		×	
13	後又伊波	2	2		×	
14	仲門	2	1		×	
15	伊波	5	2		×	
16	仲島袋	2	1	○	×	
17	安波系門	3	1		×	
18	蒲比嘉	1	1		×	
19	後比嘉小	6	4		×	
20	比嘉小	3	3		×	
21	次男前大屋	6	5		×	
22	蒲島袋	1	1	○	×	
23	三男前仲門	1	1		×	
24	西比嘉小	1	1		×	
25	前田	2	1	△	×	
26	前又小湾	移民			×	
27	東大屋	3	1		×	
28	前田小	5	5	○	×	
29	仲伊波	1	1		×	
30	蔵根小	5	4	○☆	×	
31	前石川	1	1	○	×	
32	仲前田	疎開			×	
33	前仲門	3	2	○	×	
34	牛伊波	1	1		×	
35	仲池端	8	7	△	×	
36	後大屋	3	1	△	×	
37	安波茶門小	3	2	○	×	
38	大屋	1	1		×	
39	三男前田小	3	2	○	×	
40	池端小	2	2		×	
41	池端	1	1		×	
42	宇佐池端	3	3		×	
43	宇佐前田小	1	1	○☆	×	
44	加那池端	7	7		×	
45	武太島袋	3	1		×	
46	前大屋	2	2		×	
47	次男西前田	4	4		×	
48	四男西前田	5	2		×	
49	三男大屋	1	1		×	
50	西伊波	6	5		×	AかB
51	三男後大屋	8	2		×	AかB
52	西池端	3	1	○	×	
53	西前田	7	2	○	×	
54	次男前田小	4	2		×	
55	新比嘉	7	3		×	
56	前伊波	6	4		×	
57	仲門小	2	2		×	
58	前池端	5	4		×	
59	伊良波	疎開			×	
60	次男伊波	5	3		×	
61	カミー仲門小	6	2		×	
62	後又東小湾	1	1		×	
63	前又東小湾	2	0		×	
64	大屋小	5	3		×	
65	次男大屋小	空屋		○	×	
66	ムラヤー(村屋)			□	×	
67	次男前田	出稼			×	

世帯総数　60戸
家族総数　209人
戦死者数　134人(64.1%)
一家全滅世帯　26戸(43.3%)
戦死者無世帯　1戸(1.7%)

図5　安波茶の戦災実態調査

年)を、念頭において立てました。Ⅰ南部編、Ⅱ中部編、Ⅲ北部編、Ⅳ本島周辺離島及び那覇市編、Ⅴ宮古諸島編、Ⅵ八重山諸島編という構成の報告書です。文化庁から国庫補助を受けての調査でしたが、その意義と目的は、刊行開始に当っての知念勇所長の、「自らの体験を語り継ぐ人々が年々減少して」いるなかで、「「モノ」は「人」に代わって戦争の事実を伝える「語り部」となり得るし、そういう手法が求められている」、成果は、「諸開発事業との保存のための調整」と、「歴史学習・平和教育などにつなげていくための基礎資料等を作成することに役立」てたい、という言葉に尽されています(Ⅰ巻頭の「序」)。

一カ所一カ所の戦争遺跡について、所在を確認し、周辺遺跡の分布図と遺構図を作成し、記録写真を撮り、聴き取り調査を行うという作業の集積でした。その結果、たとえば、地上戦がなかった八重山諸島にあっても、駐屯部隊の所在地が実際に調査されるなどして、一一カ所の戦争遺跡が確認されています。とともに、八重山における沖縄戦の特徴が、あらためて想起されることになります。住民の戦死者は三八二五人、うち空襲による被弾死などは一七八人、残りの三六四七人は、山岳地帯へ強制避難させられた人びとのマラリア死であった、というふうに(「戦争マラリア」の呼び名がある)。

この調査結果を読んでいって、明らかにされた事実はもとよりとして、執筆者たちが、悉皆調査を志したものの不十分に終った点もあると、きちんと書きこんであることに打たれました。調査は基本的には市町村自治体からの情報提供に拠ったから、もとになる市町村によって若干の精粗は出て来るが、それは勘弁してほしい、自分たちで発見したものは少ない、開発で失われたものは復元できなかったし、基地になっているため調査できなかったところもある、などというのがそれです。そうして、渡嘉敷・座間味《ざまみ》の両村では、「集団自決」で親族の亡くなるのを目の当りした方がご健在であったため、調査員が躊躇せざるをえなかったことも事実である、とも記されています。

そういう自覚化された限定のもとに進められた調査であり、それを支えたのは、それぞれの地域の人びとでした。沖縄戦の実態を掘り起した成果は、揺るぎないというべきですが、その仕事に込められた想いも計り知れないと思いました。

「平和の礎」

戦争を歴史意識の基礎としようとする動きは、こんなふうに沖縄ならではの角度をもって進められているのを、見ることができます。というとき、その沖縄戦を、一人ひとりの死者の名前を刻銘することによって、心に刻みつけようとする県の意思の発露として建設されたのが、「平和の礎《いしじ》」ということになります。沖縄戦五〇年目に当る一九九五年六月二三日に、除幕式が行われました。県知事となっていた大田昌秀さんの熱意の結晶で、『沖縄健児隊』以来の宿志ではなかったかと思われます。

刻銘検討委員会のメンバーの一人であった大城将保さんによると、そのコンセプトはつぎのようなものでした。「国籍、所属、軍民の区別をすべて超えて、沖縄戦とその周辺で犠牲になったすべての戦没者の名前を刻んである」、「戦没者の姓名のほかはなにひとつ徴《しるし》はない」、「ただ出身地がわかるような標識はある。戦地に散った死者の魂は古里へ帰る、という意味がこめられている」、「名前を五十音順・アルファベット順に刻んだ黒みかげ石の刻銘碑は東方の海原にむかって扇形に配列され、扇のかなめのところで「平和の灯」が燃えている。広島と長崎から永遠の火を分けてもらい、米軍初上陸地の阿嘉《あか》島で太陽から採火した火とあわせ」たものである云々。刻銘者は年々増え続け、「沖縄戦の戦後処理がいまなお決済しきれていないことを物語っている」(『沖縄戦の真実と歪曲』高文研、二〇〇七年。二〇一一年現在、二四万一一三二人となる。**追記**——二〇一七年六月現在では、二四万一四六八人)。

もっともこの「平和の礎」には、少なからぬ批判があります。そのうち、新崎盛暉さんの批判について一言しますと、批判点は、その事業が、全戦没者の悉皆調査を目的としてでなく、モニュメント建設を優先させて慌しく行われたこと、沖縄出身者に限っては十五年戦争全体の戦没者まで拡大したこと、戦争指導者と被害者を同列に扱い、戦争責任の問題を曖昧にしていること、朝鮮人犠牲者については、判明している少数を刻銘すれば判明していない圧倒的多数を無視することになる半面、犠牲者の遺族には刻銘を拒む人びともいること、などにわたります。わたくしはこの指摘を、「沖縄戦がそれ自体として完結して存在するのではなく、十五年戦争の一環として存在すること」という問題提起と受けとめました(「「平和の礎」問題を考える」、「「平和の礎」とは何か」いずれも一九九五年。『沖縄同時代史』六巻「基地のない世界を」所収)。沖縄戦の凝視は、十五年戦争においても沖縄ももった加害性という問題を引き出すに至ったと思いました。

逆風の再来――平和祈念資料館問題

このように沖縄戦認識の深化が進む一方で、それへの逆風が再来します。そこには、「4 米軍基地の現実と復帰への問い」でのべるように、日米安保再定義に絡んで沖縄に、基地の移設を巡り、圧力(具体的には大田県政への圧力)をかけようとする日本政府の意思、そのなかでの大田県政から稲嶺《いなみね》(恵一)県政への転換、それらに呼応する諸勢力の動きなどが、連動します。が、それらのすべてが沖縄戦を念頭におかなければならなかった事実は、この戦争の、人びとの体内に食いこむことのいかに深いかを、あらためて迫らずにはいません。

そういう逆風としてわたくしは、**ア** 沖縄県平和祈念資料館の記述・展示変更問題、**イ** 新しい提唱としての沖縄イニシアティブの問題、**ウ** 大江健三郎・岩波書店沖縄戦裁判と再来する教科書検定の問題、の三点を挙げたいと思います。こうして、あらたな統合を巡る闘いは、沖縄戦の深化か、その滅却か、あるいは、沖縄戦を心に刻みつけるか、それを無化するかと、現在と未来に向けて沖縄戦を焦点とすることにならざるをえなくなりました。

アの舞台となった平和祈念資料館は、一九七五年、摩文仁の平和祈念公園内に開設されていたそれを、二〇〇〇年、同公園内に新しく移転・改築して開館した施設です。問題は、開館準備中の一九九九年、新しく県政を担うようになっていた稲嶺知事らが、「国策にそぐわない展示をする」ことに疑念を呈し、それを受けた「事務方が、監修委員と協議することもなく、戦争や日本軍の残虐性を薄める方向で展示内容を変更した」ところから発生しました。「ガマでの惨劇」が「沖縄戦とガマ」に、「虐殺」が「犠牲」に変えられたり、「壕追い出しの数」や「日本軍による住民犠牲の数」が削除されたり、展示模型の「銃を向ける日本兵」から銃を抜き取るなどの変更が行われたとのことですが、問題が発覚して、人びとの抗議の結果、基本線は修正されました。

この事件がきっかけとなって、その前年、「戦争マラリア」の慰藉事業の一環として建設された八重山平和祈念資料館でも、同様の改変の行われていたことが、発覚しています。そこでは、(軍の)「退去命令」が(自主的)「避難」に変えられたり、「沖縄戦と戦争マラリアの歴史年表パネル」が、消防法上の理由と偽って撤去されていたというのでした(以上、新崎盛暉「新しい反基地闘争の胎動」「新平和祈念資料館をめぐる問題とは何か」いずれも一九九九年。『沖縄同時代史』九巻「公正・平等な共生社会を」凱風社、二〇〇一年、所収)。

「沖縄イニシアティブ」論

イの新しい提唱としての沖縄イニシアティブの問題とは、本土への抵抗を機軸としてきた(との感の深い)沖縄の思想の枠組を転換させ、沖縄側の発意として安保体制を受け入れようとの意思を、鮮明に打ちだした動きを指します。真栄城《まえしろ》守定さん・牧野浩隆さん・高良倉吉さんの編著『沖縄の自己検証——鼎談・「情念」から「論理」へ』(ひるぎ社、一九九八年)の主張がそれでした。

この本の主張の根幹は、「軍国主義時代の被害を絶対化していくと、これからの時代のリスク管理としての安全保障を考えることができなくなってしまう」、「感情的にこのことを議論する時代はもう終った」というところにあります。論議を惹き起すことを狙ったかのようなこの主張にたいし、沖縄では批判を中心として、多くの論議が巻き起りました。という状況を踏まえ、大城常夫さん・高良倉吉さん・真栄城守定さんという、前著と重なるメンバーによって、そうした批判への反批判として、『沖縄イニシアティブ——沖縄発・知的戦略』(ひるぎ社、二〇〇〇年)が著され、沖縄内部からの、基地の積極的な容認の上に立つ未来像を打ちだしました。

これらの本を読んだときわたくしは、そこには、歴史に固執してやまない姿勢を「感情」「情念」と貶めるとともに(要するに非理性的だということになる)、みずからを、それを超える「論理」の立場、「知的」の立場と位置づけようとする姿勢、抵抗を基調とする立場を、受動的と見なし、「辺境意識を卒業」して沖縄の主導性・発信性＝「イニシアティブ」を強調する、ないし装う姿勢、「アジア・太平洋」＝「国際性」の名による新しい(とする)枠組の提示と、対本土に固執する姿勢からの脱却の示唆などを、認めうると思いました。そうして沖縄からの、「イニシアティブ」の名による本土政府への〝求愛〟行動ではないかとも思いました。

沖縄イニシアティブの人びとが、「感情」とか「情念」とかいって斥けようとする過去は、結局のところ、沖縄戦に焦点を結びます。恐ろしい言葉に出会いました。「県民の四人に一人が亡くなったということですが、そのことと同時に大切なことは四人のうちの三人が生きのびたことです」(高良さん)。生き残った三人は、亡くなった一人を染み込ませて戦後を生きたわけだから、もうそれだけにこだわるのはよそうという呼びかけです。一人ひとりの掛け替えの無さを、員数に変換する考え方と思いました。そこを消すことにより、抵抗の根を抜き、基地繁栄論への途を掃き清める論理をなしています。「4　米軍基地の現実と復帰への問い」で見るように、こうして沖縄イニシアティブの人びとは、日本政府との(少なくともひとときの)〝蜜月〟時代を迎えます。

「集団自決」をめぐって――大江・岩波裁判

大江健三郎・岩波書店沖縄戦裁判とは、大江健三郎さんの岩波新書『沖縄ノート』(一九七〇年)での、座間味《ざまみ》島と渡嘉敷《とかしき》島での集団自決に当時の指揮官の強制があったとする記述が、事実でなく、その名誉を毀損したとして、元指揮官側が、著者と出版社を相手どり、損害賠償・出版差し止め・謝罪広告を求めて、二〇〇五年に起した訴訟を指します。この裁判は、一審、二審と原告側の敗訴として進んでいます(そののち、二〇一一年四月二一日、最高裁による上告棄却の判決で、軍の関与が認定され、原告側の敗訴が確定)。が、刊行後三十余年を経ての提訴は、集団自決への軍の関与を認定している教科書の記述を改めさせようとする人びとの運動、さらにそれと呼応する文部科学省との、事実上の連携プレイでした。文科省は、安倍(晋三)内閣のとき二〇〇六年の高校日本史教科書の検定で、この裁判が起されたことを理由として、集団自決の箇所での「日本軍に強いられた」などとする表現に、初めて「修正意見」を付け、削除させるに至ります。

翌二〇〇七年、そのことが明らかになると、沖縄では怒りが爆発して「教科書検定意見撤回を求める県民大会」(一一万人が結集)が、沖縄島・宮古島・石垣島でそれぞれ開かれ、「歴史の歪曲は許さない」として、検定意見の撤回を求めました。その結果として、つぎの福田(康夫)内閣のとき、その検定意見が事実上覆り、日本軍関与の記述が復活することになります(正式には、検定は変えないが、教科書会社が日本軍の関与という記述を入れると修正を申告すれば、受け入れるというかたち)。

沖縄戦記述への、執拗に繰り返される政府の介入は、住民への日本軍の加害をあくまでも消去するという国家意思を示しています。そうしてア、イと相俟って、沖縄への逆風を吹きつけました。しかしそのなかで、とくに再度にわたる教科書検定問題や、大江・岩波裁判を闘うなかで、思想的な営為として、二つの点で「集団自決」の概念が鍛えられていったことが、著しい現象として眼を引きつけます。

一つは、集団自決という表現のなかから、集団死→強制集団死という概念が成長していったことです。前回に申しあげたように(18頁)「集団自決」は、太田良博さんが『鉄の暴風』で作り出した言葉でした。そのさい太田さんは、住民たちが殺しあいに追い込まれた状態を一語で表現しようとして、それに到達したのでしたが、その言葉は、独り歩きしはじめるとともに、太田さんの本意とは正反対に、自発的な死というイメージが盛りこまれるようになってゆきました。その結果、追い込まれ強いられた集団的な死という意味を、より正確に表す言葉を求めて、「集団死」、さらに「強制集団死」という表現が作られるに至りました。一〇〇パーセント落ち着いた表現かどうかは、議論のあるところですが、実相により近い概念の創出であることは、間違いないところです。近年では、「集団自決」にかわって「強制集団死」が、用語として定着してきたと思います。

いま一つは、集団自決に体質化している家父長制の指摘です。宮城晴美さんが、その問題を提起しました。宮城さんは、女性問題や沖縄問題を主題としてきた著作者・運動者ですが、母親の宮城初枝さんが座間味島の集団自決の場にいたこともあって、その母の手記をも収めた著書『母の遺したもの――沖縄・座間味島「集団自決」の新しい事実』(高文研、二〇〇〇年)を出していました。が、その手記が、大江・岩波裁判で、軍命がなかったとする提訴者側に、証拠の一つとされたところから、大江・岩波側に立って証言するとともに、母の本意を説明したうえ、みずからの調査をもとに軍の命令・関与を立証する「新版」(二〇〇八年)を出すに至ります。

そうした試練が、宮城さんをあらたな視点へと向わせずには措かなかったのでしょう。集団自決にジェンダーの視角から焦点を当てるようになります。なぜ犠牲者の八三パーセントが女性・子どもであったのか、そのことは、家父長制を抜きにしては考えられないのではないか、という指摘です。宮城さんの「検証「集団自決」ジェンダーの視点から」四回(『琉球新報』二〇〇九年六月一九、二二―二四日)は、そのことを論じた迫力溢れる論考です。

「「集団自決」の犠牲は女性・子どもが圧倒的に多い。そこには、住民を「死」へと追い込んでいった「力」が、軍隊という強い者から最も弱い住民へと幾重にも及んでいったことがわかっている。にもかかわらず、「集団自決」が強制された住民同士の「殺し合い」として、その要因が一括りにされてきた感は否めない。こうしたことでは、地域性、年齢、ジェンダー役割等ミクロの視点が欠落し、沖縄で起こった軍官民の「集団自決」が十把ひとからげに論じられ、その本質が見えにくくなってしまう」、「「殺し合い」というのは、「力」関係が対等であることが前提となる。しかし「集団自決」は、強大な「力」を持つ軍隊が、地元の指導者を通して住民を強制・誘導することで、家族の中の「力」のある者が、最も弱い者から手にかけていったという、「不平等な力関係」のもとで起こっている。こうした「集団自決」の本質に迫るには、ジェンダーの視点での分析が必要になってくる」、「「ジェンダー」は単に女・男の「不平等な力関係」だけでなく、軍隊と民間人、あるいは地元指導者と一般住民という階級的差異、家父長制下の家族構成などといった階層秩序と相互に連動することで、抑圧構造を強化していくことがわかっている。言いたいことは、「集団自決」はまさにこうした構図の中で繰り広げられたということである」。

そんな宮城さんは、「強制集団死」という言葉の創出に理解を示しながらも、それでも自分は、「つらい思いをこらえながら自分や親族の体験を話してくれた座間味村民の用語として敬意を払いたい」との理由から、「集団自決」という言葉にこだわりたいと付言しています。それは、男たち、また軍が生き残ったことにも繋がる問題です。本質を衝く別の面からの指摘に考え込まされずにはいられません。

沖縄戦の思想化――屋嘉比収

それらの積み重ねのうえに、逆風に立ち向って、沖縄戦とは何かについて理論的な構築を行ったのは、沖縄近現代思想史・日本近現代思想史を専攻分野としていた屋嘉比《やかび》収《おさむ》さんです。わたくしは、それを、沖縄戦を思想化する営みと呼びたいと思いますが、氏の仕事にはそれが結晶しています。ほんとうに残念なことに、たくさんの課題を背負ったまま、この(二〇一〇年の)秋の初めに亡くなりました。

その屋嘉比さんの沖縄戦についての考察は、『沖縄戦、米軍占領史を学びなおす――記憶をいかに継承するか』(世織書房、二〇〇九年)にまとめられています。氏の問題意識は、「はじめに」の、「私たち戦後世代は、非体験者であるにもかかわらず、沖縄に生まれ育ったという〈特権〉により、体験者の体験にもたれかかり、その視線で安易に語りすぎているのではないか」、「問われている緊要なことは、非体験者としての位置を自覚しながら、体験者との共同作業により沖縄戦の〈当事者性〉を、いかに獲得していくことができるかにある」との文言に端的に語られています。

きびしすぎる自己省察ですが、屋嘉比さんは、自己を問う(あるいは自己に問う)という迂回するかに見える回路を通して、戦争と占領を沖縄自体を含めて、根底から再吟味の対象としたことになります。「学びなおす」としたところに、引き受けねばならないとする、著者の責務感覚が如実に表れていると思いました。すでに『けーし風《かじ》』二号(一九九四年三月)に、主導して「沖縄戦の〈語り〉と継承」を特集し、「無意識に前提としている、体験者が非体験者に沖縄戦を語る構図それ自体が、今後成立し得ない」、「語り方そのものが、おのずから変容せざるをえない」とのべているのを見ると(「特集にあたって」)、氏は早くから、そのことに思いを及ぼしていたようです。

本は、「I 沖縄戦を学びなおす」、「II 米軍占領史を学びなおす」の二部から成りますが、Iの先頭に置かれた「1 戦後世代が沖縄戦の当事者となる試み」は、そんな屋嘉比さんの問題意識を総括的に示しています。そこで氏は、自治体史や家永教科書訴訟が、沖縄戦をいわば「再発見」していったことの意義を十分に認めながら、しかしその結果として、「沖縄戦の語りにおけるマスター・ナラティブ」が形成されていったとし、そこから排除されたもの、「島クトゥバで語る戦世」の回復を提唱します。

こうした提言を手始めに屋嘉比さんは、まるでわが身にメスを入れるように、沖縄戦の解析に向い、

(1) 沖縄への貶視を基盤に、住民には、動員の対象と防諜の対象という、方向を逆にする方策が強制されたこと、
(2) 「集団自決」は「強制的集団自殺」と呼ぶべき実態をもつこと、
(3) 「自決」か「生き残り」かを分けたのは、圧倒的な「共同体構造」のなかで、「他者の声」を聞き取りえたかどうかに係ること、
(4) 「他者の声」を発しうる点では、移民体験が糧となっていたこと、
(5) 日本軍の住民虐殺や「集団自殺」への誘導には、中国での残虐行為という戦争体験が、重なっていること、
(6) その点では沖縄出身の日本兵も、「日本軍」という記憶を共有していること、
(7) 沖縄が日本での唯一の地上戦の地というのは、日本国家という枠組を前提にした場合に該当するに過ぎず、視野をアジアに広げるなら、地上戦を体験していない地域がむしろ例外であること、

などを明らかにしてゆきました。

著者をこれらの作業に駆り立てたのは、沖縄戦での「沖縄住民に向けられた日本兵の銃口の問題」でした。そこには、戦争の記憶が、「「日本単一民族の記憶」として、「唯一の被爆国」という定型化された語りで語られるようにな」り、そのなかで「沖縄戦が日本の国土防衛のために崇高なる犠牲的精神を払った沖縄住民の闘いとして語られ」て

ゆくことへの、抑えがたい怒りがあった、と推測します。

その点に由来するこだわりは、まず、「日本兵が沖縄住民(民間人)を虐殺した事実」として、沖縄への差別という課題に直結します。ともに、「国家が帰属する国民を殺害した事実」として、「軍隊は住民(民衆)を守らない」という、戦争の本質に迫る論議へ展開します。場所性に根ざすがゆえに、拓くことのできた戦争論・国家論をなすと思いました。

沖縄戦の体験者たちは、みずからに食い入ったあの戦争に固執したゆえに、数々の実相・真相を掘りだしえてきました。その実績は、恩恵を受けてきた一人として申せば、もとより掛け替えのないものですが、同時にそれゆえに、抜き差しならぬ原点としてのという意味で、みずからにとっての沖縄戦への(誤解を招きやすい言い方をあえてすれば)密着性が避けがたくもあったであろうと察せられます。

それにたいし、「非体験者」であることに自覚的に立つ屋嘉比さんの視線は、沖縄戦を凝視しつつも、それを歴史の大きな文脈のなかに探ろうとする点で、それまでの枠組を超えようとするものでした。沖縄戦から米軍占領という過程について、「(従来の――引用者)枠組みでは、戦前の帝国日本による植民地主義と戦争だけが対象となり、戦後東アジアにおける分断や内戦、東西冷戦体制は分離され、別個の対象として扱われてきた」とするところに、沖縄戦を「東アジア」の歴史から捉えようとする問題提起を感じ、その角度からの沖縄戦把握は、歴史認識の新しい域を拓くであろうと思いました。

4　米軍基地の現実と復帰への問い

「占領」時代の再来？　――統合の深化

そうした思想的対抗という緊張をはらみつつ、新しい世紀へと時間が動いていたとき、その時間を止めるような事件が、沖縄中を震撼させました。さきにのべた一九九五年の事件です。それをきっかけに、日米両国の政府は、あらたな政策を準備することを余儀なくされます。それが、基地問題の現在へと直結します。その時期を考えようとして、表題を「米軍基地の現実と復帰への問い」としました。がここでは、いま基地がどのようになっているかという実態を、数字を挙げていうのでなく、それを見つめての思索が、どのように繰りひろげられてきたか、また、いるか、を主題とすることにします。

人びとの憤りを背景に、大田(昌秀)知事は、日米地位協定の見直しを要求し、また、米軍用地強制使用に関わる代理署名を拒否します。わたくしは、知事の地位協定見直し要求にたいする当時の河野(洋平)外相の、「議論が走り過ぎている」とした(『朝日新聞』一九九五年九月二〇日朝刊)、にべもない態度を忘れることができません。

危機感を共有した日米両政府は、同盟の再統合をめざすことになります。一九九六年、橋本（龍太郎）首相とクリントン米国大統領は会談して、「日米安保共同宣言」を発表、同盟関係が、アジア・太平洋地域さらに「地球的規模」に拡大されることを初めとするいわゆる安保再定義に踏み込みます。それを受けて橋本内閣は、周辺事態法など新ガイドライン関連法案を成立させてゆきます。

また、ＳＡＣＯ（Special Action Committee on Okinawa, 沖縄に関する特別行動委員会）を設置し、普天間基地機能の、「沖縄本島の東海岸沖に建設する」「海上施設」への移転などを内容とする報告を、ＳＣＣ（Japan-United States Security Consultative Committee, 日米安全保障協議委員会、通称２プラス２）に提出、ＳＣＣの承認を経て、大田知事から替った稲嶺（恵一）知事が辺野古《へのこ》沿岸域を最適と決定します。普天間基地を移転するというかたちを取りながら、あらたな基地を沖縄に建設するという問題の登場でした。

さらに、米軍用地特別措置法を、一九九七、九九年と矢継ぎばやに改定し、軍用地のためならば総理大臣のハンコ一つで収用できる仕組みを作ります。「改定の核心は、次の二点である。／第一は、強制使用や収用の対象土地に関する土地調書・物件調書の代理署名や、関係書類の公告・縦覧（代行）といった手続きを市町村長や知事から取り上げ、総理大臣の事務にした点、第二は、土地の収用や強制使用を審理する収用委員会が、緊急使用裁決申請に対して早急に裁決を下さない場合や、裁決申請を却下した場合は、総理大臣が代行裁決をすることができるとした点である。つまり、米軍に提供する土地に関しては、私有地であれ、公有地であれ、総理大臣の一存で、取り上げることができるというのである」(『沖縄現代史 新版』)。

それと並行しつつ、沖縄の歓心を買おうとする政策として、政府は、二〇〇〇年に日本で開催予定のサミット(主要国首脳会議)の主会場を、電撃的に沖縄に設定します。とともに、サミットと、その年がミレニアムであることを記念するとして、「守礼の門」を絵柄とする二〇〇〇円札の発行を決めます。イベントを通じて、沖縄の〝主役〟意識をくすぐろうとする方策でした。

政府の側のそういう攻勢に直面して、不可避的に対抗的な言説が、運動とともに展開されます。サミットについては、新崎盛暉さんの、「政府の本音は、あくまで、「県内移設」とよばれる沖縄基地の再編統合合理化政策を沖縄民衆に受け入れさせるための環境づくりにあった」という議論が(「沖縄サミットの意味するもの」二〇〇〇年、「沖縄サミットと基地の「県内移設」」と改題して『沖縄同時代史』九巻「公正・平等な共生社会を」所収)、そうした政策の「本音」を衝きました。また二〇〇〇円札については、新川明さんの、「この新札の発行によって沖縄(琉球)が名実ともに完全に日本国の版図に入ったことを沖縄人を含む全国民に知らしめ、納得させ、合意を得るための儀式であり、宣言でもある」との主張が(『沖縄・統合と反逆』筑摩書房、二〇〇〇年)、憤激をもって、その意図を粉砕しようとしました。

米軍ヘリ墜落事件が顕わにしたもの

そういうなかで、沖縄での米軍基地ないし日米安保の実態が、どんなものかを容赦なく示す事件が起きます。二〇〇四年八月一三日、普天間飛行場に隣接する沖縄国際大学の構内に、米軍の大型ヘリコプター(CH-53D型)が墜落したという事件です。奇跡的に人命の被害は免れましたが、機体は、大学本館の「外壁に添って建物を巻き込むようなかたちで油を撒き散らしながら墜落、炎上」しました。事件自体が、この基地がいかに危険な存在であるかを物語りますが、そのあとの処理が、それに劣らず、あるいはそれ以上に、沖縄が米軍の制圧下にあることを暴露せずにはいませんでした。

「最初に現場に到着したのは海兵隊だった。その間約3分(墜落は一四時一八分過ぎ——引用者)。基地のフェンスを乗り越えて敷地内に侵入し、大学構内を全力で走り抜ける数十人の兵士たちの姿に学内はものものしい雰囲気に包まれた」、「しかし、問題はこれからだった。15時30分になると、米軍はにわかに墜落現場を立ち入り禁止区域に指定。あちこちに黄色いテープを張りめぐらし、部隊による実力阻止線を設定する」、「その後も米軍は一切の現場検証を拒否し続け、大学前の道路も含め、周辺一帯を厳重に封鎖して軍の管理、統制下においた。米軍によるこの異常な「占領状態」は、(中略)約七日間にわたって続いた」(以上、黒澤亜里子編『沖国大がアメリカに占領された日——8・13米軍へリ墜落事件から見えてきた沖縄／日本の縮図』青土社、二〇〇五年）。

この本に、「銃口はどこに向けられたか――〈場〉を開いてゆくために」という文章を寄せた屋嘉比収さんは、そのことの意味をこう総括しています。

「今回の米軍ヘリ事故で、墜落現場を統制した米軍は、当初暴動鎮圧用の銃を装備し、事故現場に集まってくる地域住民を威嚇した。いったい、その銃口は何から何を守ろうとしたのか」、「『軍隊は住民を守らない』とは、沖縄戦を体験した住民の言葉だ。いわばその言葉は、沖縄戦を体験した先人が暗闇のなかで踏み歩いていった「先人の足音」といってよい。その足音は、沖縄戦において多くの死者の命であがなった沖縄の「土地の記憶」である。銃口はどこへ向けられたかを繰り返し問うことで私の前に浮かび上がってきたのは、その先人の足音としての土地の記憶である」。

とともに氏は、この事件にたいする本土の側と沖縄の側との姿勢の違いをも指摘せずにはいられませんでした。

「本土での議論の大部分は、日米地位協定により警察の調査権が米軍によって強制的に規制されたことに対する不満を背景に、主として「国家主権の問題」として論議された。それに対して沖縄では、同事件に対する日本政府や本土マスコミの無関心への不満と米軍による強制的規制への反発や批判を含めつつも、主として「人権や住民の命への侵害の問題」として論じられた。その議論の違いは、米軍基地に対する沖縄と日本本土との認識の違いを端的に示すものといえよう」。

沖縄をあくまでも捻じ伏せ、〝人身御供〟として米国に差し出しつづけるという日本政府の意思は、「負担軽減」のお題目のもと、いっそう既定化しつつあります。しかしそういう状況は、沖縄の人びとのうちに、それを撃つ思想をつぎつぎに生みだしつつもあります。無体な状況が、反面教師として思想の発酵素となっていることには、ほとんど言葉を失いますが、それゆえにそこに、人びとの不屈の意志を見ることができるとの感に打たれます。抵抗の意志、また未来をめざす意志の発現としてのそういう思想のうち、ここでは三人の思想に絞って、その営為と結実を考えることにします。

一つ目は、新崎盛暉さんの思想で、「「安保翼賛体制」を衝く」としました。二つ目は、目取真俊さんの思想で、「「命《ぬち》どぅ宝」のかなたを」としました。そうして三つ目は、新《しん》城郁夫《じょういくお》さんの思想で、「「回収」されない沖縄のために」としました。それぞれ活動域は広く、したがって仮の名づけという域を出ませんが、わたくしなりに学んできたポイントからあえて括ってみました。

「安保翼賛体制」を衝く――新崎盛暉

新崎盛暉さんの活動は、執筆から運動現場へ、運動現場から執筆へと縦横無尽というべきものですが(この表現は正確でなく、執筆自体が運動でもあるのですが)、執筆に絞れば、なかでも二つの活動が眼につきました。

一つは、一九九三年一二月、岡本恵徳さんらと新沖縄フォーラム刊行会議を結成して、季刊誌『けーし風《かじ》』を創刊したことでした。表題自体が、「状況に「返し風」を」という意志を示しています。「発刊にあたって」に盛りこまれた抱負と方向は、状況が「希望」から「絶望」に変ったなかで、沖縄が一見もてはやされつつ、その実、文化の空洞化・形骸化・観光化が進展し、かつ基地建設が強行されるなかで、多様性の回復をめざし、「情報交換と問題提起の場として」文化運動を、というものでした。『新沖縄文学』が休刊となったその年の、この雑誌の創刊に、わたくしは、沖縄の意志を感じました。『けーし風』は、現在に至るまで、琉球弧全体に及ぶ視野をもって、逆風に立ち向う問いとみずからに向けての問いを、発信し続けています。

いま一つは、すでに何カ所かでその記述をお借りしてきましたが、『沖縄同時代史』全一〇巻+別巻一(凱風社、一九九二―二〇〇五年)を刊行していったことでした。政治状況に対峙しつつ、時々刻々のできごとを、長期的な視野のもとに診断し位置づけるという作業を通して、言い換えれば時評的な文章を繋いで、書名通りの『同時代史』をなすという仕事です。

その『同時代史』を通じての新崎さんの議論の、もっとも中心をなすのは、沖縄はいまや「安保翼賛体制」のもとに置かれてしまったという認識であると思います。米軍用地を他の公共用地と異なり、総理大臣の権限のみで、新規収用も強制使用も可能とするという、特別措置法の改定についての立論に、その点がもっとも鮮明に表れています。

「戦争を放棄した日本国憲法の下にある土地収用法は、軍用地を公共用地と認めていない。したがって、米軍に土地を提供するための特別の土地収用法としての米軍用地特措法が必要であった。しかし、収用法体系に整合性をもたせるため、米軍用地特措法による土地収用・強制使用の手続きは、土地収用法を準用することになっていた」。再度にわたる改定は、それまで曲がりなりにも保たれていた法体系のそうした整合性を突き崩し、米軍用地の取得と使用を突出させた。「そうなれば、日本国憲法下の米軍用地特措法は、米軍政下の布令・布告と同じ性格をもつことになる」、「日本にとっては沖縄は軍事的植民地なのである」(以上、「むすびにかえて——安保翼賛体制下の特措法改定」一九九七年、七巻、および八巻への「はじめに」一九九九年)。

法治主義の原則を事実上踏みにじっての布令・布告政治の再現と、それに伴っての軍事的植民地としての位置へのあからさまな押しつけは、沖縄にとって、一九五〇年代の再来に等しいことでした。そういう状況を見つめつつ新崎さんはいいます。それは、日本にとっても、「衆参両院とも、それぞれわずか五日足らずの形式的審議で、この法案を通過させてしまった」という点で、「空恐ろしいまでの民主主義の空洞化」を招いた、こうして、「米軍用地特措法という、これまでは一般に名まえも知られていなかった法律の改定問題を契機にして、沖縄も日本も、「戦後」とも「復帰後」とも異なる時代に一歩踏み込んだことだけは間違いあるまい」と(「安保翼賛体制下の特措法改定」)。

あらたな状況は、あらたな問いを発生させます。まず新崎さんは、沖縄自体に、「こうした状況に訣別する覚悟ができているか否か」という問いを立てます。そうしてその問いに、沖縄人自身の事大主義的精神構造の指摘とか、沖縄的なものへのこだわりの消滅こそ沖縄の危機とする見解など、幾つもの問題提起を重ねあわせます。そのうえでいうのでした。「軍事的植民地は、決して経済的収奪を受けるわけではない。むしろ軍事的植民地状態を維持するためには、政府は多くの財政資金を投入してきたし、必要とあれば、またそれが可能であれば、これからも投入し続けるであろう」、「いま沖縄に問われているのは、こうした状況に訣別する覚悟ができているか否かである」、「この選択を通してはじめて、自立の可能性が見えてくる」(以上、「安保翼賛体制下の特措法改定」七巻、および「新平和祈念資料館をめぐる問題とは何か」、「いま、何が変わろうとしているのか」いずれも一九九九年、九巻)。

「命どぅ宝」のかなたを——目取真俊

作家目取真俊さんの出現は、わたくしには、沖縄の天命を負う存在の到来と映りました。沖縄戦が、氏の思索の核となっています。そこから問いを発するのです。沖縄に「戦後」はあるか、と。「沖縄基地の撤去という困難な課題を克服することなくして、沖縄戦の真の終わりもありはしない」、「沖縄戦は常に私たちの思想の原点にある」と畳みかけて、紛れるところがありません(「「慰霊の日」を想う——戦争の世紀と沖縄」二〇〇〇年、『沖縄/草の声・根の意志』所収。以下、時事的な文章については、特記しないかぎり同書所収による)。

そこに渦巻く想いを強いて分解すると、つぎの五点から成るように思われます。

(1) 何よりも、死者への想像力の回復を、と主張してやみません。「(死という——引用者)切実で具体的な体験を死者はついに語ることはできない。私たちは想像力によってそれを共有しようと努力を重ねることで、死んでいった者の内面と死の意味をかろうじて考えることができるだけだ」、「人の死や傷に対する悲しみを共有する想像力を削ぎ落とすことによって、高良(倉吉——引用者)や牧野(浩隆——引用者)のような言辞が成り立つ」(「犬が右向きゃ……」二〇〇〇年)。

(2)　沖縄戦把握についての欠落部分の指摘です。「沖縄戦についてはまだ考えられていない問題、作り得ていない視点、明らかにされていない事実がいくらでもある」。氏の視線は、朝鮮人慰安婦・朝鮮人軍夫・沖縄人慰安婦・ハンセン病患者・障害をもった人びとの沖縄戦体験や、それらの人びとへの沖縄人の視線や仕打ちにおよびます(「「慰霊の日」を想う」)。

(3)　いまだ戦中とは異なる〝戦後〟を造りだしえていないという歯ぎしりです。「第二次大戦から五十六年がすぎても変わらない沖縄の植民地的状況と否応なくアメリカの軍事戦略に組み込まれていることへの怒りとやりきれなさ」とのべています(「〈コンパッション〉は可能か?」、対話集会実行委員会編『〈コンパッション《共感共苦》〉は可能か?——歴史認識と教科書問題を考える』影書房、二〇〇二年)。この想いは同時に、復帰運動へのしらけた気持となっています。

(4)　「沖縄はすでに「有事」である」との切迫した想いです。日米安保を強化した周辺事態法について、「どこか「周辺」で事態が起こるんじゃないかと想っているのではないか/ですが私に言わせれば、沖縄というのはその「周辺」なわけです」とのべているところに(『〈コンパッション〉は可能か?』)、その切迫感が端的に表れています。

(5) 沖縄戦での日本軍の住民虐殺がもたらした深いトラウマを感知していることです。「「沖縄独立論」をめぐって」(二〇〇〇年)が、短文ながらその問題をもっともよく衝いていると思いました。

少し長くなりますが、この点を文脈に沿って考えると、エッセイはこんなふうに始まっています。沖縄サミットのとき、反対派の集会に本土から参加していた若者が、沖縄は独立すべきだと主張したのにたいし、五〇代の沖縄人(ウチナーンチュー)がこう反論したというのです。「もし沖縄が独立するとして、日本政府が黙っていると思うのか。仮に運動が盛り上がって、独立に現実味が出たとしても、必ず最後は自衛隊が出てきて武力で弾圧する。そうなれば多くの市民が犠牲になるが、それを覚悟してやれというのか」。

このやりとりを聞いて目取真さんは、こんな感想を書きつけます。「発言者の言葉の端々には苛立ちが感じられた。沖縄に過剰な幻想や期待を抱いて語られる「本土」側からの「独立論」には、私もつねづね辟易していたのでその苛立ちが理解できた」、「それは確かに一定の説得力を持っている。沖縄が日本から独立するということは実質的な革命であり、政府への反乱である。そのようにとらえれば、国家の暴力装置としての軍隊が最終的には「自衛隊」という仮面を脱ぎ捨てて、民衆の軍事的弾圧にのりだす可能性は大きいだろう」。こうのべてきて、そこで思考を反転させ、氏は、「独立運動の高揚→軍隊の出動→民衆との衝突→民衆の犠牲→独立の不可能性、とほとんど自動的に考えてしまうこの思考パターン」に、「沖縄戦における日本軍の住民虐殺に対する認識や記憶」が、「反発と同時に、抵抗もできずに虐殺されたことへの恐怖や不安」として、「抑圧的に働いている」痕跡を見るのでした。

それらすべての意味で沖縄戦は、目取真さんにとって現実としてありつづけています。それとともに目取真さんは、人びとが根としてきて、いまはもてはやされもする〝沖縄らしさ〟に斬りこみます。氏は、「「明るく楽しい南国沖縄」「癒しの島」という商品化された流通イメージ」と、それに身を投げかけてゆく風潮への唾棄を表明してやみません(「執拗さと頑固さ」二〇〇一年)。そこには、「「南方」的な大らかさや明るさ。親切で、情が深く、シャイで口下手だが、根は人がいい」という、「商品としての「良き沖縄人」像」の宣伝されていることへの、我慢のならなさがありました(「「沖縄賛美」の裏側　生き続けるシマの差別構造」二〇〇一年)。

その〝沖縄らしさ〟というとき、文化の根となっているのは(また、根としてしばしば称讃されるのは)、共同体意識です。相互扶助・人情味・温かさ・「いちゃりばちょーで―(出会えばみな兄弟)」などの価値観を盛りこんだ共同体＝シマの意識は、「本土」にたいするアイデンティティの象徴として強調される一方で、「本土」の側からも、近代で失われた人間関係への郷愁をもって顧みられ、自他ともに〝沖縄らしさ〟の根幹と位置づけられてきました。そういう共同体(意識)のもつ閉鎖性や差別構造に踏みこんで、美名に覆われがちのその病根を掻きだす作業を始めます。

こうして目取真さんは、「地域間の対立や差別、外部への閉鎖性という共同体の負の側面」は、支配者による地域間の分断を容易にするとともに、負担を少数者のほうへ際限なく押しつける結果をもたらしていると指摘します。「辺野古・豊原・久志の三区を「地元」と呼ぶことによって、あたかもそれ以外の地域は当事者ではないかのように扱い、住民のつながりを分断し、運動が名護市全体、沖縄全体に広がることを抑えこむ」(以上、「「沖縄賛美」の裏側」)、「辺野古と沖縄県全体との間に成り立っているこの論理は、そのまま、沖縄と日本全体の間に成り立っている論理でもある」(「選択の重み」一九九九年)。そうしていいます。「少数者への犠牲と差別の連鎖を私たちは断ち切らなければならない」(「犠牲と差別の連鎖を断ち切れ」二〇〇〇年)。

共同体との格闘は、目取真作品の柱の一つをなしています。「マーの見た空」(原題「マー」一九八五年。『平和通りと名付けられた街を歩いて』影書房、二〇〇三年、所収)、「ブラジルおじいの酒」(一九九八年。のちに『魂込《まぶいぐ》み』朝日新聞社、一九九九年、所収)、「群蝶の木」(二〇〇〇年。のちに同名の作品集に収録。朝日新聞社、二〇〇一年)などが、それです。それらで氏は、広く信じられている沖縄人像の解体と組み替えに挑戦し、状況をこじ開けるための、主体形成の条件を想望したのでした。

とはいえ、ことに一九九〇年代後半以降、つぎつぎに闘う手だてを封じられて、沖縄はどう闘えばいいのか、という問題に直面せざるをえなくなります。そのなかで氏の提起したのが、「命どぅ宝」の問い直しです。

「命どぅ宝」の登場は、一九六〇年代後半、米軍による相つぐ事故をきっかけに、「命」という言葉が、ある切実さをもって語られるようになったのを、いわば前史としています。B52撤去・原潜寄港阻止県民共闘会議が、「いのちを守る県民共闘」と称されたのが、その代表的な事例です。七〇年代前半の、沖縄戦体験記の聴き取り調査を通じて、俚諺《りげん》のなかから浮びあがり、八二年、教科書検定での、沖縄戦における日本軍による住民虐殺の記述の全面削除問題の過程で、一挙に、「沖縄戦の記憶を語る新たな枠組み」として、多くの県民に共有されるようになります。そののち、平和集会や、日本また世界へのアピールなどに多用されていったとされます(屋嘉比収「歴史を眼差す位置――「命どぅ宝」という言葉の発見」上村忠男編『沖縄の記憶／日本の歴史』未来社、二〇〇二年、所収)。

しかしその言葉は、誰も反対できないという効用に着目した統治者の側によって掠め取られます。一九八三年には、献血運動推進大会のため来県した皇太子によって、また二〇〇〇年には、沖縄サミットで来県したクリントン米国大統領によって、という具合に、です。そこでいいます。「もはや「命どぅ宝」という素朴な心情を口にするだけではすまされない」(「「慰霊の日」を想う」)。

掌編小説「希望」(一九九九年。『沖縄/草の声・根の意志』所収)は、そんな作者が、「平和」のうちにみずからを閉じこめ、その外への想像力を拒否する運動側の態度にたいし、いきなり「暴力」を提示するという骨組みの作品です。モチーフについて、このように語ります。「合法的に沖縄が抵抗運動をつくっていくための手段を数の力でどんどん奪っていき、そしてそれが積み重ねられていけば、では沖縄はどう闘えばいいのか? ということになる」(『〈コンパッション〉は可能か?』のなかでの発言)。

「回収」されない沖縄のために――新城郁夫

日本近現代文学・沖縄近現代文学を専攻する新城郁夫さんの思索、なかでも『沖縄文学という企て――葛藤する言語・身体・記憶』(インパクト出版会、二〇〇三年)は、目取真俊さんの思索と響きあう趣きをもっています。「米軍による占領状況は「復帰」後三十年間ほとんど変わることはなくむしろ強化されていき、そして、日本政府も国民もまたそうした沖縄の軍事占領状況を積極的に容認してきた」、「その意味でいえば、アメリカ軍占領時代から日本再統合を経て現在に至るまで、沖縄に戦後などなかったと言うべきだろう」(「はじめに」)。

その認識をたずさえて新城さんは、文学が文学であるべき要件を、「了解や共感の構図を根底から揺さぶり、新たな混沌と不条理を日常のなかに生起させるような力」に求めます(「はじめに」)。それを通じて氏は、(頻出させる用語を借りると)、沖縄が、既成の「了解」へと「回収」されることを拒みぬこうとします。とくに二つの点で、「回収」の動きへの拒否を鮮明にしていると思いました。

一つは、平穏や安定に「回収」されることへの拒否です。新城さんは、一見したところ何事もないような日常を、つぎのように捉え返し、その日常になじんだ存在というものを、根底から揺さぶろうとします。「米軍基地はいまや観光風景ですらあるが、その風景化の力をこそ「異様」と呼ぶべきであって、そしてその光景に慣れ親しんでしまった私たちの身体こそが軍事占領された「異様」な痕跡となっていると言うべきだろう」(「はじめに」)。それだから、目取真俊さんの「希望」についていうのです。「殺されるのは、マイノリティであり被植民地者であって支配する側ではない、という馴染んだ(?)構図がここでは奇態に捻れている」(「塞がれた口　目取真俊「希望」からの想起」)。

いま一つは、「沖縄」であるという「了解」に「回収」されることへの拒否とでもいうべきこだわりです。すでに幾人かの方から指摘があったように、当今、沖縄は、とくにいわゆる文化面では、沖縄であることによって貶められたり拒まれたりしているわけではありません。むしろ逆に、もてはやされて(も)います。新城さんは、そうした現象に潜む沖縄を異物視し、しかもそれによって正統ないし主流としての自己再確認をもたらすような認識・風潮、さらにいえば沖縄内部にも染みだしてきているかに見えるそれを、斬ってやみません。

「目にする表現の多くに、「沖縄である」という答えだけはあらかじめ用意されそして無前提的に肯われているような、そんな奇妙な印象を持つことがしばしばある」(「「沖縄である」ことへの問い――植民地・多言語・多文化」一九九八年)、「いっけん華やかなにぎわいを見せているかのごとき沖縄文学は、その実、中央文壇とかいうものの力学の中で、それらしい地方性と通りのいい異質性を担わされて、日本文学にとって心地よい周縁を演じさせられているのではないか」(「漂う沖縄文学のために」二〇〇一―〇二年)。それだけに新城さんは、九州・沖縄サミットで、「芸能人や文化人などがこぞって「沖縄らしさ」の自己演出に大わらわ」でいるのを、「無惨」と見つつ、「衆人環視のなかで沖縄らしさを演じさせられている現在の私たち」は、「ちょうど百年前、大阪天王寺の第五回内国博覧会パビリオン「学術人類館」において陳列された沖縄「土人」たちとなんの違いがあるだろうか」と思い返さずにはいなかったのでした(「あとがき」)。

「回収」という言葉に新城さんは、「安直な括り」が横行することへの怒りを突き出します。括られることによって、対象化へと押しつけられ、一方的に他者に規定される存在となりおわることを、「知の植民地主義」とし、それゆえに「回収」されない沖縄への希望を込めて、知の〝攪乱者〟であろうとしています。

その新城さんの、復帰三〇年に当っての思索は、沖縄のいまが抱えこまざるをえないでいる問題を、身体性をもって衝くものでした。一九六七年生れの氏は、復帰当時を覚えていない自分が、復帰に懸けた当時の人びとの切実な感情を、冷笑することは許されないとしつつ、こんな言葉を連ねています。

「復帰」がある種の幻想であり、復帰すべき「日本」という国がまたある種の幻影であることを突きつけたのは、一九九五年の米兵三人による少女暴行事件である。当時、まだ東京にいた僕(大学院生であった——引用者)に、あの痛ましい事件は、「復帰」が、「日本」「アメリカ」そして「沖縄」による政治的折り合いの産物であることを教えてくれた。しかも、東京にいると、その事件は安保条約の下、仕方なく起こった事件として扱われている印象さえあって、異様な感覚にとらわれたことをはっきりと覚えている。あの時、日本政府が選択したことは、問題解決の先送りであり、時間の経過による問題自体の風化・忘却であると僕には思えた。

「復帰」という政治的妥協が、一人の少女に加えられた暴力を隠蔽しようとしているかもしれないという疑問。また、振興策や軍用地料による人心の買収の一方で軍事基地を押しつけてくるといった、日本やアメリカによる沖縄への包摂的で抑圧的な力が、僕のような小さな存在にものしかかっているような引きつりにも似た感覚。そうした疑問や感覚を、あの一九九五年の事件は僕自身の身体に刻みつけたように思える(「帰属すべき「国」への違和感　境界を積極的に生きる勇気」『朝日新聞』二〇〇二年五月一五日夕刊「「復帰後世代」が見た沖縄'72〜'02」下。のち「「日本復帰」への違和——境界を積極的に生きる勇気」と改題して『到来する沖縄——沖縄表象批判論』インパクト出版会、二〇〇七年、収録)。

新崎盛暉さん、目取真俊さん、新城郁夫さんたちの論点は、それぞれ沖縄の抱える問題を、独自の視角と分野で衝きながら、同時に共通して、「本土」への強い問いを発しています。それにどう応えるか。

二回の話は、わたくしなりの「応え」というほかありません。「答え」にはほど遠いでしょうが、「受けとめよう」ともがいたことは事実で、登場していただいた人びととのその意味での格闘では、追いつめられながらも、懸命に踏んばったつもりでもあります。同時に、いま手探りの試論を終えて、向きあってきた人びとの、沖縄をまるごと抱えこんだ思索に魅了されつづけたとの感が、わたくしを満たしているのを覚えます。その一方で、情念の底まで到達するにはほど遠く、上澄みを掬っただけではとの念が、わたくしを脅かします。とつおいつしながら切に願うところは、沖縄ではこうした想念が、それぞれ旗を立てひしめきあいつつ、未来を創ろうとしていることを心に留めていただきたい、との一言に尽きます。

むすび

沖縄のいまへ

二〇〇九年の政権交代は、沖縄の人びとにとって、ようやく宿願達成への希望をもたらしました。新しい政権の頂点に立とうとする鳩山由紀夫さんが、普天間基地の県外・国外への移転を約束したからです。無条件撤去の願いとは齟齬があったとはいえ、移転は、恒常的に曝されてきたいのちの危険を減少させる確実な一歩となるはずでした。

結果はご承知の通り、鳩山首相の変心によって、辺野古へという、県内移転への回帰となりました。その軌跡は、鳩山さんの「迷走」との論評を生みましたが、米国と、日本の政界・財界・官界そうしてマス・メディア界の〃鉄の環〃によって押しつぶされたというのが、真相だと思います。そのあとを継いだ菅(直人)内閣は、再検討への気振りももちません。

安保条約改定五〇年に当る二〇一〇年は、その再検討に乗り出すのに絶好の機会でした。しかし、「県外・国外」と口走ったことへの強烈な拒否反応は、この国が、いかなる地位にあるかということとともに、いかなる体質をもっているかをも露出させ、二〇一〇年を、安保体制修復に大わらわの年としました。はっきりしたのは、沖縄の人びとという存在を、本音では歯牙にもかけていないという事実です。

一九六九年は、日米首脳間で、七二年の沖縄の施政権返還が合意された年ですが、そういう状況を受けての、二人の沖縄の知識人の言葉が思い返されます。いずれも、Iですでに引いた言葉ですが、繰り返しますと、「沖縄戦における犠牲の意味をあいまいにし、戦争の処理さえも終わっていないまま、沖縄をして、ふたたび国土防衛の拠点たらしめようとの発想が、現実化しつつあるという事実である」(大田昌秀、82頁)、「おそらく基地はそのままであろう。(中略)本土復帰と叫びつづけて二十四年、こうして果したのは、第一歩から基地縮小の運動を私どもはくりかえさなければならないということであった」(仲宗根政善、123頁)となります。

なんと予言的な言葉か。ということは、事態が、本質的には一歩も動くことなく、四十余年が経過した証左にほかなりません。大学でわたくしが教わった西岡虎之助先生は、「歴史家みずからの責め」という意味の感懐を吐露されたことがありますが、それになぞらえていえば、そういう事態にたいし、「国民みずからの責め」という感触をもちます。

事態を動かそうとする行動は、辺野古で、新しい基地を建設することに抵抗する座り込みとして起されています。国はそれにどう応えたか。二〇〇七年五月、自衛艦を出動させたというのが、もっとも露骨な暴力的対応でした。その記事を読み、「友軍」が住民に「砲」を向けたと思いました。

座り込みは、今日(二〇一〇年一二月三日)で二四〇〇日に近づいていると思います(追記――辺野古テント村での座り込みは、二〇一七年一二月二六日で五〇〇〇日に達しました)。「サンゴが育つジュゴンの海を壊すな！」「子どもたちに残したいのは何ですか」と訴えるこの運動を思うとき(趣旨を伝えるチラシ「心《ちむ》に海染《す》みり」海上ヘリ基地建設反対・平和と名護市政民主化を求める協議会、二〇〇八年)、蘇るのは、古典『おもろさうし』に見える「にが世」という言葉です。そうしてわたくしを、「にが世」のいまへと立ち帰らせます。とともに、生涯にわたってそのひと流に、「にが世」からの解放を求めつづけた思想家伊波普猷の、最後の著書における結びの言葉にゆきつかせます。

伊波は、絶筆とされる『沖縄歴史物語――日本の縮図』(沖縄青年同盟中央事務局、一九四七年)を、自己決定の問題に深くこだわりつつ、こう結びました。刊行されたとき、伊波はすでに世を去っていましたが、よく知られるようになっている文言です。

> 地球上で帝国主義が終りを告げる時、沖縄人は「にが世」から解放されて、「あま世」を楽しみ十分にその個性を生かして、世界の文化に貢献することが出来る、との一言を附記して筆を擱《お》く。

この場合、「帝国主義」という言葉は、暴力的な覇権主義、あるいは覇権体制を意味していたのであろうと思います。それにたいして、わたくしたちはどのように向きあってゆくべきかという課題を、この言葉は突きつけています。とともに、「にが世」を克服し「あま世」をめざす動きは、そうした暴力主義的な「帝国」の観念の対極に、辺野古の海で始められている、とも受けとっている次第です。

これで終ります。ありがとうございました。

あとがき

書き終えて、どこまで書きえたかについて、二つの感想が立ちのぼります。

一つは、取りあげるべくして、そうできなかった作品、もっと詳しく論ずべくして、そうできなかった作品が、あまりに多いという心残りです。書き進めつつ、おのずから連想が広がって、ブレーキをかけるのに往生しました。しかしこの構成では、こんなかたちにするほかないと、思い切りました。

いま一つは、書いているさなかから、「沖縄の戦後思想」という看板を立てるには、少なくとも三つの欠落があると、意識せずにはいられなかったことです。まず、叙述は結局、文字に表出された思想を追うに終始し、芸能や美術・映像の分野には入れませんでした。つぎに、沖縄における教育関係者の影響力の大きさを考えながらも、その人びとの運動の思想にはわずかしか踏みこめませんでした。さらに、沖縄島を中心に議論するに止まり、島々に発出していたであろうその地ならではの思想にはほとんど届きませんでした。これらの点は、わたくしの力では如何ともしがたく断念しました。

「はじめに」でちょっと触れましたが、この本は、二〇一〇年一一月二六日と一二月三日の二回にわたり、「沖縄の戦後思想を考える(試論)」という題で行った話の活字化です。その気分を保つために、なるべく原型を残すようにしました。が、当日、時間の関係で省いた箇所を復元したほか、かなり大幅に書き足し、また、あとでいただいたご意見を受けて、いくらか修正もしました。

戦後沖縄の思想史という、一つの型があるわけでなく、試論の域を出ません。とはいえ、沖縄の人びとがこだわると感じるところに、できるだけ耳をすませ、その声を聴きとろうとしたつもりではあります(「つもり」に終っているかもしれません)。人びとのこだわりの在りようを尊重するため、それへのアクセスとして、見た目に多少煩わしいかと思いつつも、登場してもらった作品の最小限の書誌を、本文中に組み入れて記しました。他方、自分が沖縄について書いてきたことは、あちこちで下敷としましたが、一々の注記を省きました(大方は、『鹿野政直思想史論集』三・四巻、岩波書店、二〇〇八年、に収めてあります)。

法政大学の講義の一環として行われたこの話が、岩波書店からの活字化という幸運に恵まれたのは、ひとえに沖縄文化研究所の屋嘉宗彦所長のご斡旋の賜です。同研究所運営委員会の方々の日ごろからのご厚意にたいしてとともに、謹んで感謝申しあげます。また入江仰さんには、編集全般にわたって、一方ならぬご尽力をいただきました。深く御礼申しあげます。

二〇一一年六月一四日

鹿野政直

付　沖縄戦という体験と記憶──「沖縄戦記録」1を通して

1　「沖縄戦記録」1の営み

沖縄戦(一九四五年)については、体験者を軸として、おびただしい〝語り〟が重ねられており、いまも噴き出てくる(一例として、『沖縄タイムス』に週一回連載の「語れども／語れども　うまんちゅの戦争体験」は、二〇一六年一〇月九日で二二〇回)。その沖縄戦を考えるうえで、一九七二年の復帰をはさんで刊行された『沖縄県史』9・10巻「沖縄戦記録」1・2(1は、琉球政府編・刊、一九七一年、A5判一〇七一頁。2は、沖縄県教育委員会編・刊、一九七四年、A5判一一三〇頁)は、「広く一般庶民の戦争体験を発掘し、記録として残そうとした点で(1への「編集後記」)、比類のない位置を占めている。それは、沖縄諸地域の戦時体験記録運動にとって「突破口」を開いた(嶋津与志『沖縄戦を考える』ひるぎ社、一九八三年)。

もっとも「記録」1と「記録」2とでは、同じく「沖縄戦記録」として『県史』の

9・10巻を構成しながら、方法的には連続性がない。地域上の分担こそ、1が、沖縄島中部の米軍上陸地から、戦闘の展開地を追うかたちで島の中南部を、2が、それ以外の、離島と沖縄島北部および補遺編(ハンセン病者施設・サイパンなど)というように明確なものの、編纂方法をまったく異にする。

最大の相違点は、1では、話者の口調を最大限に活かそうとしたのにたいし、2では、録音された体験者の口述を、執筆者が、特徴的と考える項目に分類して原稿化したことにある。1では、採録に当っての留意点として、陣地構築・農産物の供出・疎開・弾薬運び・壕生活・「友軍」との関係・死生観・投降心理・収容所生活・村への復帰などと、あくまでも住民個人が体験した(させられた)具体的な行為やそのさいの心境に即して、語りの気息まで復元されているのにたいし、2では、体験は、中頭郡の場合で一部例示すると、「解説」につづき、「産業戦士」「戦時下に精糖作業」「米兵に襲われて」「手榴弾を投げつける日本兵」「護衛つきの食糧探し」などという項目順に編成され、体験は、執筆者の主導のもとに、分解され整理されている。

言い換えれば、1では、語りの加工度をミニマムにまで抑えようとしたのにたいし、2では積極的に加工しようとしている。したがって1では、人びとの体験をまるごと捉えるという点でヒトを軸とするのにたいし、2では体験は、それぞれの局面での、コトの性質にしたがって分類された。その結果として2では、まとめ役としての歴史学の専門家たちが主役となり、体験者の談話自体は、聴き取りの日時も場所も記されることはなかった。

いずれも沖縄史料編集所の公的な仕事であったとはいえ、1はほとんど、所長の名嘉正八郎(歴史家)、県史編集審議会委員の宮城聡(作家)、作業の過程で協力者として指名された星雅彦(詩人)ら三人の、憑かれたような情熱の結晶としてかたちをなした。企画を主導した名嘉は、「戦時下の県民の生活がどうであったか」の記録を県史に加えることの意義を、「生き残った人間の義務」とした(「沖縄の修史事業」、『茨城県史研究』一五、一九六九年七月。名嘉はその後、別部署へ移動して、担当を外れる)。そこには、それまでの沖縄戦の理解が、日米両軍の作戦記録や、執筆能力のある人びとの体験記に偏りすぎていることへの反省ないし批判があった。後者の点は、沖縄戦の悲劇が、鉄血勤皇隊やひめゆり学徒隊に止まるものではないということをも含意する。戦時下の記録を自治体史に組みこむ気運が到来するまえの、先駆的な発心であった(その気運は、この企画と『東京大空襲・戦災誌』全五冊〈一九七三―七四年〉を機縁として起きる)。

共有されていた基本姿勢は、「渦中にあった多数の人の目、心で、間違いのない沖縄県民受難の姿を見、かつ探求するのを努め」るところにあった。それだけに、「自分自身の思想傾向等によって、真相を微塵も歪曲してはいけない、ということ」に、つねに「自からの心を戒め」た。その自戒には、(状況に嵌め込まれている存在としての制約を免れがたいとはいえ）もし歪曲や隠蔽や偽造が紛れこむならば、過去を冒瀆することになるというほどの、体験への敬虔さが込められている。

聴き取りに応じた人びとにとっては、応じたことが、心中の葛藤を掻き立てずにはいなかった。語りへの拒否感と語りへの衝動は、忘れたいという気持とあまりに鮮明な記憶という同一の根をもって、一つの人格に内蔵されていた。語りはそのような相克から紡ぎだされた。それだけに聴き取り手は、星が告白しているように、「自分が検事のような立場になっていることに気付」き、「愕然としながら、戦争の痛みを共有」する方向へと、引き込まれてゆかざるをえなかった。その感覚は、聴き取り手たちをいやがうえにも、語りの忠実な再現へと駆りたてたと窺える。

女性の話者に少なくなかった「方言」＝うちなーぐちでの語りは、共通語に翻訳する方針が採られたが、「忠実」を旨としたうえ、まま、「あいえーなー」「あきさみよー」などの感嘆詞を、そのまま書き入れた。さらに見本として、「方言」での語りをそのまま文字化する箇所を作り、あるいは、話者がとくに激した箇所は「方言」のまま残して、語り手たちの気息を伝えようとした。その結果として、戦争へののめりこみを含めての、人びとにとっての沖縄戦が、可能なかぎり復元されたといえよう。聴き取り手たちをそういう立場に〝追いつめた〟のは、語り手たちが体現する体験の凄まじさであった。

話者に寄り添おうとするこの手法は、当時まだ市民権を認められていなかったオーラル・ヒストリーへの途を拓く一里塚となった(その途は、ほぼ七〇年代以降、女性史・戦争体験史と引退した政治家・官僚への聴き取りとして拓かれる)。そうして人びとを主体とする歴史叙述への、あらたな視圏をもたらした(ただし一九八二年、高等学校用日本史教科書の検定をめぐり、当時の文部省は、「沖縄戦記録」を資料とすることを斥けている)。

もっとも当初その評価は、必ずしも芳しいものではなかった。県立平和祈念資料館に「沖縄戦」を展示する作業の総合プロデューサーをしていた中山良彦は、それを繰り返し読み、「証言の一つ一つが長くてくどい」、「各証言者の視野が偏狭」、「前後関係が錯綜したり、事実誤認も少なくない」の三点を、問題点として挙げたうえ、証言を「時期、場所、戦況の進展度や緊迫度」などによって分解し、リライトしたうえ、「住民証言を情報化する方向で演出」している(『人間でなくなる日――「沖縄戦住民証言集」』集英社、一九八〇年)。「沖縄戦記録」2が、編集方針を一変したのは、こうした見方に拠ったのでもあろう(その結果として、住民がすべて「犠牲者」だったという見方への疑義と、その「戦争責任」の問題が提起されている)。が、証言が分解されたため、体験は蒸留され、それぞれの個人は、情報の提供者の位置に落とされてしまった。

そのことは、歴史学が、その本来性に忠実であろうとするかぎり、ひとの生を分断し抑圧さえすることを避けえないのかと、わたくしを沈みこませる。とともに、どこかにそれに抗う声が響き、やはりそれでも「記録」1の語りには、繰り返し、口ごもり、感嘆詞や間投詞、はては記憶の錯誤にまで、代替のきかぬ固有性をもって、そのひとにとっての、抜き差しならぬ〝真実〟が積み重なっている、と考える。

その「沖縄戦記録」1(以下「記録」)で語られる体験とその記憶は、どんなものであったか(語られた体験の多くは、今日では共有されるようになっているが、「記録」がその口開けとなった場合が少なくない)*。

＊『沖縄県史』の沖縄戦を主題とする巻としては、ほかに、8「沖縄戦通史」(琉球政府編・刊、一九七一年、A5判五三四頁)がまとめられている。

2　死の渦のなかで

沖縄戦は、米軍の、一九四五年三月二六日の慶良間《けらま》諸島上陸、四月一日の沖縄島中部上陸に始まり、九月に全域占領＝統治に至った戦争である。組織的な戦闘は、六月二三日の日本軍司令官の自決によって終了したとされるが、その後も散発的に日本軍の抵抗がつづき、公式には、日本政府のポツダム宣言受諾と降伏文書への調印を受けて、九月七日、沖縄での日米両軍代表者による降伏文書調印で終結した。

当初から、米軍の、日本本土への上陸作戦を遅らせるための時間稼ぎの戦争＝「捨て石」戦とされ、必然的に住民を、根こそぎ動員し、また軍民混在へと巻きこんでの、凄惨ないくさとなった。日本軍司令部のある首里の攻防までは、正規軍対正規軍の激戦を重ねたが、その陥落と軍の南部への撤退ののちは、軍とともに戦火に追われた避難民は、証言者がこもごも語るように、「袋の中のネズミみたい」(大城志津子、七一〇頁。以下、頁数は『沖縄県史』9巻による)、あるいは「魚が網で囲まれて、一か所に集められているのと同じ」(仲門忠一、九〇〇頁)となり、陸海空からの攻撃にほしいままに曝され、おびただしく死者を出すことになる。正規軍人以外の住民の死者は、およそ一五万人、県民の四人に一人と推定されている(一二万七一一人とされる日本軍戦死者(沖縄県出身者を含む)を上まわる。米軍の戦死者は一万二五二〇人)。「沖縄戦記録」1の大方は、その渦中に置かれた人びとの、体験の証言となる。

普久原ウシは語る。「玉城に行く途中、明るくなってから、私たちが砲弾に追われながら歩いているとき、女の人が走って行きながら、破片でおぶっている子どもの首がはねとばされて、それも知らずにその女の人が走っているのを、私は見たよ。アキサミヨーナー(感嘆詞)ことばにもならないよ。また兵隊さんがね、電信柱に叩きつけられてね、貼り付けられたまま、生きたみたいに立って死んでいたよ」(七二二頁)。往き場を失って、それでも戦禍を避けようとすれば、不安に駆られつつ右往左往するほかなかった。同じく彼女によれば、「国場にさしかかったらね、そこは、西海岸からも東海岸からも艦砲射撃されてね、もう人が入り乱れて、ワッサイワッサイして」(七二三頁)という光景が、展開することになる。

しかも追い込んだのは「敵軍」だけではなかった。「友軍」もあまりにしばしば住民にとって脅威となった。「友軍」という呼称には、独特の響きをもって、頼もしい外来者という信頼感と、沖縄びとの側からのホスピタリティが込められているが(沖縄は、郷土部隊をもたない土地であった)、それが反転した。そのもっとも端的な表われは、避難している壕(ほとんどが、ガマといわれる天然の洞穴)からの住民の追い出しと、しばしばそれに付随する食糧強奪であった。「記録」では、こもごもそのことが語られ、「友軍」の脅威の象徴として記憶されている。「友軍が南へ南へと下って来た。そうして壕を出るようにいうんです」／「こっちは友軍が占領するからあなたがたは出て行きなさい」／「それでは、今からわれわれは出て行ったらどこへ行きますか」／「民間は石垣の陰でも木の下でも結構だ、兵隊がいなかったら、国はどうして守って行けるか」／「どうしても厭ならどうしますか」／「たたき切るまでだ」(大田ハル、八二八頁)。

この応答のさい、兵隊の使った「たたき切る」という表現は、彼らの常套語であったらしい。刀で一挙に斬り殺すことを本来の意味とするこの言葉は、「記録」では、砲弾が命中した場合でも、「足をたたき切られて」というふうに(安里要江、一八五頁)使い慣れた言葉として使用され、軍と住民がどんな関係にあったかを、まざまざと示している。

住民の死滅との想定の上に立つ防衛という倒錯した論理は、一億玉砕論の沖縄版というべきものだが、その底には軍が、戦うという名目のもと、住民の犠牲のうえに生きのびようとする欲望が潜んでいた。それだけに情勢が絶望的となり、生き残ることが不可能と目される状況に追い込まれると、すさんだ「友軍」が、住民を巻き添えにしようとした場合もあった。六月一八日の夜、追いつめられた「友軍」は、「銃剣を持って、軍は大渡・米須から半里(二キロ)ほど先の摩文仁《まぶに》の丘の方に集結するから、民間の人たちもあそこへ今夜の中に集って、軍に協力するようにといって、避難民の残っている家を廻」り、「諾《き》かない避難民は、刺し殺すといった凄んだ気持ちを示し」(比嘉永俊、二四一頁)たという。

それらの体験が積み重なって、護ってくれるはずの「友軍」について、「なによりも兵隊が一番こわかった」(長嶺オト、七九七頁)という印象も作られた。武器をもつ彼らが、どんなに絶対者であったかは、襲われそうになったり手榴弾で殺されそうになったりしたさいの金城ユキの、被害を避けようとする言葉がいずれも、(あからさまな拒絶の叫びなどでなく)「いいえ兵隊さん、有難うございます(です)」(一〇三八―一〇三九頁)であったことが、逆らえない存在への恐怖感をなまなましく表わしていよう。

敵軍・友軍によって、圧倒的に死へと囲い込まれてゆくなかで、受難の焦点の位置に立たされたのは、〝老幼婦女子〟であった。その理由は二つある。一つは、男たちが、現地召集・防衛隊・義勇隊などのかたちで戦場へ駆りだされ、不在となっていたからであった。家族の生き残りをめざしてのはたらきは、おもに主婦に委ねられざるをえなかった。いま一つは、武装者から非武装者へ、権力者から非権力者へ、本土人から沖縄人へ、男性から女性へ、年長者から年少者へなどと、ほとんど垂直にかかるしわ寄せの構造が、切羽詰った状況下で、剝きだしの姿を曝すことになったからである。力弱い存在は、その分、容赦なく踏みしだかれることとなった。

そのうえ当時の沖縄では家族は、三世代にわたる同居が多く、また(「本土」でもほぼ同様だったが)子沢山であった。それだけに主婦は、多くの場合、当歳児を含む大勢の子どもを抱え、またしばしば身ごもった身で、さらに舅姑を連れて、砲火や襲撃のなか、避難場所を求めて、彷徨しなければならなかった。「記録」の主軸は、こうした女性による避難行の語りで成り立っているといってよい。実際、その人びとの語りは、大方の男性の体験談にくらべ、はるかにリアルで、住民にとっての沖縄戦の核心を突きつける。

西原村翁長の仲宗根カマ(四二歳)の場合、夫は防衛隊に、長男は現役で取られ、一八歳の長女、一四歳の次女、一一歳の次男、五歳の三女とともに、壕で過ごしていたところ、斬りこみに来たという兵隊に追い出され、南部へ落ちてゆくことになった。かねてより墓に準備してあった非常用の物品を、それぞれ身につけた。カマは、「大きなザルに釜からお汁を沸かす小さい鍋、茶碗類をまず頭にのせ、右の脇腹左の脇腹、背中に食糧を持」ったうえ、米二升・砂糖などを袋に詰めて背中から胸にかけてゆわいつけ、味噌や油も体中にくっつけた。長女は、「みんなの着る物を、麻袋に詰め込んで持てるだけ持」ち、次女は、「五歳になる三女と薬缶を下げ」、次男には、澱粉を「筵に巻いて担いで持た」せた。

こうして始まった避難行で、カマは、裁縫や弾丸運びを代償に兵隊の壕に入れてもらったのち、さらに艦砲射撃に遭って夢中で逃げるうち、気がつくと、手を引いていたはずの次男とはぐれ、別の子の手を取っていた。その次男は、「右の首筋をたたき切られて」いた。次男を亡くし、カマは、「お父さん(夫のこと)へどうして返答したらいいかな、とそれからは心の置場もありません」という状態へ追い込まれる(息子の死は通常、格別の重みをもった)。つづいて彼女は、長女を殺されてしまう。「ポコッという音がしましたが、それと同時にひっくり返りました。顔が無くなって分からなくなっていましたが、脳味噌が弾で散らされて、みんなが浴びました」(五七四―五八一頁)。

子どもの泣き声こそ、母親たちをもっともいたたまれなくし、米軍に所在を知らせることになると、兵隊たちや避難民たちからもっとも憎まれた音声であった。「その女の人の二歳ぐらいになる男の子供が、あんまり泣き喚くもんだから、兵隊がひどく怒って、叱りつけたんですよ。(中略)それでも子供は泣きやまない。そしたらね、そのお母さんは、子供をつれて出ていったんですけどね。しばらくしたらそのお母さん一人だけで帰ってきたんですよ。子供をどうしたのか、(中略)そのお母さんも何も言わないし、誰も子供のことを訊こうともしませんでした」(大城志津子、七〇八頁)。もっとも、子どもが泣いて叱られた母親には、それこそ「住民だなあといって、いいはずなんだがな」という思いも起きた(大田ハル、九三〇頁)。実際、「子供はなるべく大きく泣かしなさい、泣かない子供は、つねって泣かしなさい、とみんなに言い伝え」(城間英吉、五〇四頁)て、銃撃を免れた場合もあった。子どもは、邪魔と見なされる場合には抹殺を迫られ、利用価値があると思われる場合には重宝されるというふうに、大人たちへの効用如何で左右される存在と化していた。

敬老の気風の強い沖縄社会にあっても、高齢者たちには、さまざまな試練が降りかかり、またその試練に耐えなければならなかった。家族全員が入れないため、「うちの舅がその穴に入ることができなくて、子供さえ助かればいい、わたしはいいよ、お前たちは子供達をよく護ってやれといって、穴の入口に頑張って、一晩すごされた」が、「迫撃砲が来てですね、おじいさんは即死です」(安里要江、一八五頁)というような状況が続出した。

逃げまどうなかで家族と離れ離れになってしまうことも少なくなかった。それだけに、置き去りにされた高齢者たちが各所にいた。「壕の近くに捨てられた年寄りたちが、三、四名、這っているものや、ぼんやり坐っているのもいたよ」(泉水マツ、七二三頁)。田場ウシの語りは、そうした状態をもたらさざるをえないほど追い込まれた心情に踏み込んでいる。「私は小さい子供たちをつれているだろう、八十二歳になられる方は疲れていられるよ。放ったらかしているわけだよ。年寄りと子供は、その時はカナーンネー（能力がなければ、力がなければ）放ったらかすんだね。（中略）もう、どうにもできはしないよ」（七〇一頁）。

戦争はそのように〝老幼婦女子〟なかでも高齢者と幼児に、〝足手まとい〟としてもっとも苛酷に襲いかかった。喜屋武ウシの、「その時のもっとも気の毒なものは子持ちでありましたでしょうね」との言に、島袋カミは、「子持ちと年寄よ」と、口を挟んでいる。難を逃れるための壕生活そのものが、その人びとのいのちを損ねた。「子供たちとお年よりは、とくに軀の衰弱しているお年寄りの場合は、湿気と栄養失調のせいか、壕負けするんですよ。顔がむくんで、手足なんかも膨れて、歩けなくなるんですよ。壕から出て、すぐにお年寄りが死ぬのを、私は何人も知っています」（具志堅政賢、八〇五頁）。「記録」には「壕負け」という言葉がしばしば登場して、そういう造語のあったことが知られる。住民を巻き込んだ戦争のもついのちへの加害性は、ここに凝縮して現出したといいえよう。

死は、圧倒的な力をもって、人びとに食い込んできていた。殺されることが当り前、それを逃れることが僥倖と、誰の胸にも刻み込まれることとなった。

極限まで追い詰められた状態の片鱗は、壕内生活に見られる。外に出ることを「特攻隊する」(新垣カメ、一〇〇六頁)というような状況のなかで、外界の動きに神経を集中させながらの生活は、多くの場合、酸素の慢性的な不足や食糧・飲料水の欠乏に苦しめられたが、そういうなかでいのちを繋ごうとすれば、「生きている四人も今に死ぬかもしれず、三日三晩、シーバイ(小便)を飲んで暮ら」(松村カマ、八一六頁)さざるをえなくなることさえあった。負傷しても、ろくに治療も行われず、蛆虫《うじむし》のわくのが普通であったが、蛆が破傷風菌を食べてくれて破傷風を免れると、ほっとする場合が多かった(玉城裕康、八二三頁。山城のぶ、九三五頁。徳元文子、九九五頁)。

死に追い込まれた状態は、人びとに、死にたいするまったく相反する方向への二つの思念を発酵させていった。一つは、ほとんど避けうべくもない死を、美化するとともに抽象化し、それへの願望を、少なくとも心意の半ば以上を掛けて、募らせる方向であった。いま一つは、おびただしく見聞また接触せざるをえない死を、斃《たお》された肉体と即物的に捉え、否応なくそれに慣らされてゆく方向であった。そうしてこの二つの方向は、同一人格のうちに、浮動しつつ共有されていたというほうが、実相であったかもしれない。

死への願望は、まず、それが免れえない以上、もっとも苦痛の少ない死に方への期待として現れた。「直撃で、やってもらったら極楽」(比嘉清昌、一七二頁)などという言葉に、それが示されている。つぎにそれは、先に逝った肉親への羨望(とみずからに思い込ませる悲しみ)として現れた。「糸洲で妻の妹を、穴を掘って埋める時にですね、お前は幸福だぞ穴に入ることが出来て、われわれは長く生きて、穴を掘ってくれる人もなく、野ざらしになる、大変だ、といいながら埋葬したんです」(比嘉永俊、二四三頁)などという思いは、みずからの後生を願う気持や非業の死を避けたいという願望と重なりあいつつ、喪失の悲嘆をしいて紛らせようとする趣きを帯びている。

それがさらに進むとき、生き残ったのを、親不孝の報いとさえ考える意識に陥るのであった。徳元文子は、「信姉さん」ともども壕に潜んでいたカズ子が、破傷風を発症し、「ワッと叫んで手と足が反り返」り息を引き取ったさい、「こんなに簡単に死ねるのなら羨ましいね。(中略)生き残って、わたしたちが親不孝だったのね」と話し合ったという(九八九頁)。死ななかったことへの罪障感、あるいは引け目は、多かれ少なかれ人びとにまつわりついた。疎開した人びとは、その観念に、もっとも直接に刺し貫かれていたであろう。「疎開して行って、命を助かりに行っている気持とね、果して帰って来たら自分の同級生とか、残っている人たちが怨みはしないかという気持ちと、すまないというような気持ちをもっていました」(が帰ってみたら、「よかったね」と喜んでくれたという。島袋勝子、八九〇—八九一頁)。

その一方で、死がほとんど常態化していた日々は、人びとの、死にたいする感覚を麻痺させてゆかずにはいなかった。「そして突然ですよ、近くにいた兵隊がね、砲弾で塵芥みたいに散ってしまったんです。ああもう死んだか、それだけですね」(玉城裕康、八二七頁)。膨れ上がり強烈に臭う遺体、吹き飛ばされて原形を留めぬ遺体、それらと出会うことを避けえない日常のなかで、人びとは、死者から受ける衝撃度を低めてゆくほかなかった。

だが、死への願望も、死の即物化も、ともに精神の臨界がもたらした仮偽の自己救済の観念であった。惨劇と恐怖の極限で精神は、そうした状態の持続に耐えきれず、沖縄の言葉でいうところの「ふりむん」の状態へと振りきれてしまう。口々に語りだされるのは、そうした狂気の記憶である。「弾が激しいのに、恐ろしい中を助かり度《た》いと逃げ廻って、頭が利かないのでありますよ」(玉城トミ、七〇頁)。実際、一四歳の女性にとって、艦砲射撃に脅かされつつ、連れだっている伯母の負傷した背中の骨まで見える傷を、小水で消毒したり、そこから蛆虫を掻きだしたりするのは、「夢遊病者のように朦朧」(大城志津子、七一〇頁)とせずには、なかなかに取り掛かれない行為でもあった。

殺されることのリアルと生きることのアンリアルは、人びとを狂気のきわまで追い込んだ。また人びとは狂気を支えとすることにより、酸鼻の極を生き抜きえたともいえる。

3　死の渦のなかから

絶望的としか実感されない情勢のなかで、迫ってくる死のまえに、どんな手立てが希求されただろうか。

敗勢にもかかわらず、いやむしろ敗勢ゆえにいっそう、天皇のため、文字通り献身へと突き進む人びとはいた。泉水マツの一八歳の一人娘「カミちゃん」は、軍看護婦として勤め、そのままになってしまったが、「八年間も学校も出してこんなに育てて下さって、感謝しています。これからは天皇陛下に精神と肉体をさし上げて、戦死しに行きます」(七二二頁)といっていたという。

しかし語られる体験の多くは、死ぬなら一緒という共同死への強い願望であった。沢岻ツルには、一六歳の娘と一四歳の三男がいたが、「親がいなくてわたしたちだけ生きていたら、生きている何の甲斐もない。死ぬならいっしょだから、お母さんは絶対に外には出るなよ」(五三七頁)といわれ、壕に留まっていたという。宇久田春子の場合、一人息子を砲弾の破片で亡くしたその母が、嘆き悲しむのを見て、「親と子とはいっしょに死ななければいけない(中略)、子供が残ってもいけない、親が残ってもいけない、親戚もみんないっしょに死んだ方がいいと思った」(六八八頁)。

ともに生きようとする共同性＝結束感・連帯感は、追い込まれた状況下で、志向を逆転させ、死ぬならともにという願望を、人びとにひろく共有させるに至った。それだけに、ともに死ぬとともに生きるは、根っこのところで繫がっていた。「水汲みに行く時にも、井戸ばたや、あっちこっちに人が倒れて死んでいました。それを見て、神様にお祈りしました。「死ぬ時は家族全部がいっしょに死んで、生きるなら、みんな助けて下さい」と」(宮平かまど、六二〇—六二一頁)。そこには、立ちふさがる死の恐怖を、手を繋ぐことにより、やわらげようとの意識も働いていたかもしれない。僥倖への期待もあったかもしれない。が、基本は、家族ないし親族を、みずからの死の道連れにしようとするのでなく、そのうちの誰かを独りで死なせるに忍びないという〝肝苦《ちむぐり》さ〟と、祖先を含む家族・家系意識の濃密さにあったであろう。

それがもっとも凄惨なかたちで現出したのが、集団自決(あるいは強制集団死)であった。しかし肉親や親族を共死へと追い込むこの問題は、あまりに辛い体験ないし記憶であったろう。まだこの「記録」では、「日本魂」「大和魂」をもつ、やや特異な家長の行為として、言葉少なくしか語られていない(一〇一七—一〇一八頁、一〇二四—一〇二五頁)。それが、「友軍」の強制、家父長権の発動などを含め、人びとのとっての沖縄戦の主要課題に浮上するのは、一九八〇年代においてである。知花昌一らが参加した読谷村の集団自決の場チビチビガマの調査と保存運動が、大きな契機になったと思われる(知花昌一『増補 焼きすてられた日の丸』社会批評社、一九九六年。下嶋哲朗が発起した)。

そのなかで、集団自決と共同体の問題を早く深く提起したのは、岡本恵徳「水平軸の発想——沖縄の「共同体意識」について」(谷川健一編『叢書 わが沖縄』六巻「沖縄の思想」

木耳社、一九七〇年)であった。そこで彼は、「わたし自身が起すかも知れぬ悲惨であるという怖れ」に衝き動かされながら、集団自決を、「本来、共に生きる方向に働らく共同体の生理が、外的な条件によって歪められたとき、それが逆に、現実における死を共にえらぶことによって、幻想的に〝共生〟をえようとした」とする角度から省察している。

だが共死は、共同体意識の根幹をなす家の断絶をもたらさずにはいない。死へと追い込まれたがゆえに、全滅を回避し断絶を避けたいとする熱願は、疎開にさいしての決断としてよく知られているように、どちらかが生き残ることをめざして、まま、家族の分割へと突き進んだ。比嘉永俊の場合、「自分の男の子一人、二人の弟の子供も一人づつ、本土へ疎開させて」(学童疎開だった)おいたので、「自分たちは玉砕するが、日本はかならず勝つから、本土に残してある種子は、沖縄へ帰って来て、立派に家を継ぎ親たちの骨も拾ってくれると信じて」いた(二四四頁)。もっともそれだけに、男の子を死なせた場合は、その母にとっていいようのない重圧となった。長女と次男と別れ別れになっていた喜屋武ヤスは、長女と再会したとき思わず、「お前は女が生きて来て、セイコウ(次男の名、長男は入隊中)はどうしたかと怒鳴」(三三八頁)ったという。

死の渦に投げ込まれて、その先に生への可能性があるとしたら、投降以外にはありえなかった。そのことが、飢えや負傷に苦しみつつ、逃げまどいあるいは壕に潜むしかない人びとのうちに、実感として染み透っていったとしても、実行に踏み切るまでには、さまざまなためらいやおびえ、また裏切りの意識に耐えての、精神の跳躍を必要とした。

そこに至るまでの葛藤の一端を、普久原ウシはこう語っている。通りがかりのひとから、「戦争はもう負けているから、（中略）手を上げて出なさい」といわれて、「出て行こうかと言うたらね、ンメーもアヤーも（いずれも親戚の女性）、もう怒ってね。あんたは行くなら行きなさい、絶対に日本は戦争には負けないからよ、私たちは出ない、銘苅から兵隊に行っているひとたちにもすまない（中略）と叱られたさ」（七二七—七二八頁）。さらに、「アメリカの兵隊さんに捕虜取られるくらいなら、耳も落して、鼻も落して、また女はいたずらする」（新垣タツ、一〇一五頁）という話が、その決意のまえに立ちはだかっていた。

そのうえ少なからぬ場合、「友軍」の猜疑心を超えなければならなかった。敗北にいらだつ兵隊たちは、沖縄の人びとにたいする不信感を募らせた。どんづまりのギーザバンタの壕にいた伊良波ヨシ子はいう。「一人の兵隊がですね、沖縄人がスパイを働いたために、この戦争はこんなに無残な負け方になったんだ、（中略）小銃でみんな撃ち殺してやる、と騒いでいました」（七九二頁。これにたいし一人の沖縄人男性が、「どれほどの沖縄人が犠牲になっているか、知っているのか」と言い返し、取っ組み合いになっている）。なかには、「人民は死なさないから、もう出るほうがいいですよ」（喜屋武ヤス、三二六頁）と勧める兵隊もいたとはいえ、多くは投降を、実力ででも阻止する側にいた。三〇人ほどの朝鮮人(軍夫として部隊に連行されていた)が、「捕虜されるために、潮につかって」米艦に向ってゆくのを、「後から日本の兵隊さんが、バンバン撃っ」(八八五頁)たという光景が、国吉真孝によって語られている(もっとも朝鮮人についての語りは、軍夫の場合はほとんど、慰安婦の場合はまったくない)。

とはいえ、死を迫られた場合、さまざまな理由を設けて死を遅らせようとするのは、避けがたいことであった。喜屋武ヤスは、ひめゆり学徒隊に入っていた次女が置いていった手榴弾をいよいよ使おうとして、「おばあさん、もういっしょに死のうかね」といったさい、姑が、「水を汲んで来てのましてから死んで頂戴ね、今手榴弾を投げてはいけないよ」(三二五頁)と答えたという。それが、いのちを繋ぐ決め手となった。またいよいよ追い詰められて国吉真孝が、集団自決の決行を決心したさい、妻たちは、「止めれ、アメリカの兵隊は、もう弾がないそうだから、アメリカの弾を少しでも損させよう」(八八〇頁)といいだし、その場での自決を思いとどまらせた。死を遅らせることにより、生への可能性に賭けたのであった。

死に追い詰められていて、どこにも脱出口がないという観念に凍結している状態を、相対化し解凍するのに、少なからぬ役割を果したのは、移民県といわれた沖縄の人びとの移民体験であった。屋嘉比収は、集団自決の環境に追い込まれたさい、「自決」か「生き残り」を分けたのは、圧倒的な「共同体構造」のなかで、「他者の声」を聞き取りえたかどうかに係ること、「他者の声」を発しうる点では、移民体験が糧となったことを指摘している(『沖縄戦、米軍占領史を学びなおす――記憶をいかに継承するか』世織書房、二〇〇九年。同時に屋嘉比は、中国への従軍体験が、犯した蛮行ゆえに、「住民を「強制的集団自決」へ誘導する直接の大きな脅迫力として働いた」と指摘している)。宮平かまどの場合、喜屋武・福地で追い詰められ、米兵が来たという叔父の声に、「今日は、戦車の下敷きになるね」と、子どもを抱いて泣いていたが、「アメリカーが出て来い、出て来い、といったから、叔父さんが手をあげて出て行かれた、叔父さんはペルー帰りでスペイン語を話したんです」、そうして彼女も「捕虜され」(六二二頁)たという。同様の例は、幾人もから語られている(五九四頁、七九八―七九九頁、一〇二五頁、など)。

「捕虜取られる」ことへの決断は、こうしたさまざまな心理的基盤のうえに、生か死かの割れ目を跳び越える思いをもって、こころの跳躍としてなされた。それが、生に繋がる保障はどこにもなかった。米軍の意思表示は、「デテコイ」という呼びかけや投降勧告ビラだけであり、しかも米軍の掃討作戦は、機銃掃射を含め、時々刻々それぞれの身に迫っていた。迫りくる死の恐怖と、敵の前に跳びだすという恐怖とを秤量し、後者を選びとらねばならなかった。

それだけの思い切りを必要としたから、決行に先立ち、連れだって避難している人びと(大抵は家族や親族)のなかで、激論が交わされたことは想像に難くない。疎開させていた二人を除く五人の子どものうち四人までを喪い、みずからも負傷していた保志門トシの場合、「もうこれ以上逃げて行く元気も残っていないような心境でした。シランガーラの岩蔭で一晩すごしているときに、誰からともなくみんなで、捕虜とられるかどうか、協議しましたよ。私は最初から、もうこれ以上どこにも逃げられないから捕虜とられたほうがいい、と主張したんですよ。そしたら、親戚の男の人が、反対してね、捕虜になって殺されるよりは、カスミを食って生きていた方がいい、あんたもカスミを食って生きなさい、と私は言われましたよ。そして翌日になったら、みんな内心捕虜になる気になっていて、言い出しきれず自分から先に出て行く勇気がないもんだから、私に向かって、あんたは捕虜とられた方がいいといっていたのに、どうして出て行かないか、と怒られましてね。怒られたもんだから、私は思い切って、出て行ったんですよ。もうどうなってもいいと思って…。私が出たら、みんなあとにつづいて出てきていました」(八一三頁)。

そこには、生きるか名分かについての女性と男性との違い、女性に向かっての男性の上からの目線的なものいい、閉じ込めた内心の思いを俎上に載せたがゆえの本音の解禁など、さまざまな問題もあらわになっているが、生と死が論議されたさまを臨場感をもって伝えている。彼女は、「出て行ったら、アメリカ兵から、すぐ傷の手当てを受けました。そのとき、あ、もう殺されないですむ、と感じ」(八一三頁)たという。女性なら殺されてもいいという考えによってか、女性なら殺されないだろうという考えによってか、女性が先に出される場合が少なくなかった。「どうせ殺されて亡くなってしもうんだと思ったが、それでも、女から先きになってひとりひとり出なさいよということで、そうしてわたしたちもついて出た」(安里永太郎、一四七頁)。

喜屋武ヤスの場合、「出てこい、出てこい」の声に、「もうみんな戦車の下敷きになるのかと思って、さあおばあさん、今ですよ、おばあさんといってね、わたしは乳飲み子を背負ってですよ、また四つの子供を左手で取って、七つの子はこの手に下って、お母さんもわたしの手首をつかまえて、一かたまりになってこの壕から出」(三三六頁)たという。一緒にいた身内がことごとく艦砲でやられてしまった沢岻ツルは、「大変いたずらされて、いじめられて、思うままにもてあそぶというが、もうそうされても、その運命」(五四一頁)との覚悟を決めるに至っている。そうしてそれだけの決心をして跳びだしても、「急に太陽の光線に当ってしまって、体力のない人たちが多勢卒倒し」た(安里要江、一九一頁)。

投降がいかに決断を要する行為であったかは、とくに女性の場合、少なからぬ人びとが、決行に当って身だしなみに気を配ったという事実によっても窺うことができる。宮平政子は、捕虜取られるとき、「こっちの壕で一番いいモンペーを着て行っ」た(六二七頁)。銘苅幸江は、「壕の中にあった鋏で子供たちを散髪させてやり、シラミもとってやって、上等の着物に着替えさせ」(四一二頁)た。仲宗根カミたちが捕虜取られるとき、誰いうともなく、「戦は負けいくさだから、みんな長い着物を着て出なさい。死にに行くんだから手拭を一つずつ頭に被って出なさい」(五六五頁)という声が聞こえたという。死に装束に身を整えてという気持が共有されていたとともに、おそらくボロボロの衣服を余儀なくされていたなかで、〝晴れ着〟に矜持を込めたのでもあったろう。

こうして人びとは、おのがじし死の扉をこじ開けた。だがそれは、ただちには生への帰還ではなかった。〝捕虜取られて〟からも持続する、戦争ないし戦場のもっとも眼に見える現われは、収容所あるいは仮住まいでの死者の続出であった。戦火に追われ極度の緊張と恐怖と飢えに曝されてきた日々の予後が、どっと噴きあげたのでもあったろう。

城間カマドの場合、避難生活のなかで、舅・夫のおば・姑の姉妹は栄養失調で、母・長男・次男は直撃で即死し、自身も足に重傷を負うて、夫・三男・四男・五男とともに〝捕虜取られた〟が、夫がハワイへ送られたのち、残っていた三人の子どもをつぎつぎに喪うことになる。「ある朝、十時頃に三男が、まるで、寝ているようにして、死んでしまっていました。(中略)そうしたら、午後の三時頃に、また五男が死んでしまいました。これも兄、三男と同じに、消えるようにこと切れて、死んでしまったのでした」。さらに一カ月ほどのち、「わたしが目を醒まして見ましたら、また一人残っていた四男が死んでいたのでありました」。三男と五男は破傷風で、四男は、「怪我してやはり破傷風と栄養失調もいっしょになって」(以上、五七〇―五七一頁)のことだったという。

こうした状況は、耐えうる限界を突破して、少なからぬ人びとを、こころを病む状態へと追いこんだ。城間カマドの場合、「ほんとに気が狂れたようになりました」、「ガジマルの下にいて、自分の心がおさめられない、狂人のようにしていますと、子供たちは、狂人《きちがい》がいるといって、石をわたしに投げました」。彼女が生きなおそうとしたのは、その地点からであった。「心を取り直して、生きられるだけ生きよう。イヒーアハーして(ここでは心の中とは反対に何の心配もないように笑いはしゃぐ意)、悲しさを心の中を隠して生きられるだけ生きなければいけないと思いました」(以上、五七一頁)。

亡くなった人びとが多かっただけ、戦争によって寡婦や孤児の位置に立たされたひとがおびただしく現れた。女性の語り手の大半が戦争による寡婦だったのではと思われる。解説者の一人である宮城聡が記しているように、「戦争未亡人、戦争孤児の悲しみは、生ある限りその人たちの胸の中から消えることはないだろう」(五六七頁)。当時県立首里高等女学校四年生で自身も孤児になった徳元文子は(彼女は、左半身が「頭から足までずっと細かい破片が入って」いるという負傷)、自分はもう一六歳になっていたし厄介を看てくれるひともいたが、といいつつ、身につまされて戦争孤児に思いを馳せている。「五つ六つ、七つ八つの子供らで、塵の山をあさって食物をさがしたり、人の家の床下などにもぐり込んだり、行くところもなくさまよい歩いている孤児を大勢見ました」、「この人たちが、どんなに悲しい苦しい肩身の狭い思いで成人したか」(九九七―九九八頁)。

だが、戦後は、ことに女性にとっては、文字通りの意味では到来しなかった。始まった占領という事態のなかで、いのちへの加害の中心として、占領軍による女性への性暴力が頻発する。米兵による強姦への怖れは、沖縄戦のさなかの「友軍」による壕追い出しと並んで、もっともつよい身体的恐怖として刻み込まれ、深い嘆きと憤りをもって異口同音に語られている。そうした性支配の出現を、「基地・軍隊を許さない行動する女たちの会」の高里鈴代は、「終戦、女性には新たな戦争のはじまり」として、「三カ月の激戦のあとやっと砲弾が止みました。砲弾の雨をかいくぐって逃げる恐怖から解放されて人びとが安堵し、収容所に向かって列をなしているそのときに、実は女性には新しい戦争がはじまっていたのです」と指摘している(『沖縄の女たち——女性の人権と基地・軍隊』明石書店、一九九六年)。

新たな「いくさ世《ゆー》」の始まりであった。

4　「いくさ世」の克服に向けて

日米両政府による沖縄県名護市辺野古への新基地建設にたいする人びとの抵抗運動は、すでに二〇年に及ぼうとする。その建設は、もともとは、一九九五年の、米兵の少女強姦事件によって高まった米軍基地反対運動・返還運動に対処するために、市街地にある普天間基地の県内移転という名目で打ち出された政策であった。近年はそれに、さらにその北方の集落高江に、ヘリパッドを造るという政策が加わり、全国各地から集められた機動隊に加え、(いまのところは資材輸送担当として)自衛隊まで出動させるという、強行態勢に至っている。ただちに、沖縄戦当時の「友軍」のふるまいを想起させる行動である。

それにたいする抵抗は、テント小屋を作り、座り込み、カヌーを漕ぐというかたちで展開してきた。情勢は、日々に緊迫しているが、人びとはひるむところはない。それどころか、基地の押しつけに立ち向かう県民の意思は、年を重ねるにつれ、より不抜で不屈のものとなった。圧倒的な物理力＝国家を背景とする暴力装置の発動にたいし、人びとは、歴史を背負って座り込んでいる。同時に、闘いをつうじて、歴史が呼び戻されつつある。

沖縄の歴史は、長きにわたり、他者によってその存在を翻弄されてきたという歳月を刻んでいる。「から世《ゆー》」、「やまと世」、「アメリカ世」、再度の「やまと世」という、それぞれの時代の呼称が、沖縄にとって歴史とは何であったかを示している。最初の「やまと世」によって、最後尾の県とされた沖縄の人びとの自己喪失を憂い、「沖縄学」を打ち立てた伊波普猷は、いっとき、「今や私たちはこの特殊な歴史によって押しつぶされてゐる」とまで叫んだことがある（「寂泡君の為に」一九二四年）。そういう歴史のなかで「いくさ世」は、痛苦のかなめに位置する体験であった。「やまと世」は沖縄戦に至り、「アメリカ世」は沖縄戦の結果として始まった。

その「アメリカ世」で、沖縄は基地の島として要塞化され、こうした状態は、再度の「やまと世」となっても持続しているばかりでなく、日米両国によっていっそう強固な要塞として更新されつつある。米国にとっては、世界統御のための「要石」、日本にとっては、再度の「捨て石」であり、そういう体制が、沖縄にとっての「いくさ世」を持続させている。

「いくさ世」を生きるとはどういうことか。沖縄で人びとは、つぶさにそれを味わってきた。基地によって地域・空域・海域という広大な空間が占拠され、しかもその状態が、法的に特別に保護されている状態が、生存にとっての基本条件となる。が、それだけではない。暴行・墜落・誤射・汚染などによって、日常的にいのちが脅かされるという状況が現出する。が、それだけにも留まらない。基地があることによって、攻撃の標的とされることを、人びとは沖縄戦を通じて学ばされずにはいなかった（米軍の、沖縄島中部と、つづく伊江島への上陸は、まず飛行場の確保を狙った作戦であった）。そのうえ米軍統治下の時期、ベトナム出撃の拠点とされたことによって、人びとは、加害の共犯との意識にも苦しまされてきた。新基地の建設は、それらすべてにおいての、そうした「いくさ世」の強化を予感させずには措かない。その思いが、人びとを新基地建設反対へと駆り立てている。同時にその分、基地の設置を迫ってくる「日本」とは何か、「本土」とは何か、「本土人」とは何か、を問う意識を高め、「いくさ世」を超えた「うちなー世」への渇望を強めている。最晩年の伊波普猷が、琉球の古典『おもろさうし』から引き出してきた言葉を借りれば、「にが世」から「あま世」へとなる。

そういう状況を、わたくしなりに受けとめつつ、ここ数年、国場《こくば》幸太郎(一九二七―二〇〇八年)に思いをこらすことが増えた。米軍統治下で、〝地下〟抵抗運動を組織した経験をもつ彼は(著名な建設業国場組の創業者とは、同姓同名の別人)、復帰直後の一九七三年、将来への希望を若い世代に託すべく、『沖縄の歩み』(牧書店)という歴史書を、児童向け図書として著わしている。「まえがき」にいう。「この本のなかで話そうと思っていることは、私の故郷である沖縄の若い人たちをふくめて、日本の若い人たちみんなに、これだけはぜひ語り伝えておきたいと考えている沖縄の歴史についてです」。『沖縄の歴史』としてもよいところを『歩み』としたのは、人びとを主体とする歴史をめざしたからであろう。

歴史書としてきわだつのは、通史でありながら、著者が、全七章のうち最初の二章を沖縄戦の記述に当てていることである。国場は、「やまと世」の果てとしてのこのいくさを考えずには、沖縄の歴史に入ることはできなかった。それだけに、歴史の始まりから現代に至る沖縄の歩みについての叙述は、おのずからにして、なぜ沖縄戦にはまり込まなければならなかったのか、という問いへの答えとなっている。著者の答えはズバリ、「沖縄は日本の植民地であった」とするにある。

そのことを国場は、歴史を通して琉球・沖縄が、日本の都合によって、無関係を装われたり(近世末のフランス艦の来航の場合)、併合されたり(いわゆる琉球処分)、分割されたり(明治政府による宮古・八重山の分島条約)、切りはなされたり(サンフランシスコ講和条約)する存在に過ぎなかったと、くわしく記述している。その一方で、「本土」に同化する傾向も現れたと、これは苦痛をもって直視している。国場にとって沖縄戦は、そういう沖縄への「捨て石」視と、人びとの「本土」への同化の結末であった。

逆境に置かれて、沖縄の人びとは、もとよりさまざまなかたちで抵抗運動を起こした。だが、と国場はいう。「沖縄の歴史をふりかえって見るとき、沖縄の人びとは、みずからの運命を切り開くのに、外部の大きな力を頼りにするあまり、それを理想化したり、美化したり、権威づけたりする傾向がしばしばありました」。琉球処分の場合は清国の援軍に期待を寄せ、(沖縄の民権家として知られる)謝花昇《じゃはなのぼる》の場合は日本の自由民権派に期待をかけすぎ、第二次大戦後の復帰運動は日本を理想化しすぎ、日米安保条約の廃棄と米軍基地の撤去についても、日本の革新勢力を頼りにしすぎている、このようにのべてきて国場は、「自分たち自身の力を頼りにした抵抗運動の積み重ね」にのみ、未来を拓く途を期待した。辺野古・高江での闘いに接するとき、いま人びとは、こうした途を拓きつつあると思わずにはいられない。

とはいえ、国場が、もうひとつ望みをかけた「日本の若い人たち」についてはどうだろう。本文の結びでも、彼は繰りかえしている。「このことは、沖縄の苦難に満ちた歴史の教訓として、沖縄県民だけでなく、日本国民みんなが学びとってほしいものです」。その望みに、応えているだろうか。

ところまで書いてきて、そのように書いているわたくし自身が、紛れもなく「本土人」であり、また「本土人」として、傍観者の海に浸かりかつ染まっていることを、あらためて確認させられる。いや本当は、その意識あればこそ、この稿を書いてきた。課題は一つ、どうすれば傍観者性を脱して、当事者ににじり寄ることができるか、みずからを変え、「本土人」の変わることを促しうるか、でしかない。気運がやや動き始めているとはいえ、その課題を念頭に、「傍観者は加担者」という言葉を、行動への起発力とわが身に言い聞かせている。

（二〇一六年一〇月二一日）

岩波現代文庫版あとがき

本書の単行本としての刊行から七年、辺野古への米軍新基地建設をめぐって、政権による沖縄の民意の蹂躙は、日毎に激しさを増し、法の恣意的な行使が日常化しました。その風圧にたじろがない人びとの姿は何によって裏づけられているのか、それにたいして日本「国民」それも「本土」の人間の一人としてどうすべきか、これら二つの問いの前に、自分を立たせてきました。

この小著を書いた人間として、明瞭にみえるようになったのは、新基地建設を阻もうとする人びとが、短くはない歴史の経験を背負って座りこんでいる＝闘っているということです。その歴史の経験とは、沖縄戦のそれ、米軍占領のそれ、日本復帰のそれと、三重のものであり、さらに遡れば、琉球処分以来のそれとなります。実際、一九五〇年代に、沖縄の人びとにとって、痛苦として課題であったことどもが、ほとんど不変のまま、二一世紀のいまになっても、くびきでありつづけています。

それらは、人びとの生を規定する経験であり、それゆえに思想の母体となりました。近年の闘いの現場は、島袋文子さんと山城博治さんという、二人の象徴的な人物を生みってこられるように見えます。

だしましたが、特化すれば、島袋さんは沖縄戦、山城さんは米軍占領という歴史を背負っておられるように見えます。

その半面でこうした経験→思想は、ほぼ二〇世紀後半という同時代性をもつとはいえ、大方の日本「本土」の思想展開とは、切り裂くような違いをもつことを痛感します。わたくし自身、中年以降、沖縄の歴史をわが主題とすることを通じて、初めてそのことに気づくようになりました。そんな人間としていうならば、まずそうした亀裂の認識、いいかえれば、意識しないでいるという自足性の解体こそが、現状への加担という自画像を浮び上らせる一歩、と思わずにはいられません。

原版刊行後七年間の苦闘に満ちた歳月は、もとより新しい運動者・思索者を出現させてきています。しかし基本線は、本文の最終節「米軍基地の現実と復帰への問い」という課題の、延長線上の展開と考えて、あらたな章節は立てず、幾つかの追記を、注として設けるにほぼ止めました。

その一方で、沖縄の戦後(思想)史における沖縄戦の重さが迫ってくるのを覚え、人びとにとってのこのいくさを主題とした小稿「沖縄戦という体験と記憶——「沖縄戦記録」1を通して」(『アジア・文化・歴史』第4号、二〇一六年一二月)を、「付」として収めました。転載をお許し下さった同誌の代表者山本幸正さん・内藤寿子さんに感謝申しあげます。

一口に戦後沖縄といいますが、一九四五年から七三年を経過しようとし、琉球処分に始まる戦前・戦中の六六年間を、すでに超えています。その中で久しきにわたって、沖縄にはめられたくびきを断ち切ろうと、気運を起こし運動を牽引してこられた大田昌秀さんが昨年六月、そして新崎盛暉さんが今年三月と、相ついで亡くなりました。啓示を受けてきた日々を思い、哀惜に堪えないとともに、沖縄のいまという状況の下で、お二人の思索や活動をいかに継ぐかという課題が、あらためて迫るのを覚えます。

単行本につづき文庫版を推進して下さった入江仰さんからは、あらたに索引をつけることを含め、編集全般へのご尽力を恵まれました。深く御礼申しあげます。

二〇一八年五月八日

鹿野政直

本書は二〇一一年九月、岩波書店より刊行された。

人名索引

あ 行

か 行

さ 行

た 行

な 行

は 行

ま 行

や・ら・わ 行

沖縄戦後思想史年表(1945〜2010)

「できごと」欄は，きわめて簡略な記載に止まるが，「思想史」の背景に触れられるよう，いくらか角度をつけた．

「作品」欄は，本文で論じた作品のうちの大部分を拾いだし，年月順に並べたものである．副題は省き，執筆者名はもっとも常用されている呼び名に従った．初出から単行本化までに時間のかかった作品も多いが，そのどちらを採るかは，厳密には統一しなかった．

参照の便のために，作品名のあとに，本文中のおもな掲載頁を示した(たとえば[269]とあればその作品が本文の269頁に登場することを示す)．

年	できごと	作品
1945	3.26 米軍，慶良間列島上陸，沖縄戦始まる．同列島への日本政府の行政権を停止． 4.1 米軍，沖縄島に上陸，沖縄における日本政府の権限を停止し，軍政を敷くと宣言． 6.23 司令官の自決により，日本軍の組織的抵抗終る． 8.15 日本降伏(天皇，終戦の詔書を放送)． 9.7 沖縄での無条件降伏調印式． この年 住民は，民間人収容所に収容される(10月ころから2,3年かけて，漸次帰村．元戦闘員は捕虜収容所に収容)．	

	この年　新しい教科書が編集され，いわゆる青空教室始まる． この年　奄美・沖縄・宮古・八重山は，基本的に群島別に米軍の統治下に置かれる(講和条約のころまで)．	
1946	1.10　沖縄文教学校開設(46.9 沖縄外国語学校を分離)． 7.1　米軍の統治責任が，海軍から陸軍へ移され，同時に，沖縄基地司令部は琉球司令部に名称変更．	
1947	8.13　伊波普猷没． 9.22　「天皇メッセージ」，米国務省に伝達．	11　伊波普猷『沖縄歴史物語』[269]
1948	5.1　琉球銀行設立(株の51%は米軍が保有．72.1.30 これを放出)． 7.1　『沖縄タイムス』創刊． 7.16〜20　琉球全域の法定通貨を，軍票のB円に統一(→58.9 ドル通貨制へ)． この年　朝鮮半島に分断国家成立(大韓民国・朝鮮民主主義人民共和国)．	
1949	5.6　米国，沖縄の長期保有を決定． 10.1　中華人民共和国成立．	

1950	5.22 琉球大学開学. 6.25 朝鮮戦争勃発(～53.7.27休戦協定調印). 12.15 米軍政府を琉球列島米国民政府(USCAR)と改称. 50年代初期 「太平洋の要石(キーストーン)」の呼称広まる.	8 沖縄タイムス社編著『鉄の暴風』[16, 17]
1951	9.8 対日講和条約・日米安全保障条約調印(沖縄・奄美など米国の施政権下に, 52.4.28発効). 9.10 『うるま新報』(45.7『ウルマ新報』の題名で米軍機関紙として創刊, のち商業紙となる)が, 『琉球新報』と改題.	7 仲宗根政善『沖縄の悲劇』(のち『ひめゆりの塔をめぐる人々の手記』)[17, 20]
1952	2.19 立法院設立. 4.1 琉球政府発足(琉球全域にわたる行政組織. 行政主席は米軍の指名). 4.1 沖縄教職員会発足(戦中からの沖縄教育連合会の発展的解消). 4.28 対日講和条約・日米安全保障条約発効.	
1953	1.18 第1回祖国復帰県民総決起大会. 4.3 土地収用令公布. 7 米軍, 伊江島で軍用地建	6 大田昌秀・外間守善編『沖縄健児隊』[17, 23, 79] 7 『琉大文学』発刊(～78.12)[34, 62, 86, 94]

	設のため，住民退去と土地明け渡しを要求．抵抗運動起きる． 12.25　奄美諸島，琉球から分離して日本に復帰． 12　戦術核ミサイル，オネスト・ジョン配備．	
1954	1.7　米大統領，一般教書で，沖縄の無期限管理を言明(翌年にも無期限占領を言明)． 4.30　立法院，土地を守る四原則(一括払い反対・適正補償・損害賠償・新規接収反対)の請願を全会一致で採択．	11　川満信一「沖縄文学の課題」[39] 11　儀間進「ぎきじ」[14] 11　岡本恵徳「空疎な回想」(のち「ガード」)[41] 11　伊江島住民の「陳情規定」[45]
1955	1.31　伊佐浜軍用地闘争始まる(3.11 米兵出動)． 9.3　石川市で米兵の少女暴行・殺人事件起きる(同種の事件は占領全時期を通じて頻発)． 10.15　沖縄人権擁護委員会発足．	2　新川明「「みなし児」の歌」[36, 52] 2　儀間進「すすき」[15] 2　山之口貘「不沈母艦沖縄」[31]
1956	6.8　プライス勧告発表，四原則を否定． 6〜7　四原則貫徹住民大会・県民大会などにより，島ぐるみ闘争始まる． 8.17　琉球大学理事会・学校評議会，デモ学生を処分．	3　新川明「「有色人種」抄」その1[38] 6　琉球政府文教局研究調査課(のち教育研究課)編『琉球史料』全10集(〜65.6)[101]

	12.25　人民党の瀬長亀次郎，那覇市長に当選(ただちにUSCARの妨害工作．結局57.11に失職)．	
1957	2.23　米合衆国土地収用令公布(賃借権を限定付保有権へ)． 6.5　高等弁務官制度新設． 10　『今日の琉球』発刊(USCARの住民向け広報月刊誌，～70.1)．	
1958	9.16　B円からドル通貨制へ移行． 10.15　守礼門復元．	
1959	1　『守礼の光』発刊(琉球諸島高等弁務官室の住民向け広報月刊誌，復帰後『交流』と改題，～73.6)． 6.30　米軍ジェット機，石川市立宮森小学校に墜落，死者17人，負傷者121人，校舎・公民館・民家を焼く(墜落事件は，毎年のように起きる)．	6　比嘉春潮『沖縄の歴史』(『新稿沖縄の歴史』は70.12)［105］
1960	1.16　沖縄資料センター創設． 1.19　日米新安全保障条約・地位協定調印(6.23発効．前年よりこの年にかけ安保反対闘争)． 4.28　復帰協(沖縄県祖国復帰協議会)結成．	

	6.19　米大統領訪沖，阻止運動に遭い，訪日をキャンセルして帰米.	
1961	4.4　沖縄人権協会設立. 6.24　高等弁務官，祝日に公共建物に「日の丸」の掲揚を許可と発表.	
1962	2.1　立法院，施政権即時返還決議を満場一致で採択，日米両政府・国連加盟国に送付(2.1決議).	
1963	3.5　高等弁務官，「自治神話」論を講演. 11.1　米国統合参謀本部，在沖縄米軍に，ベトナム戦争(〜75.4)への出動を正式に下令(それ以前から，事実上軍事的関与)，以後，嘉手納基地からの出撃がスケジュール化.	
1965	4.9　立法院，6月23日を「慰霊の日」とする. 4.14　高等弁務官，「基地作物」論を講演. 8.19　佐藤栄作，日本国首相として戦後初めて訪沖. 9〜　主席公選要求運動高まる.	3　琉球政府(のち沖縄県教育委員会)編『沖縄県史』全23巻+別巻1(〜77.3)[102, 177] 6　中野好夫・新崎盛暉『沖縄問題二十年』[116]
1966	5.30カ　中屋幸吉自死. 11.2　平良修牧師，「最後の	4　『新沖縄文学』発刊(〜93.5)[86, 112, 132, 137]

	高等弁務官に」との祈禱.	12 沖縄人権協会『人権擁護の歩み』発刊[153]
1967	2.24 教公二法阻止闘争, 立法院を囲み, 法案の成立を阻止(「地方教育区公務員法」「教育公務員特例法」を指し, 教職員会の政治活動の封じこめを狙った). 7.21 大城立裕,「カクテル・パーティー」で, 沖縄初の芥川賞を受賞.	2 大城立裕「カクテル・パーティー」[72]
1968	11.11 初の主席選挙, 屋良朝苗が当選. 11.19 嘉手納基地で, B52墜落, 大爆発. 12.7 いのちを守る県民共闘(正式名称＝B52撤去・原潜寄港阻止県民共闘会議)結成.	1 大城立裕『小説琉球処分』(初出 59.9〜60.10)[73]
1969	11.22 佐藤首相・ニクソン米大統領の会談で, 沖縄の72年返還の共同声明. 12.4 米軍, 基地従業員の大量解雇を通告. 全軍労(全沖縄軍労働組合)の阻止闘争始まる.	1 大田昌秀『醜い日本人』(新版 2000)[80]
1970	7.8 東京タワー事件. 11.15 戦後初の国政参加選挙. 12.20 コザ騒動.	3 谷川健一編『叢書 わが沖縄』全6巻＋別巻1(〜72.9)[3, 107] 9 『琉球弧』発刊(儀間進の個人誌)(〜74.1)[159]

		9　儀間進「断章　革新ということ」(のち著書『琉球弧』所収)[96] 9　大江健三郎『沖縄ノート』[237] 11　新川明「「非国民」の思想と論理」(『叢書　わが沖縄』6巻「沖縄の思想」所収)[107, 188] 11　川満信一「沖縄における天皇制思想」(同上)[107, 188] 11　岡本恵徳「水平軸の発想」(同上)[3, 108]
1971	2.1　防衛庁，沖縄に自衛隊配備を決定. 10.19　国会爆竹事件. 12.9　反戦地主会(権利と財産を守る軍用地主会)結成. この年　共同声明路線での返還協定反対運動しきり.	11　新川明『反国家の兇区』(新版 96)[88] 11　『比嘉春潮全集』全5巻(〜73.12)[105] 12　東峰夫「オキナワの少年」[31, 118] (月日の記載を欠く)　大田昌秀『拒絶する沖縄』[25, 80]
1972	5.15　施政権の日本政府への返還，沖縄県となる．通貨がドルから円に変る. 6.25　復帰後の初代知事に屋良朝苗当選.	5　大城立裕『恩讐の日本』[73] 5　川満信一「沖縄祖国復帰の意味」[96] 5　いれい たかし「「日本国民」になる」(のち『執着と苦渋』所収)[95] 6　大城立裕『同化と異化のはざまで』[78, 118] 6　中屋幸吉『名前よ立って

		歩け』[70] 6 富村順一『わんがうまりあ沖縄』[120] 11 宮城文『八重山生活誌』(復刻版 82.3)[105]
1973	9.22 金武湾を守る会結成.	8 阿波根昌鴻『米軍と農民』[45]
1974	10.17 米軍の県道越え実弾砲撃演習への阻止行動，負傷者・逮捕者が出る(～77).	4 服部四郎・仲宗根政善・外間守善編『伊波普猷全集』全 11 巻(～76.10)[137]
1975	6.12 沖縄県立平和祈念資料館開館(2000 年，移転・改築). 7.17 来沖した皇太子夫妻，ひめゆりの塔に参拝中，火炎ビンを投げられる. 7.19 沖縄国際海洋博覧会開幕(～76.1.18).	9 仲程昌徳『山之口貘』[131]
1976	2.17 伊波普猷生誕百年記念会結成.	4 伊波普猷生誕百年記念会編『沖縄学の黎明』[137] 6 池宮正治『琉球文学論』[131] 6 沖縄タイムス社編『沖縄にとって天皇制とは何か』[190] 10 知念正真「人類館」[130, 139] 10 中野好夫・新崎盛暉『沖縄戦後史』[116]
1977	3.15 ノグチゲラ・イリオモ	7『琉球弧の住民運動』発刊

	テヤマネコなどを，国の特別天然記念物に指定.	(〜84. 9)[201] 9　金城芳子『なはをんな一代記』[148]
1978	7. 30　交通方法，「人は右，車は左」に変更. 11. 10　新川明『新南島風土記』毎日出版文化賞を受賞.	5　大城立裕『まぼろしの祖国』[73, 76] 6　新川明『新南島風土記』[90] 6　外間守善ら編『南島歌謡大成』全5冊(〜80. 8)[143]
1979		4　儀間進『琉球弧』[63, 96] 10　我部政男『明治国家と沖縄』[130]
1980	この年　トートーメー承継問題燃えさかる.	4　三木健『八重山近代民衆史』[131] 5　琉球新報社編『トートーメー考』[150] 7　福地曠昭『沖縄の混血児と母たち』[154] 7　安良城盛昭『新・沖縄史論』[134] 11　高良倉吉『沖縄歴史論序説』[131] 12　高良倉吉『琉球の時代』(新版 89)[161, 170]
1981	11. 14　ヤンバルクイナ，野鳥の新種と認定.	3　国際婦人年行動計画を実践する沖縄県婦人団体連絡協議会編『トートーメーは女でも継げる』[150] 4　比屋根照夫『近代日本と伊波普猷』[130] 6　川満信一「琉球共和社会

		憲法」(のち『沖縄・自立と共生の思想』所収)」[99] 7　岡本恵徳『現代沖縄の文学と思想』[131] 10　安里清信『海はひとの母である』[201] 11　与那嶺松助(代表)「復帰不安の研究」[128]
1982	2. 26　嘉手納基地周辺住民が,爆音訴訟を起す. 4. 1　県収用委員会,未契約軍用地の5年間強制使用を裁決. 5. 15　「おきなわ文庫」創設. 12. 12　一坪反戦地主会結成.	4　比嘉実『古琉球の世界』[131] 5　新崎盛暉・川満信一・比嘉良彦・原田誠司編『沖縄自立への挑戦』[197] 8　大田昌秀編著『総史沖縄戦』[12]
1983		1　琉球新報文化部編『沖縄学の群像』[132] 5　沖縄大百科事典刊行事務局編『沖縄大百科事典』全3巻＋別巻1[44, 130, 141]
1984		3　大田昌秀編『復帰後における沖縄住民の意識の変容』[128] 3　浦添市史編集委員会編『浦添市史』5巻資料編4「戦争体験記録」[227] 3　琉球銀行調査部編『戦後沖縄経済史』[200, 209] 12　大田昌秀『沖縄の帝王高等弁務官』[29]
1985	9. 5　文部省,「日の丸」「君が	

	代」徹底の通知(86.2 反対県民総決起大会，3 卒業式に影響).	
1986		3〜11　琉球新報社編集局編著『世界のウチナーンチュ』1〜3[162] 7　米須興文『レダの末裔』[146] 12　目取真俊「平和通りと名付けられた街を歩いて」[194]
1987	2.24　県収用委員会，未契約軍用地の 10 年間強制使用を裁決. 6.21　嘉手納基地を人間の鎖で包囲する(90.8.5 に二度目の包囲). 9.20　海邦国体夏季大会開幕(〜23). 10.25　海邦国体秋季大会開幕(〜30). 10.26　読谷村の少年ソフトボール競技開始式で「日の丸」焼き捨て事件.	2　川満信一『沖縄・自立と共生の思想』[99]
1988	2.9　家永教科書訴訟の沖縄出張法廷開催(〜10).	1　仲宗根将二『宮古風土記』[135] 5　高良勉『琉球弧　詩・思想・状況』[160] 10　三木健『オキネシア文化論』[163] 10　知花昌一『焼きすてられ

		た日の丸』[185] 11　沖縄県立図書館『ふるさとの歩み』[223]
1989	1.7　天皇没(1.8「平成」となる．1.31「昭和天皇」と追号)． 6.23　ひめゆり平和祈念資料館開館． 11.3　首里城正殿復元起工式．	3　名護市史編さん室編『字誌づくり入門』[223]
1990	8.23　世界のウチナーンチュ大会開催(そののち数年ごとに)． 11.18　県知事に大田昌秀当選．	7　沖縄文学全集編集委員会編『沖縄文学全集』全20巻(～現在)[139, 142] 11　岡本恵徳『「ヤポネシア論」の輪郭』[155] 11　教科書検定訴訟を支援する全国連絡会編『家永・教科書裁判　第三次訴訟　地裁編』5巻「沖縄戦の実相」[181]
1991	1.17　湾岸戦争始まる(～2.28)．	7　東江平之『沖縄人の意識構造』[128]
1992	2.13　県収用委員会，普天間基地などの5年間強制使用を裁決． 11.3　首里城正殿復元，公開．	4　新崎盛暉『沖縄同時代史』全10巻＋別巻1(～05.1)[233, 247, 251] 9　慰安所マップ作成グループ『沖縄　戦争と女性』[221, 222]
1993	3.23　那覇地方裁判所，日の丸焼き捨て事件の被告に有罪判決．	1　高良倉吉『琉球王国』[161, 169] 12　『けーし風』発刊(～現

	4.23　全国植樹祭出席のため，天皇・皇后，初の訪沖.	在)[31, 242, 251]
1994		7　いれい たかし『執着と苦渋』[95]
1995	1.17　阪神・淡路大震災発生. 6.23　「平和の礎」建立. 9.4　米兵の少女集団暴行事件起きる. 10.21　(9.25, 26 の抗議集会につづき)少女暴行事件に抗議する県民総決起大会. 8万5000人参加.	2　法政大学沖縄文化研究所小湾字誌調査委員会(代表比嘉実)『小湾字誌』[224] 6　金城重明『「集団自決」を心に刻んで』[182]
1996	4.12　橋本龍太郎首相・モンデール米国駐日大使会談で，普天間基地の返還に合意. 4.17　橋本首相・クリントン米大統領の首脳会談で，日米安保共同宣言を発表(安保再定義). 9.13　大田知事，米軍用地強制収用のための公告・縦覧代行を表明.	8　高里鈴代『沖縄の女たち』[216]
1997	1.16　海上ヘリコプター基地，辺野古沖に建設で日米基本合意，地元猛反発. 4.17　米軍用地特別措置法改定案成立(期限後も強制的に使用可能となる).	10　山内徳信・水島朝穂『沖縄・読谷村の挑戦』[204]
1998	11.15　県知事選で大田昌秀敗れ，稲嶺恵一当選.	2　真栄城守定・牧野浩隆・高良倉吉編著『沖縄の自己

		検証』[235] 6　伊佐眞一編・解説『謝花昇集』[121] 6　来間泰男『沖縄経済の幻想と現実』[212]
1999	5.25　新防衛指針法(周辺事態法)成立. 12.28　辺野古移設を閣議決定.	6.26　目取真俊「希望」[260]
2000	7.19　「守礼門」を絵柄とする2000円札発行. 7.21　沖縄サミット開催(～23).	6　新川明『沖縄・統合と反逆』[142, 247] 9　大城常夫・高良倉吉・真栄城守定編著『沖縄イニシアティブ』[235] 12　宮城晴美『母の遺したもの』(新版08)[239]
2001	9.11　米本土で同時多発テロ(10.8米軍基地警備のため機動隊来沖).	3　沖縄県立埋蔵文化財センター編『沖縄県戦争遺跡詳細分布調査』全6冊(～06.3)[227] 9　目取真俊『沖縄／草の声・根の意志』[214, 254]
2002		4　松島泰勝『沖縄島嶼経済史』[211] 5　屋嘉比収「歴史を眼差す位置」[259] 5.15　新城郁夫「帰属すべき「国」への違和感」[264] 6　大城立裕全集編集委員会編『大城立裕全集』全13巻[72]

		8　仲宗根政善『ひめゆりと生きて』[22, 123]
2003	3.20　イラク戦争始まる. 6.6　有事関連三法成立.	4　比屋根照夫「沖縄研究の過去と現在」[133] 8　『太田良博著作集』全5巻(〜07.7)[19] 10　新城郁夫『沖縄文学という企て』[260]
2004	4.19　辺野古沖ボーリング調査阻止のため座り込み(〜現在). 8.13　米軍ヘリ, 沖縄国際大学に墜落, 炎上.	
2005	8.5　大江健三郎・岩波書店沖縄戦訴訟起される(11.4.21原告側の敗訴確定).	5　黒澤亜里子編『沖国大がアメリカに占領された日』[248] 12　新崎盛暉『沖縄現代史新版』[33, 215, 247]
2006	5.1　日米外交・防衛両相会議(2プラス2)で, 在日米軍再編最終合意. 11.19　仲井真弘多, 県知事選初当選.	3　山内徳信『米軍再編と沖縄の基地』[204]
2007	3.30　文部科学省, 高等学校日本史教科書で, 集団自決に日本軍の関与を断定できないとする検定結果を公表(12.26沖縄の猛反発により軍関与の記述復活へ). 5.11〜21　辺野古の海へ自衛	8　岡本恵徳『「沖縄」に生きる思想』[41] 9　大城将保『沖縄戦の真実と歪曲』[232]

	艦出動.	
2008		3 編集代表加藤久子, 編集協力ボーダーインク『小湾生活誌小湾字誌〈戦中・戦後編〉』[225] 4 明田川融『沖縄基地問題の歴史』[61]
2009	8〜9 総選挙で民主党が大勝し政権交代(自公政権から民主・社民・国民新政権へ. 首相鳩山由紀夫). その過程で鳩山, 普天間基地の国外・県外移転を言明.	6.19, 22〜24 宮城晴美「検証「集団自決」」[239] 10 屋嘉比収『沖縄戦, 米軍占領史を学びなおす』[241]
2010	5.23 鳩山首相, 基地移転先の辺野古への回帰を言明(それを契機に社民党離脱). 県内で反対運動渦巻く. 次の内閣も現行案を踏襲. 11.28 県知事選挙で仲井真弘多, 移転先の県内受入れ方針を転換して再選.	3 仲地博「沖縄自立構想の歴史的展開」[197] 4 田仲康博『風景の裂け目』[172]

沖縄の戦後思想を考える

2018年7月18日　第1刷発行

著　者　鹿野政直《かのまさなお》

発行者　岡本　厚

発行所　株式会社　岩波書店
〒101-8002 東京都千代田区一ツ橋2-5-5
案内 03-5210-4000　営業部 03-5210-4111
現代文庫編集部 03-5210-4136
http://www.iwanami.co.jp/

印刷・精興社　製本・中永製本

© Masanao Kano 2018
ISBN 978-4-00-600385-2　Printed in Japan

岩波現代文庫の発足に際して

新しい世紀が目前に迫っている。しかし二〇世紀は、戦争、貧困、差別と抑圧、民族間の憎悪等に対して本質的な解決策を見いだすことができなかったばかりか、文明の名による自然破壊は人類の存続を脅かすまでに拡大した。一方、第二次大戦後より半世紀余の間、ひたすら追い求めてきた物質的豊かさが必ずしも真の幸福に直結せず、むしろ社会のありかたを歪め、人間精神の荒廃をもたらすという逆説を、われわれは人類史上はじめて痛切に体験した。

それゆえ先人たちが第二次世界大戦後の諸問題といかに取り組み、思考し、解決を模索したかの軌跡を読みとくことは、今日の緊急の課題であるにとどまらず、将来にわたって必須の知的営為となるはずである。幸いわれわれの前には、この時代の様ざまな葛藤から生まれた、人文、社会、自然諸科学をはじめ、文学作品、ヒューマン・ドキュメントにいたる広範な分野のすぐれた成果の蓄積が存在する。

岩波現代文庫は、これらの学問的、文芸的な達成を、日本人の思索に切実な影響を与えた諸外国の著作とともに、厳選して収録し、次代に手渡していこうという目的をもって発刊される。いまや、次々に生起する大小の悲喜劇に対してわれわれは傍観者であることは許されない。一人ひとりが生活と思想を再構築すべき時である。

岩波現代文庫は、戦後日本人の知的自叙伝ともいうべき書物群であり、現状に甘んずることなく困難な事態に正対して、持続的に思考し、未来を拓こうとする同時代人の糧となるであろう。

（二〇〇〇年一月）

G334
差異の政治学 新版 上野千鶴子

「われわれ」と「かれら」、「内部」と「外部」との間にひかれる切断線の力学を読み解き、フェミニズムがもたらしたパラダイム・シフトの意義を示す。

G335
発情装置 新版 上野千鶴子

ヒトを発情させる、「エロスのシナリオ」を徹底解読。時代ごとの性風俗やアートから、性のアラレもない姿を堂々と示す迫力の一冊。

G336
権力論 杉田敦

われわれは権力現象にいかに向き合うべきか。『思考のフロンティア 権力』と『権力の系譜学』を再編集。権力の本質を考える際の必読書。

G337
境界線の政治学 増補版 杉田敦

国家の内部と外部、正義と邪悪、文明と野蛮の境界線にこそ政治は立ち現れる。近代の政治理解に縛られる我々の思考を揺さぶる論集。

G338
ジャングル・クルーズにうってつけの日 ―ヴェトナム戦争の文化とイメージ― 生井英考

アメリカにとってヴェトナム戦争とはどのような経験だったのか。様々な表象を分析しながら戦争の実相を多面的に描き、その本質に迫る。

2018. 7

岩波現代文庫[学術]

G339
書誌学談義 江戸の板本
中野三敏

江戸の板本を通じて時代の手ざわりを実感するための基礎知識を、近世文学研究の泰斗がわかりやすく伝授する、和本リテラシー入門。

G340
マルク・ブロックを読む
二宮宏之

現代歴史学に革命をおこし、激動の時代を生きたブロック。その波瀾万丈な生涯の軌跡と作品世界についてフランス史の碩学が語る。〈解説〉林田伸一

G341
日本語文体論
中村明

日本語の文体の特質と楽しさを具体的に分かり易く説いた一冊。日本語の持つ魅力、楽しさが、作家の名表現を紹介しながら縦横に語られる。

G342
歴史を哲学する
―七日間の集中講義―
野家啓一

「歴史的事実」とは何か？ 科学哲学・分析哲学の視点から「歴史の物語り論」「歴史修正主義論争」など歴史認識の問題をリアルな講義形式で語る、知的刺激にあふれた本。

G343
南部百姓命助の生涯
―幕末一揆と民衆世界―
深谷克己

幕末東北の一揆指導者・命助の波瀾の生涯をたどり、人々の暮らしの実態、彼らの世界観、時代のうねりを生き生きと描き出す。

2018. 7

G344

〈物語と日本人の心〉コレクションⅠ

源氏物語と日本人 ─紫マンダラ─

河合隼雄
河合俊雄編

『源氏物語』の主役は光源氏ではなく、紫式部だった? 臨床心理学の視点から、現代社会を生きる日本人が直面する問題を解く鍵を提示。〈解説〉河合俊雄

G345

〈物語と日本人の心〉コレクションⅡ

物語を生きる ─今は昔、昔は今─

河合隼雄
河合俊雄編

日本の王朝物語には、現代人が自分の物語を作るための様々な知恵が詰まっている。河合隼雄が心理療法家独特の視点から読み解く。〈解説〉小川洋子

G346

〈物語と日本人の心〉コレクションⅢ

神話と日本人の心

河合隼雄
河合俊雄編

日本人の心性の深層に存在する日本神話の意味と魅力を、世界の神話・物語との比較の中で分析し、現代社会の課題を探る。〈解説〉中沢新一

G347

〈物語と日本人の心〉コレクションⅣ

神話の心理学 ─現代人の生き方のヒント─

河合隼雄
河合俊雄編

神話の中には、生きるための深い知恵が詰まっている! 現代人が人生において直面する悩みの解決にヒントを与える「神々の処方箋」。〈解説〉鎌田東二

G348

〈物語と日本人の心〉コレクションⅤ

昔話と現代

河合隼雄
河合俊雄編

昔話に出てくる殺害、自殺、変身譚、異類聟、夢などは何を意味するのか。現代人の心の課題を浮き彫りにする論集。岩波現代文庫オリジナル版。〈解説〉岩宮恵子

2018. 7

岩波現代文庫[学術]

G349

〈物語と日本人の心〉コレクションVI 定本 昔話と日本人の心

河合隼雄
河合俊雄編

ユング心理学の視点から、昔話のなかに日本人独特の意識を読み解く。著者自身による解題を付した定本。〈解説〉鶴見俊輔

G350

改訂版 なぜ意識は実在しないのか

永井均

「意識」や「心」が実在すると我々が感じる根拠とは？ 古くからの難問に独在論と言語哲学・分析哲学の方法論で挑む。進化した永井ワールドへ誘う全面改訂版。

G351-352

定本 丸山眞男回顧談(上・下)

松沢弘陽
植手通有編
平石直昭

自らの生涯を同時代のなかに据えてじっくりと語りおろした、昭和史の貴重な証言。読解に資する注を大幅に増補した決定版。下巻に人名索引、解説(平石直昭)を収録。

G353

宇宙の統一理論を求めて
―物理はいかに考えられたか―

風間洋一

太陽系、地球、人間、それらを造る分子、原子、素粒子。この多様な存在と運動形式をどのように統一的にとらえようとしてきたか。科学者の情熱を通して描く。

G354

トランスナショナル・ジャパン
―ポピュラー文化がアジアをひらく―

岩渕功一

一九九〇年代における日本の「アジア回帰」を通して、トランスナショナルな欲望と内向きのナショナリズムとの危うい関係をあぶり出した先駆的研究が最新の論考を加えて蘇る。

2018.7

G355
ニーチェかく語りき
三島憲一

ニーチェを後世の芸術家や思想家はどう読んだのか。ハイデガーや三島由紀夫らが共感した言葉を紹介し、ニーチェ読解の多様性を論ずる。岩波現代文庫オリジナル版。

G356
江戸の酒
—つくる・売る・味わう—
吉田元

酒づくりの技術が確立し、さらに洗練されていった江戸時代の、日本酒をめぐる歴史・社会・文化を、史料を読み解きながら精細に描き出す。〈解説〉吉村俊之

G357
増補 日本人の自画像
加藤典洋

日本人というまとまりの意識によって失われたものとは何か。開かれた共同性に向けた、「内在」から「関係」への〝転轍〟は、どのようにして可能となるのか。

G358
自由の秩序
—リベラリズムの法哲学講義—
井上達夫

「自由とは何か」を理解するには、「自由」を可能にする秩序を考えなくてはならない。法哲学の第一人者が講義形式でわかりやすく解説。

G359-360
「萬世一系」の研究(上・下)
—「皇室典範的なるもの」への視座—
奥平康弘

新旧二つの皇室典範の形成過程を歴史的に検証、日本国憲法下での天皇・皇室のあり方について議論を深めるための論点を提示する。〈解説〉長谷部恭男(上)、島薗進(下)

G361
日本国憲法の誕生 増補改訂版
古関彰一

第九条制定の背景、戦後平和主義の原点を見つめながら、現憲法制定過程で何が起きたかを解明。新資料に基づく知見を加えた必読書。

G363
語る藤田省三
―現代の古典をよむということ―
竹内光浩
本堂明
武藤武美 編

ラディカルな批評精神をもって時代に対峙し続けた「談論風発」の人・藤田省三。その鮮烈な「語り」の魅力を再現する。岩波現代文庫オリジナル版。〈解説〉宮村治雄

G364
レヴィナス
―移ろいゆくものへの視線―
熊野純彦

レヴィナスが問題とした「時間」「所有」「他者」とは何か？ 難解といわれる二つの主著のテクストを丹念に読み解いた名著。〈解説〉佐々木雄大

G365
靖国神社
―「殉国」と「平和」をめぐる戦後史―
赤澤史朗

戦没者の「慰霊」追悼の変遷を通して、国家観・戦争観・宗教観こそが靖国神社をめぐる最大の争点であることを明快に解き明かす。〈解説〉西村明

G366
貧困と飢饉
アマルティア・セン
黒崎卓
山崎幸治 訳

世界各地の「大飢饉」の原因は、食料供給量の不足ではなく人々が食料を入手する権原(能力と資格)の剝奪にあることを実証した画期的な書。

2018.7

岩波現代文庫[学術]

G367
アイヒマン調書
—ホロコーストを可能にした男—
ヨッヘン・フォン・ラング編
小俣和一郎訳

ナチスによるユダヤ人殺戮のキーマン、アイヒマン。八カ月、二七五時間にわたる尋問調書から浮かび上がるその人間像とは？〈解説〉芝 健介

G368
新版 はじまりのレーニン
中沢新一

西欧形而上学の底を突き破るレーニンの唯物論はどのように形成されたのか。ロシア革命一〇〇年の今、誰も書かなかったレーニン論が蘇る。

G369
歴史のなかの新選組
宮地正人

信頼に足る史料を駆使して新選組のリアルな実像に迫り、幕末維新史のダイナミックな構造の中でとらえ直す、画期的〝新選組史論〟。「浪士組・新徴組隊士一覧表」を収録。

G370
新版 漱石論集成
柄谷行人

思想家柄谷行人にとって常に思考の原点であった漱石に関する評論、講演録等を精選し集成。同時代の哲学・文学との比較など多面的な切り口からせまる漱石論の決定版。

G371
ファインマンの特別講義
—惑星運動を語る—
D.L.グッドスティーン
J.R.グッドスティーン
砂川重信訳

知られざるファインマンの名講義を再現。三角形の合同・相似だけで惑星の運動を説明。再現にいたる経緯やエピソードも印象深い。

2018.7

岩波現代文庫[学術]

G372
ラテンアメリカ五〇〇年
―歴史のトルソー―
清水透

ヨーロッパによる「発見」から現代まで、約五〇〇年にわたるラテンアメリカの歴史を、独自の視点から鮮やかに描き出す講義録。

G373
〈仏典をよむ〉1 ブッダの生涯
中村元
前田專學監修

誕生から悪魔との闘い、最後の説法まで、ブッダの生涯に即して語り伝えられている原始仏典を、仏教学の泰斗がわかりやすくよみ解く。〈解説〉前田專學

G374
〈仏典をよむ〉2 真理のことば
中村元
前田專學監修

原始仏典で最も有名な「法句経」、仏弟子たちの「告白」、在家信者の心得など、人の生きる指針を説いた数々の経典をわかりやすく解説。〈解説〉前田專學

G375
〈仏典をよむ〉3 大乗の教え(上)
―般若心経・法華経ほか―
中村元
前田專學監修

『般若心経』『金剛般若経』『維摩経』『法華経』『観音経』など、日本仏教の骨格を形成した初期の重要な大乗仏典をわかりやすく解説。〈解説〉前田專學

G376
〈仏典をよむ〉4 大乗の教え(下)
―浄土三部経・華厳経ほか―
中村元
前田專學監修

浄土教の根本経典である浄土三部経、菩薩行を強調する『華厳経』、護国経典として名高い『金光明経』など日本仏教に重要な影響を与えた経典を解説。〈解説〉前田專學

G377
済州島四・三事件
—「島〈タムナ〉のくに」の死と再生の物語—
文京洙

一九四八年、米軍政下の朝鮮半島南端・済州島で多くの島民が犠牲となった凄惨な事件。長年封印されてきたその実相に迫り、歴史と真実の恢復への道程を描く。

G378
平面論
—一八八〇年代西欧—
松浦寿輝

イメージの近代は一八八〇年代に始まる。さまざまな芸術を横断しつつ、二〇世紀の思考の風景を決定した表象空間をめぐる、チャレンジングな論考。〈解説〉島田雅彦

G379
新版 哲学の密かな闘い
永井均

人生において考えることは闘うこと——哲学者・永井均の、「常識」を突き崩し、真に考える力を養う思考過程がたどれる論文集。

G380
ラディカル・オーラル・ヒストリー
—オーストラリア先住民アボリジニの歴史実践—
保苅実

他者の〈歴史実践〉との共奏可能性を信じ抜く——それは、差異と断絶を前に立ち竦む世界に、歴史学がもたらすひとつの希望。〈解説〉本橋哲也

G381
臨床家 河合隼雄
谷川俊太郎
河合俊雄 編

多方面で活躍した河合隼雄の臨床家としての姿を、事例発表の記録、教育分析の体験談、インタビューなどを通して多角的に捉える。

2018.7

岩波現代文庫[学術]

G382
思想家 河合隼雄
中沢新一
河合俊雄 編

心理学の枠をこえ、神話・昔話研究から日本文化論まで広がりを見せた河合隼雄の著作。多彩な分野の識者たちがその思想を分析する。

G383
河合隼雄語録
カウンセリングの現場から
河合隼雄
河合俊雄 編

京大の臨床心理学教室での河合隼雄のコメント集。臨床家はもちろん、教育者、保護者などにも役立つヒント満載の「こころの処方箋」。〈解説〉岩宮恵子

G384
新版 占領の記憶 記憶の占領
―戦後沖縄・日本とアメリカ―
マイク・モラスキー
鈴木直子 訳

日本にとって、敗戦後のアメリカ占領は何だったのだろうか。日本本土と沖縄、男性と女性の視点の差異を手掛かりに、占領文学の時空間を読み解く。

G385
沖縄の戦後思想を考える
鹿野政直

苦難の歩みの中で培われてきた曲折に満ちた沖縄の思想像を、深い共感をもって描き出し、沖縄の「いま」と向き合う視座を提示する。

2018.7